Minerva Shobo Librairie

インクルージョンを展望する カリキュラムづくり

インクルーシブ授業研究会
[編]

ミネルヴァ書房

まえがき

　大人と同じ現代を生きている子どもたちは今，生存を保障されない格差を生み出し，自己責任で生きざるを得ない社会の中で暮らしている。また，2020年からのコロナ禍は，交わりを結びながらともに暮す社会をつくる体験の乏しい生活を私たちに強いてきた。こうした社会と生活の中で子どもたちは，分断＝排除の価値を常に意識し，生きづらさを背負いながら，それでもこの時代を他者とともにどう生きるかを探ろうとしている。この国には，生活綴方教育をはじめとして，子どもとともに時代の生き方を追求してきた歴史的な取り組みがある。本書がテーマとするインクルージョンを基盤とした教育実践（カリキュラムづくり）の物語は，今の時代精神を批評し，生き方を子どもたちとともに模索するための道標だといえる。

　今，この国の教育政策に沿う学校のカリキュラム改革は，PDCAサイクルによるカリキュラム・マネジメントや学校スタンダードの展開等の用語によって進められているが，他方では，ダイバーシティ論等，哲学・政治学・社会学等の知を援用したカリキュラム改革が盛んに議論されてきた。それは，共生・共存等の用語に回収されない未知の学校社会を探ろうとするものであり，制度としての学校のカリキュラムを問い直すためのラディカルな論点を示してきた。

　本書は，こうした探究を踏まえつつ，インクルーシブな社会創造を志向するカリキュラムづくりの行方を示そうとした共同の研究によるものである。そこで私たちが大切にしたのは，学びの当事者である子ども，そして教師の当事者性が発揮できるカリキュラムをどう構想するかである。次世代に伝えるべきカリキュラムを準備するという次元を越えて，子どもたちとともに近未来の社会をつくる当事者になりゆく道筋＝カリキュラムとは何かを探ろうとするからである。ここでいう当事者性の発揮が求められるのは，この時代を生きているすべての子どもたち（保護者や地域）であり，未知の社会を切り拓こうとする教師たちである。

すでに私たちはインクルーシブ授業研究会を中心にして『インクルーシブ授業をつくる』（ミネルヴァ書房，2015），『インクルーシブ授業の国際比較研究』（福村出版，2018），『よくわかるインクルーシブ教育』（ミネルヴァ書房，2019），*Pedagogy of Cooperative and Inclusive Learning in Japan* (KEISUISHA, 2021) によって，インクルーシブ授業の在り方，インクルーシブ教育の原則と，それを具体化する学校づくり・学級づくりの方法を提起してきた。

　本書は，これらに続いて「インクルージョンの枠組み，地域と学び・生活，多様な当事者のニーズ，教科と領域の学びと学力，学校と教師の知」を柱に据え，未だその捉え方が定かではないインクルージョンの物語を織り続けていくために，教育の目標・内容・方法を貫く軸であるカリキュラムの在り方に焦点を当てようとした。この間，インクルーシブ教育に関する書籍等が数多く出されてはいるが，きわめて多岐にわたる角度から語られている状況に鑑み，「学校づくり・学級づくり・授業づくり」を中心に教育実践の知を探究してきた私たちの立ち位置から，インクルーシブ教育の方向をいくらかでも浮き彫りにしようとするためである。各部（広場）には「広場における対話」を設けているが，それは，本書の編集過程で何度も議論された「インクルージョン論とカリキュラム論をどのようにしてつなぐことができるのか」という問いに応えるための論理と方法を鮮明にしようとしたからである。

　「誰一人も見捨てない」という「包摂」の言葉とは逆に，「分断＝排除の社会」が進行する今，本書が地域社会にある学校をインクルージョンの社会に拓いていく立ち位置を探る一助になることを願うものである。学校の先生方や教師を目指す学生の方，そしてインクルーシブ教育に関心を寄せてこられた多くの方々にお読みいただき，ご批正下されば幸いである。

　この間にはコロナ禍もあり，刊行にこぎつけるまでにはかなりの時間を要したが，辛抱強くお待ちいただき，これまでの諸企画に続いて本書の企画にご支援いただいたミネルヴァ書房・浅井久仁人氏に厚くお礼申し上げる。

2024年8月

執筆者を代表して　湯浅恭正

インクルージョンを展望するカリキュラムづくり　目　次

まえがき

序　章　インクルージョンを展望するカリキュラムづくり……………1
　1　インクルーシブな社会をつくる学校と地域……………………………1
　2　当事者から問うカリキュラムとインクルージョン……………………3
　3　自立支援とインクルージョンのカリキュラムづくり…………………6

第1部　広場1　インクルージョンの枠組みとカリキュラム

第1章　カリキュラムにおけるインクルージョンの視点……………14
　1　カリキュラムにおけるインクルージョンを問う意味…………………14
　2　カリキュラムという考え方におけるインクルージョン………………15
　3　意図したカリキュラムにおけるインクルージョンの視点と課題……17
　4　達成したカリキュラムとインクルージョンの視点……………………22
　5　教育とインクルージョンというジレンマ………………………………24

第2章　インクルージョンが拓くカリキュラムの展望………………27
　1　「子どもの学び」と「教師の捉え方」のずれ…………………………27
　2　「学習困難」を抱える子どものカリキュラムの諸相…………………29
　3　子どもの学び（カリキュラム）を支える社会的側面…………………30
　4　インクルーシブ・カリキュラムを創出する実践開発…………………32
　5　インクルーシブ・カリキュラムの根底にあるもの……………………35

第3章　インクルーシブなカリキュラムづくりの知…………………39
　　　　──実践を支え，「別の仕方」を模索するための「問い」
　1　二元論の支配に絡めとられる子どもたち………………………………39

iii

2　インクルーシブな授業や学びの重層的な展開と「知」……………41
　3　カリキュラムをめぐる「ずれ」に対する包摂と「知」……………42
　4　「始まり」を求める「知恵」としての「知」……………………44
　5　開かれた「問い」と「オルタナティブ」という「別の仕方」………45
　6　「筋立てること」を通じた「物語ることの外」との遭遇…………46
　7　二元論の支配とは「別の仕方」へ……………………………47

広場における対話1　インクルーシブなカリキュラムの目的や目標って，何ですか？………………………………………………………51
コラム1　貧困………………………………………………………54

第2部　広場2　地域に生きる子どもの学び・生活とカリキュラム

第4章　「ここに居ない」者から始めるカリキュラムづくり………58
　　　　──「多数派」のカリキュラムの刷新に向けて
　1　「ここに居ない」者が秘める可能性………………………………58
　2　今を生きる子どもたちの集団の在り様を見つめる視点…………59
　3　「環境を変革する」兆しとしての共同性に迫る実践構想の視点………62
　4　インクルーシブ・カリキュラムを創造する実践構想の視点……66

第5章　地域社会を育てる子どもの学び・生活とカリキュラム……70
　1　関係性を変革させるカリキュラムとインクルージョン…………70
　2　関係性の変革をカリキュラムに含みこむ契機……………………75
　3　子どもが地域社会を成長させるカリキュラムを…………………77

第6章　教科・教室の枠を越えた学びとカリキュラム………………81
　1　学校でしんどい思いをしている子どもたち………………………81
　2　子どもの好きなことを学びの糸口としてじっくり学ぶ…………82
　3　教室の外での学び……………………………………………………85

4　学校の外での学びと発達支援………………………………………87
　　5　教科・教室の枠を越えた学びとカリキュラムづくり……………89
広場における対話2　地域の中で「わたし」が立ち上がるカリキュラムを
　　　　　　　　　　　どのように構想するか……………………………93
コラム2　ヤングケアラー…………………………………………………96

第3部　広場3　多様な当事者に応答するカリキュラム

第7章　子どもの権利に応答するインクルーシブなカリキュラム…100
　　1　子どもの権利をめぐる様相…………………………………………100
　　2　子どもの権利を侵害するカリキュラム……………………………102
　　3　子どもの権利に応答するカリキュラムづくりの枠組み…………103

第8章　性の多様性への「当事者性」を育てるカリキュラム
　　　　　づくり……………………………………………………………112
　　1　性の多様性と「いない」ことにされている子ども………………112
　　2　学校教育における性の多様性への取り組みと課題………………114
　　3　「性的マジョリティ」とされる子どもとカリキュラムづくり……115
　　4　「ふつう」を問いなおし，性の多様性への「当事者性」を育てる
　　　　インクルーシブ・カリキュラム…………………………………117

第9章　「きょうだい」を包摂するインクルーシブな
　　　　　カリキュラム……………………………………………………124
　　1　筆者の当事者性について……………………………………………124
　　2　「きょうだい」とは…………………………………………………125
　　3　「きょうだい」の語り――成人SODAの経験から考えるきょうだい支援…128
　　4　「きょうだい」を包摂するインクルーシブなカリキュラムの展望………131
　　　　――筆者を一つのケースとして
　　5　当事者とはだれか――きょうだい支援・家族支援における「当事者」………134

広場における対話3　理解が始まるカリキュラムを …………………………………136
コラム3　外国につながりのある子どもたち……………………………………140
　　　　　──「教育を受ける権利」カードに託される願い

第4部　広場4　インクルージョンを実現する学び
　　　　──教科と領域のカリキュラムを問いなおす──

第10章　教科カリキュラムのインクルーシブ化に向けて ………………144
　　　　──国語科カリキュラムを問いなおす

　1　教科カリキュラムの新たな構想へ………………………………………144
　2　インクルージョンをめぐる国語科教育の動向…………………………146
　3　国語科カリキュラムをめぐる議論の成果………………………………147
　4　国語科カリキュラムをめぐる議論の課題………………………………148
　5　インクルーシブな国語科の授業づくりへ………………………………150
　6　インクルーシブな国語学力とは…………………………………………152
　7　教科カリキュラムのさらなるインクルーシブ化に向けて……………153

第11章　教科横断的学びをつくり出すインクルーシブな
　　　　カリキュラム ………………………………………………………157

　1　インクルーシブなカリキュラムの必要性………………………………157
　2　教科横断的な視点で作成するインクルーシブなカリキュラム………158
　3　教科横断的学びをつくり出すインクルーシブなカリキュラム………168

第12章　インクルーシブな世界を拓く「総合の学び」……………172
　　　　──生活科・総合的学習の可能性

　1　学びの保障とインクルーシブ・カリキュラム…………………………172
　2　インクルーシブ・カリキュラムの課題…………………………………173
　3　ありうる着手点としての生活科・総合的な学習（探究）の時間………175
　4　現実的なハードルとエール………………………………………………182

広場における対話4　どのように教科と領域のカリキュラムを
　　　　　　　　　　問いなおすのですか？……………………………………185
コラム4　ギフテッド・チルドレンとギフテッド教育………………………188

第5部　広場5　学校づくりの原理としてのインクルージョン
　　　　　　　　──カリキュラムをつくる学校と教師の知──

第13章　特別な学びの場とインクルーシブなカリキュラム…………192
　1　特別な学びの場を必要とする子どもたち……………………………192
　2　特別な学びの場のカリキュラム………………………………………193
　3　通常学校・学級における学びとのつながり…………………………197

第14章　インクルーシブなカリキュラムづくりの挑戦と教師の知…203
　　　　　──熟練教師の語りから学ぶ
　1　学級担任とインクルーシブなカリキュラム…………………………203
　2　インクルーシブなカリキュラムの実際──A教諭の実践から……203
　3　インクルーシブなカリキュラムからの学び…………………………211

第15章　教師集団の共同とカリキュラムづくり…………………………215
　1　日本のインクルーシブ教育に見られる課題…………………………215
　2　インクルーシブなカリキュラムを目指した教師集団の共同………218
　3　教師集団の共同に開かれたインクルーシブなカリキュラムづくり……220
　　　　──カリキュラム・マネジメントの問い直し
　4　残された課題……………………………………………………………223

広場における対話5　学校でインクルーシブなカリキュラムづくりは
　　　　　　　　　　どうしたらできるのか……………………………………227
コラム5　児童虐待……………………………………………………………230

人名索引／事項索引

序　章

インクルージョンを展望するカリキュラムづくり

1　インクルーシブな社会をつくる学校と地域

　この国では20世紀の後半に「分離から統合へ」というインテグレーションの考え方に代わって，共生・包摂＝インクルージョンを目指す試みが提起された。それ以降，排除のない社会を目指すソーシャルインクルージョン論を基盤にしたインクルーシブ教育の在り方が問われてきた。インクルージョンの探究は，教育の分野にとどまらず，学際的なレベルで求められる研究課題である。本書は，こうした幅広い分野の動向をすべて視野に入れてはいないが，差異や共同等の知をめぐる議論に学びながらカリキュラムに焦点を当てて，インクルーシブ教育の今後を展望しようとした。

　この教育は，特別ニーズ教育とセットで語られ，多様な特別ニーズ児を包摂する公教育（清水，2011）をどう志向するかが課題として指摘されてきた。「包摂」を軸に語られるインクルーシブ教育だが，それは特別なニーズのある子の通常の学校教育への「統合」「同化」を目指すものではない。20世紀の「サラマンカ声明」や「子どもの権利条約」を基盤にして，① 特別なケアへの権利保障に開かれた学校教育の改革，② 共生といいつつ通常学校の社会規範に適応できない子どもを排除してきた学校教育の改革，この二つの改革を通して展開する「どの子も排除しない公教育」をインクルーシブ教育の軸として押さえておきたい。

（1）理念型としてのインクルーシブ教育

　先に述べた①には，特別支援学級・特別支援学校（以下，学校）が進めてきた教育実践の蓄積がある。本書は，インクルーシブな学校社会の形成を問うカリキュラムづくりをテーマにしているが，障害のある子どもにとって特別支援学級・学校は，発達権保障の役割を担い，社会参加の力を形成するインクルーシブ教育の場に位置づけられる。②をめぐっては，子どもの生活現実に根差し，子ども社会の創造を探究する生活指導の展開がある。なかでも「集団づくり」による生活指導実践の展開は，「不利益には黙っていない」という，いわば子どもの意見表明権を軸にして，住みよい学校社会とは何かを探究してきた。「発達にもつれを持つ子」「困っている子」の声から学級・学校社会が抱える問題を浮き彫りにし，排除のない学級・学校社会とは何かを探る自治的能力の形成を目指してきた（湯浅ほか，2016）。

　子どもは大人と同様に真空の社会を生きているのではない。生活指導を柱にした学校改革の流れは，学校・子ども社会にある政治性を問いかけてきた。そして，この間に席巻してきた新自由主義の社会（分断＝排除を前提とし，必ず敗者をつくる）に曝されながら，共同の社会を探究してきたのが生活指導実践の展開である。共同の社会にモデルはない。それを目指す過程において共同とは何かを問い続ける力がいかにして育つのか，その意味で，インクルーシブな社会を目指す教育の取り組みは，「分断＝排除から共同へ」を展望する学校改革の「理念型」である。それを教師の課題としてだけではなく，社会形成を担う子ども集団のそれとして突き出していく，そこにインクルーシブ教育の意義がある。なお，理念型としてインクルーシブ教育を理解するとすれば，特別支援学級・学校が特別なニーズのある子どもの発達保障の場だというだけではなく，そこでの創造的な教育実践は，通常学級の指導を問い直す重要な契機になる。その意味で，特別支援学級・学校は，インクルーシブ教育の役割を担う場である。

（2）地域に開かれるインクルーシブな社会

　子どもにとって生活の場は学校だけではない。生きる拠点である地域に開かれた生活をどう創造するのか，この課題に学校教育が関与してきた実践の蓄積

を確かめておきたい。1980年代半ばに提起された地域生活指導論（竹内，1985）は，単に教育と福祉の連携という枠組を越えて，学校教師が地域に生きる人々とともに住みよい生活をどう創造するかを議論してきた。教師は，不登校や児童虐待等の特別なニーズのある子どもへの支援の課題を生活指導論として引き取り，通常の学校に適応しづらい子どもの生活に参加しながら，生存と発達の基盤をつくる仕事に取り組んできた。そこには学童保育をはじめとした多職種に関与する人々との共同をつくる論理が示されてきた。こうして地域生活をつくる生活指導実践はソーシャルインクルージョンの一翼を担う多様な人々によって進められてきた。

2　当事者から問うカリキュラムとインクルージョン

　インクルーシブな学校社会を志向する理念の追求に問われる課題にカリキュラム論がある。本書はインクルーシブ教育に関わる制度上の課題について深く取り上げてはいない。しかし，教育の制度は教育内容・教育方法が制度化されたものであり，インクルーシブ教育の制度は，カリキュラム改革を抜きに議論することはできない。

（1）包摂（同化）＝排除の論理を問い直す

　カリキュラム研究は，カリキュラムを「学習経験の総体・学びの経験の履歴」として捉えてきた（松下，2007）。学校のカリキュラムに潜むポリティクスの意識化，批判的リテラシーへの注目，ゴールフリーによる評価の在り方など，カリキュラム改革の方向が盛んに議論されてきた。

　インクルーシブな社会を創造しようとする前に立ちはだかる壁である分断＝排除が進行する生活の中で，どのような学びの経験を積むことが必要なのか。「ケアする学校」の提起では，貧困とケアの関係を解き明かし，公正な民主主義社会の形成に資する力の形成にかかる実践が意味づけられている（柏木，2020）。こうした試みの一方で，外国につながりのある子どもや，多様な性を生きる子どもの権利保障といいつつ，それが「通常」の「向こう側」にいる立

場の人々を理解しようとする見方は根強く，自分事として受け止めようとするカリキュラム論はほとんど未解明だといってよい。

　たとえば外国につながりのある子どもの支援は，生活の基盤等，極めて困難さの伴う分野である。福祉的対応を軸にしながら，こうした子どもにとって重要な生活の拠り所・居場所の一つが学校である。しかし，理解推進という次元での学校のカリキュラムは，「向こう側にいる人」への理解にとどまりやすく，排除の論理の域を出ない。学校には「包摂といいつつ，排除し（され），分断する（される）境界線（分断線）」が幾重にも横たわっている（全国生活指導研究協議会，2021：56-58）。その境界線を子どもたちとともにどう意識化し，問い直すのかがインクルーシブ教育の課題となる。

　障害児をインクルードする教育論でしばしば強調されてきたのがアコモデーション・モディフィケーションと呼ばれるカリキュラムの制度改革である。そこでは特別なニーズのある子どもがどう「通常のカリキュラム」にアクセス・接近できるのかが議論されてきた。そしてインクルーシブ教育の柱に据えられているのが合理的配慮論である。しかし，分断＝排除の論理が進む学校の今，「特別なニーズのある子は合理的配慮が必要な向こう側にいる存在だ」との理解を越えるのは容易ではない。

　この間，ユニバーサルデザインの授業づくりが盛んに主張されてきた。その主張は，単に特別なニーズのある子の学びへの参加の支援ではなく，すべての子どもにも応用可能な価値をもつという点にある。そこにインクルーシブな授業を追求する意義があるとする。しかし，時々に工夫された学習への参加方法やルール等の対応は，学びの進行に伴って常に変化し，発展していく。そこには，学びに参加する子どもたちが相互に学びのルールを問い返し，創造する力を育てる共同の過程が裏打ちされていなければならない。この共同の過程で必要なのが当事者にとっての学びであり，その質が先に指摘した包摂（同化）と排除の境界線を意識化する鍵となる。

（2）当事者にとっての学びとカリキュラム

　いわゆるマイノリティと呼ばれた子どもは，インクルーシブ教育が提起する

制度改革と，それを具体化した教育内容・方法をどう受け止め，意識しているのか。学習集団の編制で議論された「習熟度別学級」の取り組みも，そこでの学びがスタンダードなカリキュラムの到達に囚われる体験になったとすれば，それは特別なニーズのある子どもには，努力してもなかなか達成できない不安を抱える否定的なカリキュラムとなるのだ。

　また，特別な支援の場での学びが，通常学級での学びに滑らかに移行するための工夫も盛んに議論されている。今，特別支援学級・学校と通常学級の「学びの連続性」を強調するカリキュラム（学習指導要領）が示されている。特に教科指導の連続性に焦点の一つがあり，特別支援学校では教科指導の意義が強調されている。教科指導が通常学級のそれをスタンダードにし，通常学級のカリキュラムにアクセスする志向が見て取れる。

　このような制度と教育方法の改革を当事者である子どもはどう受け止めてきたのだろうか。通常学校に適応しづらい子どものための学校を伝統的に設置してきたドイツの促進学校（Förderschule）の成果が，通常の学校に移ることを念頭に置かれてきたことはよく知られている。通常学校のカリキュラムに滑らかに移行できるために学びの内容の連続性や共通性が意識されてきた。こうしたカリキュラム改革が分断＝排除の社会を問い返すことになるのかどうか。ここにも当事者が経験する総体としてのカリキュラムを見直すのではなく，通常学校のスタンダードな価値に接近できるための学びに力点を置くカリキュラム論が基盤にある。

　学びの当事者である子どもが日々体験するのが授業の場である。インクルーシブな社会を目指すカリキュラム（学びの総体）の質を左右するのは，膨大な時間を費やして展開される授業で子どもたちの学びへの思い・願いが引き出され，学びをつくる当事者として参加に開かれる授業での体験の蓄積である。「多様な生活現実を生きている子どもたちの実感，素朴な疑問，思いや願いなどから，教育課程を通して学ばせようとする教育内容やその方法に基づいて展開される学びを問う」（高橋, 2018：92）ことが必要である。

　こうした授業論の意義は，学習内容を「わかりやすくする」ための工夫などではなく，学びの当事者として，仲間とともに展開する授業を評価する主体に

子どもを育てることにある。それは、子どもとともに教師（集団）自らが授業づくりを通してインクルーシブなカリキュラムを評価する当事者になる社会を学校に創り出す取り組みだといえる。包摂といいつつ排除する境界線を問い直す課題は、こうした取り組みを抜きにその行方を展望することはできない。なお、学びの当事者性への注目は、障害児の就学と後期中等教育の権利保障をはじめとして、見過されてきた子どもたちの声から学びの要求を実現する教育実践・運動として展開してきた。この系譜を振り返り、今なお「通常学級において忘れられている子どもたち」の学びを保障するカリキュラム構想を検討しなくてはならない。

3　自立支援とインクルージョンのカリキュラムづくり

(1)　自立の履歴としての「マイ＝カリキュラム」

　インクルーシブなカリキュラムづくりは、当事者の視点から生きるに値する社会とは何かを探りながら、自分をつくり変えるという自立支援の過程に子どもを導くカリキュラムの構想を基本に据えるものだと考える。

　自立支援論は、すでに生活指導の分野でテーマにされ、福祉・教育・司法・看護をまたぐ地域生活指導論として貧困問題・児童養護施設論・不登校支援・矯正教育・看護論から、当事者の自立の論理を取り上げてきている。つまり、「子どもあるいはクライエント自身が他者に支えられながら自立へと反転する過程を伴走し、その人にふさわしい対話をつくり出し、支援する」（日本生活指導学会編、2019：187）論理である。

　むろん、自立支援の課題は「困難」といわれる層に限定されるものではなく、多様な生活背景の中で暮らしている多くの子どもに共通するものである。今から20年ほど前になるが、「教育課程のルネサンス」としてカリキュラム論を問い直す提起がなされていた（民主教育研究所、2003：129-150）。それは、当時の「生きる力」の形成を目的にした教育課程政策の中で、当事者である子どもの自立の視点からカリキュラムの在り方を議論する試みだった。「今の自分」から「あこがれの自分」を見据えて、いくつものコース（教科等の領域）の教育

内容を「ツナギ，ワタリ」ながら，自立に向かう力を育てる。そこにカリキュラム論の軸を据え，自立の課題を意識する「マイ＝カリキュラム」の用語によって，制度としてのカリキュラムを前提にしつつ，自分づくりの過程に注目したカリキュラム論の試みである。子ども自身が，自立に必要な学びをつくるための見取り図を意識することに注目するからである。「自立の履歴としてのカリキュラム」を子どもとともに構想し，インクルーシブなカリキュラムの物語を織る教育実践の展開を期待したい。それは機能上の理由から自立に重い課題を抱える子どもばかりではなく，学校スタンダードに囚われている子どもが自立の課題を意識して，ともどもに生き方を問い直しながら学びの見取り図である「マイ＝カリキュラム」を立てていくことである。

（2）子どもとともにカリキュラム（教科教育やキャリア教育）を問い直す

　学校制度は，権利としての学びを保障する義務＝責任を負い，日々の授業計画を通して子どもの自立を支援する取り組みが続けられている。その過程で子どもは学びの経験の総体としてのカリキュラムの価値を意識し，取捨選択して自立に必要な学びを判断し続けている。短くはポートフォリオ等による自己の学びの価値判断，中期的には学習内容や授業過程に対する価値判断である。それを教育のエビデンスとして示そうとするのが今日の教育実践と研究の動向である。しかし，子どもにとってこうした価値判断は強制されるものではなく，自己形成に委ねながら，どのような価値を追求しえたのかが授業実践のエビデンスではないか。

　今，多様な性を生きる子どもの課題が盛んに議論され，それはインクルーシブ教育の重要なテーマになっている。このテーマについて，それについて多様な性を生きる層の理解にとどめるのではなく，性の在り方をめぐる社会構造を批判的に捉えようとする国語科の教科指導が試みられている。性のマイノリティ層への支援という次元を越えて，子どもが生きている生活現実にある囚われを意識化し，ともに生きられる社会構造へと見方・考え方を転換させようとするからである（永田，2022）。それは，インクルーシブなカリキュラム構想を拓く教科指導の試みである。そして，教科教育のリ・インクルージョン論等，現

代社会に支配的な分断＝排除が進む社会構造（隠されたカリキュラム）を問い直し，現実を再定義する教科教育のカリキュラム構想が提起されている（原田，2022）。価値判断の力の形成に迫る教科教育の改革が，インクルーシブなカリキュラムを織るための軸となろう。

教科指導とともに総合的な学習においても，「逞しく強いものを教育することを目的としている新保守主義的な人権教育・国際理解教育・環境教育などの総合学習にたいして，優しく弱いものたちのそれを対置しようとする」（竹内，1996：14）学びをどう構築するのか，そこに総合的学習を通して生活現実を認識し，それを仲間とともに深める学校・学級のリーダーをどう育てていくのか（竹内，2004：21），後で述べる学びの空間と時間のカリキュラムを創る子ども集団の形成が問われている。

そして長期的には，進路選択等のキャリアをめぐる価値判断に注目したい。今日では，自立に向かう価値判断の力が育ちゆくための教育実践の課題と展望は，たとえば，中等教育段階での進路形成の試みがなされている（望月，2019）。また「マイ＝カリキュラム」論に即していえば，かつて高校への進路選択をめぐって交わされた議論がある。つまり，ある生徒は「いままで自己否定ばかりを繰り返してきたが，高校自体を否定するところから自分の生きざまを」といい，「おれが欲しいのは，生きるパスポートだ。生きていく卒業証書だ」という（浅野ほか，1991：36，神保映の発言を要約）。ここには，高校進学＝学力保障の枠組がありつつ，自己の確立という視点から学力や進路選択の中身を相対化するする学びが示唆されていた。

進路選択の判断は学校から社会への移行に際して問われる課題である。障害を含めて多様な困難さのある青年に対して今試みられている青年期の学びへの支援では，社会への移行に必要な自立支援のカリキュラムを構想するとともに，多くの青年が18歳からの学びを体験するように，青年期としての生活と学びを保障するカリキュラムが模索されている（伊藤，2020）。地域との交流を含めて自立と生き方を探るインクルーシブな学びの場をつくろうとするからである。そして，こうした場でのカリキュラムづくり＝青年の学びの総体としての経験＝が，18歳からすぐに就労に移行することを第一義的にする特別支援教育の伝

統的な考え方を転換し，じっくりと自分づくりを意識する「マイ＝カリキュラム」の構想につながっていく。

（3）自立支援と空間・時間のカリキュラム

　学校におけるカリキュラムの計画は教育内容とともに，生活と学びの空間＝場・集団の計画を含んでなされる。学級を基盤とする学習集団の質を教師と子どもたちとでつくり変えていく取り組みは，まだ特別なニーズへの注目がほとんどなされていなかった時代に，多様な生活背景から学校生活と授業に適応しづらい子どもの立場から，参加しがいのある学習集団をつくる主体として子どもを位置づけ，授業の改革が展開された（吉本，2006）。それはインクルーシブな学びの集団（社会）を子どもたちが模索する空間のカリキュラムづくりの先駆的な取り組みであった。そして，学習集団の基盤である学級を自治的な集団として成立・発展させようとする学級集団づくり・子ども集団づくりの試み（全国生活指導研究協議会編，1990，1991，2006）も，多様な生活背景にいる子どもの共同の生活を目指すインクルーシブな空間のカリキュラムづくりの実践に位置付けることができよう。

　これらの教育実践は，インクルーシブな社会に進むのを阻もうとするポリティクスを意識化し，インクルーシブな社会の在り方を問いかける力を育てようとするものだ。「心がけ主義」に立ち，社会に順応することに力点を置く「生徒指導」は，生活と学びの空間を支配している同化主義の価値を問い直すことはできず，インクルーシブな空間を子どもたちが創造しようとするカリキュラムづくりの主体を育てることはできない。生活と学びの空間を創造する見通しを子どもたちが持つ切り口として，リーダーづくりを中心に，自前の集団をつくる活動を展開した生活指導実践の系譜は，インクルーシブな空間のカリキュラムを構築する論理を示している。

　なお，子どもの自立支援に必要な空間のカリキュラムを創造するためには，自立に必要な時間の在り方を視野に入れる必要である。教室で暴力を振るう子どもについて「よきものを目指して行きつ戻りつ螺旋状に変化してくものが子どもの発達ならば，行きつ戻りつも教育の範囲にある。だから（暴力を振るう

子が—引用者）暴力を許さないという地点にたどりつくためには，その子どもが暴力を手放すための時間が，あらかじめその場所に内包されていなくてはならない」(上間，2021：304) と語る視野には，子どもの自立支援の空間とそこに求められる時間のカリキュラム論が示唆される。

冒頭で指摘したようにインクルーシブ教育は「通常」の学級空間への同化・統合を目指すものではない。特別支援学級・学校の意義とともに，「通級による指導」の場や夜間中学校での実践は，「通常の教育」の場からは離れていても，インクルーシブ教育を担う機能を持つ。不登校支援を続けてきた寄宿舎のある病弱養護学校に通常の学校から移り，自立の過程に揺れながら進路を模索してきた子どもへの支援の事例（猪狩ほか編，2018）が示すように，「通常の学校」へのこだわりから解放されつつ生活と学びの場の保障というインクルーシブな社会をつくる実践の意義が今，問われている。そして広くは就学時における学びの場を選択する過程そのものが，当事者を含めた共同による自立支援の空間と時間のカリキュラムづくりであることなど，多様な観点からのカリキュラムづくりの試みが求められている。

そして通常の学校・学級の教師もまた，「あたりまえ」の生活に適応しづらい子どもの居場所を学校外に組織しながら，しだいに自立に踏み出そうとする力を育てようとしている（兼田，2017）。それは，こうした子どもとともに生きようとする仲間社会を育てるインクルーシブな空間のカリキュラムをつくる指導構想である。そして，空間のカリキュラムを構想する上で必要なのは，自立支援に必要な時間のカリキュラム論である。

以上，三つの柱でインクルージョンの物語を織るカリキュラムづくりの展望と，その課題を示してきた。私たちはインクルーシブな学校社会をつくろうとする子どもたちの要求に応答する責任を負っている。カリキュラムづくりと，それを具体化する授業づくりをインクルーシブな社会形成に導くための制度設計，そこに必要な学校づくりの物語を織るには専門職としての教師（集団）の自立が問われる。そのためにはこの国の教師たちが教育実践研究の方法として積み上げてきた教育実践記録とその分析の場づくりに注目し，インクルージョ

ンという理念を教育実践の事実に即して具体化していく地についた努力が必要となろう。この過程を通して，いわゆる「実践知」と呼んできた教育の営みの思考形式を鍛えることができる。そしてこの思考形式がインクルージョンの物語を織るための指針になるには，「異質・共同」や「公共」など，私たちの生活の土台を問う哲学・政治学・社会学等の知に立ち帰ることが必要になる。

今日の学校が背負う「包摂（同化）と排除」の境界線（切断線）をどう意識化し，相対化するのか（杉田，2015：25），そこにインクルージョンの学校をつくる鍵があり，そのためのカリキュラムづくりの共同の営みが求められる。こうした視野から学校教育を問い直す教育実践研究は，これまでにも進められてきたが，総合的な知がいっそう求められるインクルージョンの社会形成にこそ不可欠だと考える。

冒頭で指摘したようにインクルージョンの展望は多分野にわたる壮大な視野から探究しなくてはならない。ある意味で特別な場で対応されてきた人々の社会への移行・包摂を担う福祉・矯正・看護の分野の取り組みも，包摂すべき社会の在り方を考えつつ，移行の過程に関与する人々が，当事者として移行過程の社会をつくる主体にどのようにしてなり行くのか。こうした多くの人々との共同によって得られた知見が，学校における特別な場・差異と共同の在り方を俯瞰し，省察する上での示唆を与えてくれる。本章で，地域の人々・専門家との共同という地域生活指導の意義を強調したのもそのためである。このような意図から，本書は，インクルージョンの社会を展望する教育実践の知を基盤にして，カリキュラムづくりの物語を織るための論点を提起する。

引用・参考文献

浅野誠・足立自朗・神保映・建石一郎・奥平康照（1991）「座談会／生活主体としての子どもをどう支援するか」日本生活指導学会編『生活指導研究』（8），明治図書.

猪狩恵美子・楠凡之・湯浅恭正編（2018）『仲間とともに育ちあう貝塚養護学校』クリエイツかもがわ.

伊藤修毅監修（2020）『障害のある青年たちとつくる「学びの場」』かもがわ出版.

上間陽子（2021）「新しい社会をつくる舞台への誘い」原田真知子『「いろんな人がいる」が当たり前の教室に』高文研.

柏木智子（2020）『子どもの貧困と「ケアする学校」づくり』明石書店.
兼田幸（2017）「支え合いながら自立に向かって——絵里子と歩んだ二年間」『生活指導』（730），高文研.
清水貞夫（2011）「特別支援教育からインクルーシブ教育の制度へ」『障害者問題研究』39（１），全障研出版部.
杉田敦（2015）『境界線の政治学　増補版』岩波書店.
全国生活指導研究協議会編（1990，1991）『新版　学級集団づくり入門　小学校，中学校』明治図書.
全国生活指導研究協議会編（2006）『子ども集団づくり入門』明治図書.
全国生活指導研究協議会（2021）「子ども集団が生活と学習をつくりだす！——〈ケアと自治，学びと参加の学校〉構想」『生活指導』（757），高文研.
高橋英児（2018）「教育課程とカリキュラム・マネジメント」藤田由美子・谷田川ルミ編『ダイバーシティ時代の教育の原理——多様性と新たなるつながりの地平へ』学文社.
竹内常一（1985）「地域生活指導運動とはなにか」『生活指導』（345），明治図書.
竹内常一（1996）「日本の学校と生活指導」『生活指導』（500），明治図書.
竹内常一（2004）「〈子ども集団づくり〉について考えよう——竹内常一氏に聞く」『生活指導』No. 603，明治図書.
永田麻詠（2022）『性の多様性と国語科教育』明治図書.
日本生活指導学会編（2019）『自立支援とは何だろう』高文研.
原田大介（2022）『インクルーシブな国語科教育入門』明治図書.
松下佳代（2007）「カリキュラム研究の現在」日本教育学会編『教育学研究』74（４）.
民主教育研究所編（2003）「教育課程づくりの構造と再編成過程」『民主教育研究所年報』（４）.
望月未希（2019）「進路多様高校におけるカリキュラム開発」日本教育方法学会編『教育方法』（48），図書文化.
湯浅恭正・小室友紀子・大和久勝編（2016）『自立と希望をともにつくる特別支援学校・学級の集団づくり』クリエイツかもがわ.
吉本均（2006）『学級の教育力を生かす吉本均著作選集』全５巻，明治図書.

（湯浅恭正）

第1部

広場1　インクルージョンの枠組みとカリキュラム

第1章

カリキュラムにおけるインクルージョンの視点

1　カリキュラムにおけるインクルージョンを問う意味

　インクルージョンを多様な子どもの参加を保障することとして捉えると，授業におけるインクルージョン，すなわち授業に多様な子どもの参加を保障することについては理論的にも実践的にも多様に検討されてきた。
　その一方で，現実的な問題として，「授業のなかで取り扱う内容によっては，多様な子どもが参加できるような形で実施することが困難である」とか「決められた進度で，決められた内容を取り扱うためには，多様な子どもができるまで，わかるまで待っていられない」といった声も聞こえてくる。多様なニーズのあるあらゆる子どもに対応したいのに，内容的な制約があるから，子どもの多様さに対応する自由な方法をとれない，という問題である。だから，インクルーシブな授業を目指すには，授業（教育方法）の検討のみならず，そうした授業（教育方法）を実現可能にするカリキュラム（教育内容，教育計画）を構想する必要がある。
　では，学校教育が前提としている教育内容やその配列である教育計画，すなわちカリキュラムは，多様な子どもたちが参加できるように実施することが困難なものなのか。内容や進度は決められたものなのか。カリキュラムという言葉で追究されてきた理論や実践には，インクルージョンへの志向性は確認できないのだろうか。結論から言うと，そんなことはない。
　そこで，この章では，カリキュラム論において思慮されてきたことのなかに，インクルージョンという視点がどのように確認されうるのか，そのうえでどの

ような課題があるのか，といった点を検討したい。第一節では，カリキュラムとは何か，カリキュラムは決められたものなのか，といった点を確認したい。第二節および第三節では，カリキュラムの計画と評価において，どのようにインクルージョンを志向しうるのかを検討したい。そのうえで，カリキュラムにおいてインクルージョンを志向するにあたって特にどういったことが課題となるのかを明らかにしたい。

2　カリキュラムという考え方におけるインクルージョン

（1）カリキュラムとは何か──カリキュラムの定義

　まず，カリキュラムをどのようなものとして捉えればよいだろうか。安彦によれば，「「カリキュラム」とは，教育課程表などとして書かれた計画文書から，それを実施している授業全体の過程，その結果としてのテスト成績や通知表の中身に現れる子どもの姿など，これら三つのレベル全体を含むものと理解しなければならない」（安彦，2019：3-4）。第一に「計画文書」，第二に「授業全体の過程」，第三に「子どもの姿」という三つのレベルでカリキュラムのイメージが描き出せる。こうしたイメージに対応して，「意図したカリキュラム」「実施したカリキュラム」「達成したカリキュラム」という表現がしばしば用いられる。

　このように区分して考えるのは，カリキュラムの実態を捉えるにあたって重要である。教育計画は，子どもの実態に応じて授業の中で変容するだろう。つまり，意図したカリキュラム（計画）は，実施したカリキュラム（授業）の時点で変容する。しばしば，教師が伝えようとしていることのすべてが子どもに習得されたり，身に付けられたりするわけではない。あるいは，教師が伝えようとしていることのみが，子どもに習得されたり，身に付けられたりするわけではない。だから，実施したカリキュラム（授業）と達成したカリキュラム（子どもの姿）との間にもちがいがある。カリキュラムを，意図したカリキュラム（計画）というレベルだけで捉えると，実態と乖離して捉えてしまうことになる。

教師が伝えようとしていることのみが、子どもに習得されたり、身に付けられたりするわけではないという点で注目しなければならないのが「潜在的カリキュラム」という概念である。これは、「授業の目標を超えて、子どもが結果的に身に付けた知識・技能・態度など」(安彦, 2019：5) のことで、教育する側が明確には意図していないが子どもに達成されているカリキュラムのことである。教育する側が明確には意図していないが無意図的・暗黙的に期待している事柄（たとえば、規則・規範・規律への従順な態度）もあれば、教育する側の意に反して伝わってしまう事柄（たとえば、差別意識や偏見、イデオロギーなど）もある。表向きにあらわれているカリキュラムだけではなくて、その実施のプロセスでの人のふるまいや学校生活全体の環境といった子どもへの働きかけすべてに目配せする意味を示唆している。

なお、カリキュラムと教育課程は、どちらも、三つのレベルを含むものとして用いられるので、この章では、二つの呼称を概念的に区別しない。

(2) カリキュラムは誰がつくるのか——カリキュラムの編成主体

教育計画としてのカリキュラムを編成するにあたって、それに強い影響を与える国家レベルから地域レベルの教育課程をも含めて考える必要がある。国家レベルの基準として学習指導要領がある（たとえば、学校教育法施行規則第52条）。くわえて、地域レベルの意向も各学校の教育課程に影響を与える。ある程度の枠組みは決められている。

しかし、すべてが決められているのではない。平成29年告示の「小学校学習指導要領」の総則においても、「各学校においては、（中略）適切な教育課程を編成するもの」とある。カリキュラムの編成主体は学校なのだから、カリキュラムは決められたものではなくて、学校がつくるものである。

では、カリキュラムをつくるにあたって、インクルージョンをどのように志向することができるのか。第1節で述べたように、この章では内容や目標に関する問題を中心に取り上げる。そこで、意図したカリキュラム（計画）をどのように構想するのかという問題と、そこで達成したカリキュラムをどのように評価するのかという問題を中心に検討したい。

3 意図したカリキュラムにおける
インクルージョンの視点と課題

(1) 教育におけるインクルージョンの可能性と課題

　実質的にどうであったかは別にして，教育は従来からインクルージョンを志向する視点を展望していた，と言うことはできる。たとえば，「あらゆる人にあらゆる事柄を教授する」（コメニュウス，1962：13）というように，一部の子どもを教育の対象にするのではなくて，あらゆる子どもを教育の対象として，人間社会に参加できるように育てる，と伝統的に考えられてきた。

　一方で，子どもを未熟な存在と見なして，大人に成熟させるという考え方そのものに対して，以下のように懐疑的な見方もある。

　　　教育という語で理解されているのは，子どもたちの変容である。自主的になったり，責任感をもったり，その目指すべき人間像の表現はいろいろであったとしても，その時代，その社会でよいとされる人間に向けて子どもたちを変えていく作業が教育であるとされる。（中略）そのための効率的な機関として学校に期待がかけられている限り，学校を通過することで，子どもたちは「変わらなければならない」のである。つまり，計画を立てて一定の成果が出るように子どもたちを「指導」していくイメージで教育は語られる。このような環境の中で，子ども自身も，つねに自らを大人から指導が必要な「未熟」な存在だと思うようにさせられていく。そして提示された人間像に向けて自らを同化させていく。　　　（池田，2021：51）

　未熟な子どもと成熟した大人というイメージにもとづく教育においては，大人や社会は変わらなくてよいもので，子どもが変わるべきもの，つまり子どもは大人に同化すべきものという前提がある，という指摘である。大人のイメージする正解に近い子どもの声は聞き入れられやすいが，大人のイメージから遠い声は聞き入れられにくい。納得しないまま大人のイメージする成熟に同化させられている実態を言い表している。教育は，多様な参加を認めているようで，

その実として，聞き取りにくい声を発する子どもの参加を困難にしているとも言える。

（2）カリキュラムの背後にある要請——社会的要請の肥大化

　カリキュラムをつくるにあたって，その背後には複雑な要請がある。子どもをどのような人間に育てるべきなのか，ということについて，ただ一つの理念だけがあるというわけではない。こうしたカリキュラムに対するさまざまな要請は以下の四点にまとめられている。それは，「① 学問的要請：教える価値のある学問・芸術等の研究の成果と方法」，「② 社会的要請：現在ないし近未来の社会が求める資質・能力」，「③ 心理的要請：子どもの興味・関心，個性，性格，発達」に加えて，「④ 人間的要請：人格性・人間性，地球・生命全体に対する人間の責任性」である（安彦，2019：7-8）。

　近年，コンピテンシー志向のカリキュラムが求められ，そのカリキュラムをPDCAサイクルで合理的かつ効率的にマネジメントすることが重視されている。コンピテンシー志向とPDCAが，人間を，国家や社会に要請されたことを「パフォーマンスする機械のように見なしている」（中野，2016：12）という批判がある。一人ひとりの人間が自分の意志で生きる主体となることにむけて育てられているのではなくて，国家や社会にとって有益な人材，既存秩序の構成員として育てられようとしていることの問題である。この意味で，近年，カリキュラムづくりにおいては，② 社会的要請が肥大化しており，そうしたカリキュラムやそれが前提とする社会に子どもたちが効率的に同化させられていくことが懸念されている。そうしたなかで，多様な子どもの参加を認めるようなインクルーシブなカリキュラムは，どのように構想可能なのだろうか。

（3）多様な主体が参加して学び合うカリキュラムの実践に見るインクルージョンの2つの視点

　社会的要請にこたえるだけではない，多様な主体が参加して，学び合い，主体として育てられていくカリキュラムの構想は豊富に蓄積されている。ここでは，無着成恭の生活綴方教育を紹介する。生活綴方教育は「子どもたちが自ら

の生活とその内面世界をリアルに見つめ，それをありのままに文章に綴るとともに，さらに，そのことによってできた作品を学級集団の中で読み合うことにより，彼らのものの見方・考え方・感じ方を深化させ，共同化させる教育的営みのこと」(船越，2004：535) である。子どもたちの作文（綴方）の文集として出版された『山びこ学校』の「あとがき」に無着の実践の一端が垣間見える。

　（前略）この本におさめられた綴方や詩は結果として書かれたものでなく，出発点として書かれたものです。一つ一つが問題を含み，一つ一つが教室の中で吟味されているのです。
　さて，どんなふうに吟味されたか。そのことが次に問題になります。そのことについては一つ一つの作品が語ってくれませんから，すこし長くなるけれども例を一つとってみたいと思います。

　ゆうべ，なわをなっていたら隣りのおっつぁがあそびにきました。おらえのおっつぁんといろいろ話していきました。××であ息子さ教育した（ために）ばんで百姓つぶっ（つぶれてしまった）でしまっただな，あれやぁと云っていました。〇〇さんを学校にいれたばっかりで，〇〇さんが百姓いやになり，田を小作人に全部貸して自分は月給とりになったため，農地解放で小作人から田を全部とられたんだそうです。私もおっつぁたちの話を聞いていて本当だなあと思いました。百姓はやっぱり田にはいって泥をかまし（かきまわしていると）ているとよいのです。

　この作品を取扱うときは，もちろんこれだけでなく，子供の心理的な発達段階もまた家庭の環境もみなちがうことを承知の上で同じような問題を含んでいる作品を並べ，お互いの生きた生活感情にしみじみとふれ合いながら「百姓はやっぱり…というなっとくのしかたはこれでいいのだろうか。」とか「教育を受けるとなぜ百姓がいやになるのだろう。」とか「農地解放などなぜしたんだろう。」とか「百姓の生活は運命みたいなもので，こういう状態から変らないのだろうか。」などという疑問を育て，発展させていったのでした。
　　　　　　　　　　　　　　　　　　　　（無着，1956：273-274）

この実践には，社会科における農民のくらしにかかわる教科内容を，無批判に習得するのではなくて，子どもとともに批判的に学ぶ展開が示されている。「教師がすでに知っていることを生徒たちに調べさせたのではない。生徒たちに村の生活の状態を調べさせ綴らせたそのテーマは，無着自身の調査課題であり，村民意識改革の課題でもあったのだ。無着は子どもたちとともに生活と学習の主体となり，農村生活の改革主体になった」（奥平，2016：10-11）と評されている。

ここから，意図したカリキュラムにおけるインクルージョン志向には2つの側面がうかがえる。第一に，カリキュラムにかかわる追究に，滞りなくわかる子だけではなくて，つまずいたり，疑問をもったりする子も含めた多様な子どもの参加を保障するという側面である。第二に，多様な参加者の目から教育内容を捉え直すことで，内容やその背後の生活や社会を捉え直し，つくりかえようとする力を育てるものになるという側面である。

（4）多様な子どもが「見えるもの」から「見えないもの」へと至る授業構想

多様な子どもの参加を認める実践は，今なお模索され続けている。原田真知子の実践では，学級生活のなかで落ち着かず，授業にもなかなか参加できない達也なりの教科内容の解釈を，子どもたちと共同探究するものとして授業のなかに意味づけ直しながら展開する実践が描かれている。

> 休み時間や放課後に友だちと遊ぶようになった達也は，少しずつ授業にも参加するようになってきた。国語の時間は，登場人物の気持ちについて大いに飛躍し逸脱しながらも想像をめぐらせた。ふだんも作り話ばかりしている（その裏には感心されたい，おもしろがられたいなどの要求がある）ということを知りはじめた子どもたちは，達也が発言しはじめると「達也ワールドだぁ」とそれなりに受け止めながらも反論していった。「達也ワールド」に反論することで，子どもたちの読み取りと討論のちからは鍛えられた。「達也のおかげでおもしろい話し合いができたね」と言うと，達也はうれしそうに椅子の上に立ち上がってみせた。
>
> （原田，2021：225-226）

第1章　カリキュラムにおけるインクルージョンの視点

図1-1　「見えるもの」から「見えないもの」へ

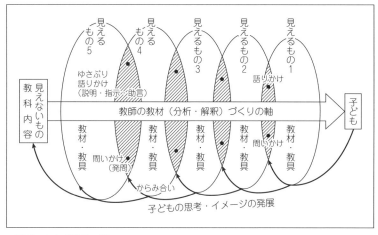

出所：吉本（2006：43）.

　「達也ワールド」をめぐる子どもたちの絡み合いは，多様な考えの子どもの参加を認めるのみならず，その多様な考えを，教科内容をめぐる教師と子どもたちとの合意形成過程に組み込むような構想である。
　図1-1のように，多様な子どもの思考が「からみ合い」ながら，子どもたちの今見えているものから「見えないもの」＝見えてほしいものに至る授業イメージが示されてきた。それは次のような過程である。

　　教師の側からいえば，教科内容という「見えないもの」を「見えるもの」＝教材づくりとして手段化していくのであり，子どもの側からいえば，「見えるもの」としての教材を教師の「語りかけ」や「問いかけ」によって能動的に習得していくことになるのである。教師にとっては，「見えないもの」を「見える」手段の体系として働きかけていくことであり，子どもにとっては，「見えるもの」を一つ一つ習得していくことによって思考やイメージを発展させ，かつて「見えなかったもの」がしだいに「見える」ようになっていく過程にほかならない。　　　　　（吉本，2006：43）

　こうした授業において重要なのは教材研究である。教材研究として，教科内

第1部　広場1　インクルージョンの枠組みとカリキュラム

容と教材の関係を捉え，そこに子どもたちの現在の認識をどう関係づけて，練りあげるのかを構想することが大切にされている。

その一方で，こうした取り組みであってさえ，「同一性への回収」という懸念にさらされてきた（久田，2016：49-50）。授業において，子どもの多様な参加を認めるとしても，そこで共同構成しようとする知のあり方が一定程度の方向性をもつものであるならば，教師のもつ既存の枠組みへと回収されているにすぎないのではないか，という懸念である。

4　達成したカリキュラムとインクルージョンの視点

カリキュラムを実態として捉えるためには，意図したカリキュラムがどのように構想され，どのように実施されているのかだけではなくて，そうしたカリキュラムのもとでの学びがどのように学びとして認められているのかまで検討する必要がある。達成したカリキュラムを見てとる評価においてインクルージョンはどのように志向されているのだろうか。

（1）求められる資質能力の多様化にともなう多様性の評価

近年，子どもに求められる資質能力は多様化している。それにともなって評価のあり方にも変化が求められている。こうした資質能力は，しばしば，単純なペーパーテストのみでは測れないから，より実生活に近い文脈でのパフォーマンス課題を課して，そこでのパフォーマンス（課題に対する応答）を評価対象にするパフォーマンス評価が注目を浴びている。パフォーマンス評価では，子どものパフォーマンスは多様になる。その多様さを評価する準備が必要になる。そのためにルーブリックと呼ばれる採点指針（多様性を念頭に置いた評価規準と評価基準）が必要となる。

学習結果だけではなくて，学習過程に注目する評価もある。ポートフォリオ評価では「学習結果としての完成品だけではなくて，何よりも日常の学習過程で生み出されてくるさまざまな作品や評価記録を収集・蓄積する」（田中，2008：159）。その収集・蓄積したものを評価対象とするのである。

以上のように，学力の多面性・多様性に対応しようとする評価がある。

（2）多様性を認め，励ます個人内評価や目標にとらわれない評価

　カリキュラム・マネジメントとしてPDCAが強調される状況にあっては，あらかじめ立てた目標に対する達成度が特に問われる。子どもを評価する際にも目標に準拠した評価が重視される。ルーブリックによって，多様な観点を含み込んで1〜5の評点を与える評価は，目標に準拠した評価の典型といえる。しかし，あらゆる子どもが1の次は2，その次は3というように一次関数的に成長するわけでもないし，規準に当てはまらない成長もあるだろう。だから，その子どもなりの育ちを認め励ますには個人内評価も重要である。これは，学習者自身のなかに評価の規準や基準を据えて評価することである。子どものありのままに目を向け，目標にとらわれない評価という視点での評価も必要になる。

（3）否定の中に肯定を見る

　子どもなりの育ちを見てとり，励ます評価として，「子どもの否定の中に肯定を発見して，子どもの言動を「読みかえる」ことでほめるべき価値を見出してあげる」（白石，2022：68），すなわち「否定の中に肯定を見る」ことがあらためて提案されている。ほめるべき価値とは，たとえば，「班長に注意されて行動を改めた，トラブルを起こす子どもの背景を教師に教えてくれた，一人だけ異説（つまずきも含めて）を主張しつづけた」などが挙げられる。一見すると否定的な側面のなかに，肯定的な部分を発見し，そこを励まし，期待し，促し，要求することが大切にされてきた。原田実践を例にすれば，原田は達也の否定（つまずき）のなかに，子どもたちが向き合う価値としての肯定（「達也ワールド」）を見た，と言えるだろう。

（4）かかわり合いの評価，関係性の評価

　評価におけるインクルージョンを考えるうえで，多様な子どもの参加やかかわり合いそのものを評価するということも重要だろう。たとえば，長谷川の実

践では，次のように評価の言葉が溢れている。

> 活発な話し合いが進んでいるところを見つけては「ストーップ」と言い，「今，このチームよかったよ。何が良かったかというと，S2さんがKくんにどうしてここに線を引いたの？って聞いてたんだよ。これが大事だよね！」「またまた発見！このチームはみんなが発表している人に注目しているから話しやすいね。」「よく話してる所は頭が近づいているね。」「ここから分からないから教えてというのも大事！」と言った。
>
> （長谷川，2016：64）

算数の授業において算数の教科目標に照らした評価だけしかしてはいけないわけではない。子どもたちの姿に即して，そこに内在する価値である子どもどうしのかかわり合いを発見してほめることもできる。

5　教育とインクルージョンというジレンマ

「山びこ学校」の実践をふまえて奥平は教育の抱えるジレンマについて次のように述べている。

> 教育という営みは疑いもなく子どもを既成文化の枠組みの中に取り込むことである。しかし教育の成功によって既成文化に取り込まれた子どもたちは，他方ではその既成文化の改革者になるように期待されてきた。文化の継承者であることと文化の革新者であることを共に実現する教育という難問，あるいは文化革新の方法を内にもつ文化継承の方法の発見という難題が，教育・学習にはつきまとっている。（奥平，2016：18）

教育が文化の継承者であることと文化の革新者であることの実現という難題を抱えた構想であるという指摘は，教育におけるインクルージョンの計画可能性を考えるうえで重要な指摘である。

多様な参加の保障や，主体形成を志向するがゆえの個性や主体の尊重は当然であるが，教育の結果として「全面的に何でもあり」というわけにはいかない

側面もある。「「絶対正しいことなんてない」からこそ，「より正しいことを求めていかなくてはなりません。そして，「正しい事実」は個々人が人それぞれに決めるものではなく，これまでの知識体系をもとにみんなで作っていくものです。」(山口, 2022：211) という知識観，科学観をふまえれば，教育という営みを真理や科学にかかわる共同探究と考える以上，何がこの教室での事実であるのかという合意が目指されるカリキュラムや，そのことにもとづいた評価も求められるだろう。それと同時に，多様性を認め，励ますカリキュラムや評価も追究される必要がある。

引用・参考文献

安彦忠彦 (2019)「カリキュラムとは何か」日本カリキュラム学会『現代カリキュラム研究の動向と展望』教育出版.

池田賢市 (2021)『学びの本質を解きほぐす』新泉社.

奥平康照 (2016)『「山びこ学校」のゆくえ――戦後日本の教育思想を見直す』学術出版会.

コメニュウス (1962)『世界教育学選集24 大教授学１』(鈴木秀勇訳) 明治図書。

柴田義松 (2001)「カリキュラムの概念」日本カリキュラム学会『現代カリキュラム事典』ぎょうせい.

白石陽一 (2022)「ほめる，指示する，合意形成する，説明する，実践記録を読む――もっとも基本的な指導方法を喪わないための試み」『熊本大学教育実践研究』第39号.

田中耕治 (2008)『教育評価』岩波書店.

中野和光 (2016)「コンピテンシーによる教育のスタンダード化の中の学習集団研究の課題」深澤広明・吉田成章編著『学習集団研究の現在 vol. 1 いま求められる授業づくりの転換』渓水社.

長谷川清佳 (2016)「子どもたちが出会い直すための指導的評価活動：「評価」の再定義」深澤広明・吉田成章編著，同上書.

原田真知子 (2021)『「いろんな人がいる」が当たり前の教室に』高文研.

久田敏彦 (2016)「アクティブ・ラーニングと学習集団研究」深澤広明・吉田成章編著，前掲書.

船越勝 (2004)「生活綴方的教育方法」日本教育方法学会編『現代教育方法事典』図

書文化.
無着成恭（1956）「あとがき」無着成恭編『山びこ学校』百合出版.
山口裕之（2022）『「みんな違ってみんないい」のか？　相対主義と普遍主義の問題』筑摩書房.
吉本均（2006）『学級の教育力を生かす吉本均著作選集4　授業の演出と指導案づくり』明治図書.

（樋口裕介）

第 2 章

インクルージョンが拓くカリキュラムの展望

1 「子どもの学び」と「教師の捉え方」のずれ

　ある小学校の1年生を担任している先生から次のような相談を受けたことがある。その先生のクラスには,「授業が始まる前に, 教室を飛び出して行き, 午前中はたいてい校庭でずっと虫を探して捕まえている」子ども（道雄さん）がいた。道雄さんは幼稚園のときから落ち着きがなく, 小学校でみんなと一緒に勉強ができるかどうか幼稚園の先生も心配していたが, 幼稚園では園庭がそれほど狭くなかったからか, 周囲の子どもが面白そうな遊びを始めると, みんなと一緒に遊ぶ時間もあった。

　それが小学校に上がると, 給食の時間まで虫取りは続き, 毎日のように, 教室の外に飛び出していた。道雄さんが校庭に出て虫取りをしているときには, 教頭先生などが道雄さんに付き合い, 気が済んだところで教室に戻すことをしていたが, クラスでは捕まえた虫をみんなに見せて回っていた。もちろん, クラスには虫が嫌いな子どももいるので, そうした子どもが「キャー」と言って逃げ回ると, 道雄さんは友達が逃げ回る様子を見て, 楽しそうな表情をしているということだった。

　このような子どもはかなり前から筆者の教育相談に上がってきていたが, 最近では, 担任の先生から「道雄さんは発達障害なのでしょうか？」と問われることが多い。そして,「どのように関われば道雄さんは教室で勉強できるようになるのでしょうか？」という相談（「学校不適応」は改善するのかという「問い」）へと続き, 最終的には「こうした行動はいつまで続くのでしょ

か？」という相談（担任教師の「心理的な負担」はいつまで続くのかという「問い」）に発展していくことが多い。

　もちろん，相談を受けた筆者としては，相談を受けている時間のなかで，担任の先生が聞きたい「答え」として，筆者なりの意見を述べることはするようにしている。しかし，相談者から問われたことに対して，1問1答式に答えるのではなく，筆者は，「教室から飛び出す道雄さん」がその学校でいったいどのような学びをしているのか，という点を中心に相談を進めるようにしている。

　たとえば，「教室から飛び出す道雄さん」が，毎日のように学校に来ると大声で泣きわめき，その子どもも，周囲の友達も，精神的に健康な状態を保つことができないような状況であったら，「特別支援学級などの別の場で個別的に対応することも選択肢としてあります」と話すことがある。しかし，今回取り上げた道雄さんの場合は，毎日，とても楽しそうに過ごしている様子がうかがえたので，毎日学校に来て，何かしら学んでいることはあるのではないかと筆者は推察した。

　特に，こうした相談が1年生の1学期の様子であったとしたら，もう少し様子を見てみましょうと話すことも多い。それは，子どもの側に立って小学校への進学という状況の変化を考えてみたら，幼稚園にいる頃は毎日，狭い園庭で何とか続けていた虫取りが，茂みや小さな池もある小学校に進学することができ，道雄さんにとっては「虫がたくさんいる楽園」に毎日通えるようになったと考えることができるからである。もしかしたら，道雄さんは，担任の先生が言うように「教室にいられないから，飛び出して行く」のではなく，「教室に荷物を置いて」から，「学校のなかで思いっきり遊んでいる」という気持ちなのではないか。このことは，担任教師との相談のなかで確認できることが多く，今回のケースについても，道雄さんは学校にいる間，決して学校の外に出ることはなく，「家に帰りたい」という言葉も口にしたことはないと担任の先生は話していた。

　この点をふまえると，道雄さんがクラスにいられない学習困難を抱えていると捉えているのは「教師」の側であり，その捉え方は子どもの「思い」と合致しているとは限らない。つまり，子どもは教室ではない場所で，クラスメート

とも一緒ではないけれども，学校のなかで自らの興味に従い，いわば「主体的に」学びを繰り広げていると捉えることもできるのではないだろうか。

2　「学習困難」を抱える子どものカリキュラムの諸相

前節で取り上げた道雄さんの「学び」に関する議論は，カリキュラム論を展開する上でとても重要な論点を与えてくれる。すなわち，子どもは教師（＝学校／社会）が設定している学習（＝学習指導要領／教育課程）には接続できていないが，子どもなりに「学びの過程（＝カリキュラム）」を創り出していると考えられる。

もともと，幼児期の学びは遊びを通して進められてきたのだから，幼稚園から小学校への接続期には，こうしたギャップが生じることも不思議ではない。これまでの幼児教育に関する研究でも，「遊びが楽しく感じられるのは，そこに発見があり，内なる力の発揮があり，技術・技能の習得があり，仲間とのかかわりがあるからである。そうした観点から遊びにおける学びを取り出すのである」と述べられているが，保幼小の接続期においては，遊びと学びは混然一体としていると考えられている（上野・島光，2008：125）。今回，例に挙げた道雄さんのケースでは，幼稚園を卒園したあとすぐに教室で座って勉強できない子どもがいたとしても，それは決して不思議なことではなく，幼稚園での学びのスタイルが継続している子どももいると考えられる[2]。

このような捉え方をカリキュラム論の歴史からたどってみると，J. デューイの考え方に帰着する。デューイは「認識する」ということを「アッ！　そうだ」と気づくこと（＝再認識）ではなく，「環境と人間の合一的経験」であると考えた（デューイ，1929＝2021：334および350）。つまり，子どもが「わかる（認識する）」ように教育するためには，経験したことを「再認識」させることだけではなく，環境のなかで経験したことを自分の内面に取り込むことが重要である。こうした「自然」のなかに「価値」を見いだす過程が「学び」であると考えるなら，「教室にとどまっていることができない子ども」の学びは，極めて自然な学び方であると考えることもできる。

もちろん，学校教育においては，生活のなかで経験したことを言語化するといった「再認識」も重要な学びである。しかし，その前提としての「経験（環境と人間の合一）」が十分でなければ，教室での座学に意味を感じることは難しく，教室から飛び出して，校庭で虫を探しに行く子どもがいてもそれは発達的にみて極めて自然な行動であると捉えられる。まして，それがつい数か月前まで幼稚園のなかで「遊び」を中心にして過ごしてきた小学校1年生の子どもであれば，なおさらのことである。

　ただし，学校が用意した学習内容（=教育課程[3]）に沿って学ぶことができない子どもは，学校の中ではいわゆる「学習が遅れる子ども」ということになってしまうことも否定できない。これは，教育課程（=フォーマル・カリキュラム）に沿って学ぶことが難しい子どもが「学習困難児」として教育相談に上げられる典型的なケースの一つである。

　その一方で，学校が用意しているフォーマル・カリキュラムは，子どもが家庭生活のなかで経験してきたことを基盤にしていることも多い。カリキュラム論では，こうした家庭などの学校外での学びを「インフォーマル・カリキュラム」と呼ぶが，昨今の教育改革においては，（特に幼児期の）家庭教育の重要性が指摘されている[4]。

　以上のように，子どもの学びは物理的な場所で決まるものではなく，人間関係が複雑にからみあった「場」のなかで，大きく変わるものである。そのため，学校のなかで何を学ぶべきかを厳密に規定するのではなく，その学びから離脱する子どもがいて，教師の意図とは異なる学びをする子どもがいることを前提とした教育課程の柔軟な運用が求められる。すなわち，子どもの学びがさまざまな条件や成育歴によって常に変化することを前提として，教師は子どもとともに学びを創り出していく姿勢が強く求められるのだと考える。

3　子どもの学び（カリキュラム）を支える社会的側面

　そして，こうした「教師の教えたいこと」と「子どもが学びたいこと」の乖離が生じやすいのが道雄さんのような「（教師の側からみた）特別なニーズの

ある子ども」である。近年，特別支援教育の対象児が増加していることの背景に，「フォーマル・カリキュラム」の厳密な運用が関係しているのだとしたら，学習困難児の問題は，決して（障害特性への対応といった）心理学的な問題なのではなく，学校や教育課程といった極めて社会科学的な問題であると考えるべきだろう。

　すなわち，学校という「場」において，「権力をもっている教師」が「教室から飛び出す子ども」を何とか教室にとどめ置こうとするために，さまざまな「特別支援」を駆使してフォーマル・カリキュラムに乗せようとすることが「特別支援教育」だとしたら，こうした教育実践は，社会科学的な問題を心理学的な問題にすり替えて対応していると言うこともできる。しかし，実際のところ，心理学的な知見にもとづく対応を駆使して「特別支援」を提供しながらも，その「場」で学んでいる子どもは，教師の意図から外れた「手に余る」子どもとして，「特別支援学級」の利用を勧められることも少なくない。

　さらに，こうした状況に置かれた子どもは，周囲の子どもと同じように学べていないというだけなのに，「自分は勉強が苦手だ」とか，「学校という場所は自分のことをわかってくれない」ということを学習する結果となる。こうした教師の意図と異なる学びをしていることを「ヒドゥン・カリキュラム」（隠れたカリキュラム，潜在的カリキュラムともいう）と呼ぶが，特別支援教育の分野では「カリキュラム」をこうした視点から捉えることをあまりしてこなかった。そのため，道雄さんのような特別支援が必要と考えられる子どもに対して，問題を「心理学」の領域に押しとどめ，学校を変えるといった社会改造を引き起こす契機とはならなかったのだと考える。

　近年，日本の特別支援教育においても，学習困難を引き起こす背景に「障害」だけでなく，生活環境によって生じることがあることにも注目されるようになってきた。これは単に「子どもの困難の背景を多面的に検討することが重要である」といったことを示しているだけでなく，一人の子どもの学びを創り出すために，「障害」による困難に加えて，「生活経験」の不足等についても総合的に考慮して，子どもの学びを創り出していくことが重要であるということを示唆するものであると考える。

第1部 広場1 インクルージョンの枠組みとカリキュラム

4 インクルーシブ・カリキュラムを創出する実践開発

　以上のように子どもの学習困難を多面的に捉え，一人ひとりの子どもの豊かな学びを創出するために，どのような実践を開発していくことが必要なのだろうか。このとき，特別支援学級や特別支援学校などの「分離された場所」において，「個別的支援」を提供するのではなく，可能な限り，他の子どもと共同的に学び，集団のなかですべての子どもの学びが広がり，深まること（インクルーシブ・カリキュラム）を目指すとしたら，どのような実践展開が求められるのだろうか。この点について，以下の視点から整理して考えてみたい。

（1）教科書の内容をイメージするための生活経験の重要性

　日本の教育の質の高さは，教科書がとても精巧につくられていることに依るところが大きい。特に，小学校における国語や算数の教科書に掲載されている教材や課題は，子どもの認識発達の状態を十分にふまえたものとなっていて，これが日本全国のどの学校で学んでいても，等質な教育が受けられている要因の一つであると考えられる。

　しかし，もう少しミクロに教育現場の実情をふまえて実践（主として授業づくり）の課題を指摘するならば，教科書を用いれば，皆が同じ教育が受けられるというわけではない。たとえば，日本における貧困家庭の子どもの教育課題は深刻な状況が続いている。[8] 貧困というと，一般的には「経済的困窮」をイメージし，その対策として政府からの給費金等の支給を想像するだろう。もちろん，貧困家庭に対して経済的支援は不可欠であるが，教育学的には貧困から派生する学習困難について，もっと深く検討すべき課題がたくさんある。

　たとえば，教科書に掲載されている「問題」は，貧困家庭の子どもも含めて共通して体験していることなのだろうか，という点が挙げられる。ある算数の教科書に，「100円をもってコンビニに買い物に行きました。55円の品物を買ったら残りのお金はいくらでしょうか？」という問題があったとする。これは算数の問題としてみれば，「100－55」という式を立てられて，答えが「45」とい

う計算ができることを求めるものである。しかし，その式を立てる際に，買い物の経験がある子どもと，あまりない子どもとでは，文章題を読んだ時に想像できる内容が大きく異なり，それが文章題で問われていることの意味の理解に関係してくる。

　具体的には，幼児期の家庭生活で買い物をたくさんする経験のあった子どもは，100円で買える物のイメージができていて，物を買うと残金が減少していくことを容易に想像できる。しかし，買い物の経験がほとんどない子どもは，55円の品物を買うのに，100円玉を出して45円のお釣りをもらうことが十分にイメージできないまま計算をするので，この文章題で用いる記号が「−」なのか，「+」なのか自信がもてないまま計算をしていることも多いと思われる。

　こうした家庭生活における経験の格差がすべての教科のちょっとした授業のなかで，毎日のように影響を与えているとしたら，とても大きな問題となる。そのため，教科書に掲載されている教材や課題を無自覚的に取り上げるのではなく，それがクラスで学んでいる子どもの生活実態に合致したものとなっているのかどうかを教師は常に検証しながら授業を展開していくことが重要となる。このことは，特に子どもの生活をベースにして問題や課題が出されている小学校の教科書において顕著であるとともに，十分な生活経験を蓄積していくことが難しい特別ニーズのある子ども（発達障害児のみならず，貧困家庭の子どもや被虐待児等）に対して配慮しなければならない重要な点であると考える。

（2）生活実感のある教科学習と生活から遊離した想像力の育成

　以上の点をふまえると，学校における学びといえども，生活経験から遊離したところで学ぶのではなく，実感をもって学ぶことができるように授業を展開しなければならないといえるだろう。もちろん，学校において実際の生活を再現し，経験を蓄積させていくことは現実的には難しいことではあるが，授業の中にさまざまな活動を織り交ぜて学ぶことができるように工夫することはできるのではないかと考える。

　たとえば，算数の時間に「買い物」をイメージして，「繰り下がりの引き算」について学ぶ場面で，おもちゃのお金を子どもに配り，隣にいる友達とお金を

やりとりしながら学ぶようにすることは可能だろう。そして，こうした活動的な学び（アクティブ・ラーニング）を多くの授業で展開していくことで，生活経験の不足が学習の理解度に左右されてしまうことが少なくなるのであれば，アクティブ・ラーニングは学習困難のある子どもが他の子どもと一緒に学ぶ可能性を広げる一つの方法であるといえるだろう。

ただし，小学校高学年以上の学習になると，必ずしも生活と関連のある内容ばかりでなくなってくるといった点もふまえてアクティブな学びを考えていかなければならない。たとえば，「$y=2x+4$」などの方程式は，常に生活のなかで具体的にイメージできるものではないかもしれない。

しかし，筆者がこれまで参観した中学校の数学の研究授業では，この問題をできる限り身近に感じてほしいと思った数学の教師が，「y」を「1か月の携帯電話の料金」とし，「x」を「1分間に通話したときの料金」として次のような問題にして生徒に提示していた。

> 電話でおしゃべりするのが大好きな○○先生は，1分間30円かかる携帯電話会社と契約しました。この会社は，毎月，通話をしなくても400円の基本使用料金がかかります。今月は，お友達とたくさん話しすぎて，ついに1,200分間も話してしまいました。○○先生は携帯電話の会社からいくら請求されたでしょうか？この問題を解くための式を立てて，料金を導きなさい。
> （式は$y=30x+400$／答えは36,400円）

この授業では，身近な先生の名前が提示されたので，「あの先生は長電話しそうだ！」などの会話で盛り上がりながら，式を考えている生徒たちが多かった。しかし，次第に「基本使用料の400円をどのように式に入れたらよいのか」といった点など，少しずつ式の意味を考え始めるようになっていた。

こうした学びをした生徒たちは，「先生，携帯電話は一定額を超えるとそれ以上払わなくてよくなる仕組みになっていると思うけど，それも式に表すことができるの？」といった関数に関連する疑問も出された。一方で，この授業に参加していた学習困難のある子どもは，自分で式を立てることは難しかったが，「$30x$」の意味はわかったようで，通話時間（x）が長くなると，支払う料金が

上がっていくことがこの式に表されているという理解にはなっていたようだった。

　もちろん，数学のすべての課題が世の中にある現象と結びつけられるわけではない。たとえば，「素数」を探す問題や，図形の内角の和を求める問題などは，（生活から離れた）数学的な興味を喚起するしかないものもあるだろう。しかし，それは逆に生活から遊離しているからこそ感じられる「数」の面白さであり，学習困難のある子どもの中には，むしろ生活とまったく関係のない内容を多く取り扱う中学校の学びのほうが，興味をもてる子どもがいるということも事実である。

　このように，学習困難児を他の子どもと一緒に学ばせようとしたら，両者が共通して楽しく取り組むことができる教材を見つけてくることが求められる。通常の学校の授業であれば，フォーマルに用意されている教科書の内容をベースにしつつも，そこから抜け出し，クラスにいるすべての子どもが「みんなで」「わいわいと」取り組むことができるようなアクティブな学びを展開していくことが必要であると考える。

5　インクルーシブ・カリキュラムの根底にあるもの

　ここまで取り上げてきた学習困難児の学びの様子と授業づくりの方法をまとめると，すべての子どもを包摂するインクルーシブなカリキュラムの様相がみえてくる。

　すなわち，「学校・教師の教えたいこと」と「子どもの学び」は必ずしも一致するものではなく，教師は両者の「ずれ」を常に意識しながら授業を展開していくことが求められる。特に，「学校・教師の教えたいこと」と「子どもの学び」が大きくずれているときに，どうすれば「学校・教師が教えたいこと」に子どもを近づけることができるかを考えるのではなく，子どもの学びの過程を捉えて授業づくりを変化・修正していくことが重要である。こうした点をふまえると，インクルーシブ・カリキュラムとは，学習者の経験や思いにそって学びが変化していくということを前提にして，常に変化していくものであると

考える。

　また,「子どもの学び」が「学校・教師の教えたいこと」に近づいていく過程には,単に認識的に「わかる」だけでなく,感情を通して「実感としてわかる」プロセスがあることも本稿を通じて指摘してきたことである。こうした実感は生活のなかや,教科の本質と結びついたときに得られるものであり,教師はインクルーシブなカリキュラムを創造する場合にこうした点を意図的に取り入れていくことが重要である。このとき,他の子どもと異なる価値をもって学習に臨んでいる学習困難のある子どもの感情的なつぶやきは,一緒に学ぶ友達(集団)の学びに影響を与える重要なものであるということも,本章のまとめのなかに指摘しておく必要があるだろう。

　こうした多様な子どもの価値を織り合わせながら,すべての子どもの学びを展開していくことがインクルーシブ・カリキュラムである。そして,一人の子どもの学びが他の子どもの価値と重なり合い,深い学びへと発展していくために,むしろ他の子どもとは異なる存在と見られがちな学習困難のある子どもたちの学び方をふまえ,時には他の子どもの学びを変化させる契機とするような教育実践を展開することが,インクルーシブ・カリキュラムの創造に必要であると考える。

注

(1) 児童のプライバシー保護のため,筆者が相談を受けた何人かのケースを合わせて架空の事例として紹介する。

(2) 幼児期の子どもの教育相談を行っていると,1月～3月生まれの子どもはどうしても他の子どもと比べると発達的に遅いように見えることが多くある。小学校に入ると生まれた月の差は徐々に解消されていくが,小学校1年生の1学期については,こうした理由による差があることも考慮して子どもの学び(カリキュラム)を捉えていかなければならないと考える。

(3) 佐藤はカリキュラムと教育課程の違いについて,以下のように整理している。
　「『カリキュラム』は,教科の課程と組織を意味する用語として定着するが,19世紀末のアメリカにおいて,教育行政と学校の権限の分離を背景として再定義されている。教育行政の規程する教科課程の大綱を『コース・オブ・スタディ(学習指導

要領)』と呼び,『カリキュラム』は,学校において教師と子どもが創造する教育経験の総体を意味する言葉となった。」(佐藤,1996:4)
(4) 家庭教育支援の推進方策に関する検討委員会(2017)では,「家庭教育は全ての教育の出発点であり,家庭に教育の基盤をしっかり築くことがあらゆる教育の基盤として重要である。父母その他の保護者は,子の教育について第一義的責任を有するものとされている」と指摘されている(家庭教育支援の推進方策に関する検討委員会,2017:2)。
(5) 周囲の子どもとの「差異」が認められる学習困難児が「特別支援教育」の対象児となっていくという原理については,新井(2011)に詳述した。
(6) 「勉強は苦手だ」ということを学んでしまっている子どもを,心理学では「自己肯定感の低下した子ども」とみて対応方法を考える。その場合においても,決して学校がもつ社会的構造にメスを入れようとするのではなく,「ほめて伸ばす」など,子どもの心理にアプローチする方法論が述べられることが多い。
(7) 日本では現在,教職科目で必修とされている特別支援教育に関する科目には,障害児の理解と支援に関する内容だけでなく,「貧困」による学習困難や外国にルーツのある子どもの教育課題を必ず含めるようになっている。
(8) 文部科学省の統計によると,就学援助の対象となっている児童生徒の割合(就学援助率)は,平成23年度の15.96%をピークに年々減少し,令和元年度は14.71%となっている。しかし,平成13年度以前は10%以下であったことを考えると,ここ20年間で就学援助率が1.5倍に増え,高止まりしていると考えられる(文部科学省,2021)。

引用・参考文献

新井英靖(2011)『イギリスの学習困難児に対する教育的アプローチに関する研究』風間書房.

上野ひろ美・島光美緒子(2008)「カリキュラムにおける保幼小接続の問題」日本教育方法学会編『現代カリキュラム研究と教育方法学　新学習指導要領・PISA型学力を問う』(教育方法37),図書文化社,114-127.

家庭教育支援の推進方策に関する検討委員会(2017)「家庭教育支援の具体的な推進方策について」.文部科学省HPよりダウンロードした。
　　https://www.mext.go.jp/component/a_menu/education/detail/__icsFiles/afieldfile/2017/04/03/1383700_01.pdf(2022年9月1日最終閲覧)

佐藤学(1996年)『カリキュラムの批評』世織書房.

ジョン・デューイ（1929=2021）『経験としての自然』（粟田修訳）晃洋書房.
文部科学省（2021）「就学援助実施状況等調査結果」.
　　https://www.mext.go.jp/content/20210323-mxt_shuugaku-000013453_1.pdf
　　（2022年9月1日最終閲覧）

（新井英靖）

第3章

インクルーシブなカリキュラムづくりの知
――実践を支え,「別の仕方」を模索するための「問い」――

1 二元論の支配に絡めとられる子どもたち

　今日，日本の社会や教育は，子どもたちに「できる」ようになることをつねに求めている。学校教育における「資質・能力」を基盤とした学力の形成をめぐっては，「達成」や「到達度」などが重視され，要求される。その前提には，カリキュラムや教材の開発によって教育者や社会の意図する目的が達成できるという教育観が存在する。また，教育を通じて何かが「できる」ようになることに高い価値がみいだされ，「できない」ままでいることを否定的に捉えさせるような人間観が存在する（森岡・福若，2022：6）。

　もちろん，こうした教育観や人間観は，教育の質の保証や教育機会の均等という公正な社会を形成する側面として，公共の福祉の充実をめざすことや，奪われた力を取り戻し，豊かな生の享受をめざすことにもつながっている。だが，他方でそうした教育観や人間観には，子どもを「役に立つか立たないか」といった行き過ぎた人的資本論などの論理に絡めとってしまう側面も存在する。そして，合理的配慮によって支援の対象とされがちなニーズのある子どもだけでなく，マジョリティとされる子どもも「役に立つか立たないか」「できるかできないか」「わかるかわからないか」という二元論に支配される状況にある。[1]

　以上のような状況に関連して，本章では，ある子どもの姿を例に考えていきたい。幼少期から思春期にかけて，いくつかのトラウマティックな経験を重ねてきたゆうきさん[2]にとって，高校までの学びや学校生活は「将来のため」「受験のため」のものでしかなく，幼いころから「親や他人の役に立てない自分な

ど存在しないほうがいい」という価値観にとらわれていた。小学校や中学校での成績に比べて，高校では数値として表れる結果がふるわないことへの焦りやストレスから，ゆうきさんは自傷行為を繰り返すようになった。その矢先，学内の上級生が自ら命を絶つという出来事に遭遇する。事態を重く受け止めた学校は，ある日の1時限目に全校集会を開き，状況を共有したうえで，ホームルームで各担任が突然の死と向き合う時間を設けた。だが，2時限目になると，「今起きていること」を受け止めようとしたそれまでの雰囲気が一変し，いつもと同じように「将来のため」に「できる」ことを増やしていく英語の授業へと引き戻された。ゆうきさんはその流れに同級生たちが適応していく雰囲気に強烈な違和感を抱くとともに，そうした雰囲気へと引き戻した学校教育や教師に対する不信感を募らせたのであった。

　このように，「できる」ということへの過剰な志向や，「できるかできないか」「役に立つか立たないか」という二元論に支配されていることによる狭い能力観は，日々の教育や学びに弊害をもたらしうる。二元論に支配され，「できない」ことを過剰に否定することは，翻って「できる」ことの価値そのものを損なうことにもなりかねない。こうした状況は，たとえば，特別な支援が必要な子どもへの対応として導入したはずの「授業のユニバーサルデザイン（UD）」が，支援を受ける社会的マイノリティと授業に適応できる社会的マジョリティの関係を固定化してしまうという逆説的な課題につながりうるなど，インクルーシブなカリキュラムの構築においても例外の話ではない（杉原, 2019：233）。

　学びをめぐる包摂を生み出すカリキュラムには，社会的排除を生み出す「マジョリティとしてのカリキュラムへの適応」とは「別の仕方」が必要となる。言い換えれば，マジョリティとしてのカリキュラムそのものを変革するという「別の仕方」が必要となるのである。ゆうきさんが苦悩してきた「できないこと」や「役に立たないこと」を捉える「別の仕方」を探らない限り，序列や能力主義に固執しない包括的な学びや生き方からは，一層遠のいてしまうことになるだろう。そうした「別の仕方」を，マジョリティとしてのカリキュラムを変革することを通して，どのように模索することができるのだろうか。

本章では，事例で紹介したゆうきさんの生きづらさや困りをふまえつつ，二元論の支配とは「別の仕方」を模索するためのインクルーシブな授業やそのカリキュラムのあり方について，「知」の哲学的な捉え方を参考に検討する。

2　インクルーシブな授業や学びの重層的な展開と「知」

「役に立つか立たないか」「できるかできないか」「わかるかわからないか」という二元論に支配される子どもにとって，社会や学校，家庭という場のなかで安心・安全な居場所をみつけ出すことは容易ではない。まして，不均衡な権力関係にある大人や自己責任論にもとづく自立を要請する不寛容な社会に対し，助けを求めることは，さらに困難である。

そうした状況をなんとかしたいと考える大人や社会は，逆に子どもたちを「役に立つ」存在にするために，あるいはニーズのある子どもが「できる」「わかる」ようになるために腐心する。たとえば，子どもの能力に合わせた課題や，書き込みやすいワークシートを作成するという細やかな配慮や工夫を授業にとりいれることは，学習困難児にとっては不可欠であると捉えられている。だが，それが単なる認知・行動レベルの支援であったり，通常の子どもとの差異によって「特別な配慮が必要な子ども」の困難をアセスメントしたうえで，困難の種類や程度を確定し，必要と考えられた「特別な支援」を提供するといった教育実践（新井，2016：157）であったりするならば，そうした実践は「ツール」化されるだけでなく，「特別な配慮が必要な子ども」のニーズの支援に焦点化された実践という点で，インクルージョンとは逆方向に進んでしまう。

新井英靖が述べるように，インクルーシブな授業においては，学習者が学習課題や教材とつながるという根源的なレベルでの「わかる」状態が生成される必要がある。それは，「感覚的であればわかる」というような「何となく」または「あいまいな」理解を含めて授業を展開すること（同上），すなわち「重層的なものとして授業や学びを捉えていくこと」を教育者や大人に要求する。同時に，学習者には「役に立つか立たないか」の二元論にもとづいた「それがいったい何の役に立つのか」という納得のいかなさではない形，すなわち「別

の仕方」で授業や学びに現れる「知」を捉えたり，つながったりすることが必要となるのである。

　ゆうきさんにとってそうであったように，受験や試験のための操作的な学習は，認知レベルの「わかる」「できる」の可否に左右される場合が多く，学習課題や教材と「つながる」という根源的なレベルでの「わかる」という感覚からは程遠い。だからこそ，「あいまいな」理解を含めた重層的なものとしての授業や学びを，すなわち「わからなさ」を否定したり，無視したりしないような「別の仕方」の授業や学びを，教師と学習者の関係性だけでなく，学習者どうしの関係性のなかで共同的に築いていくことができるようなインクルーシブな授業のカリキュラムが求められるのである。

3　カリキュラムをめぐる「ずれ」に対する包摂と「知」

　子どもの生きづらさや困りに応えるには，単なる認知・行動レベルの支援では不十分であり，二元論の支配とは「別の仕方」としての，重層的な授業や学びを模索する必要がある。学校教育においては，授業や学びを支えるために「カリキュラム」が存在するが，「行政が意図したカリキュラムと，それを教師が学校での授業において実施するカリキュラム，そしてそれを一人ひとりの生徒が経験するカリキュラムではそこにずれが生じる」（秋田・佐藤，2017：4）ことは，想像に難くない。ゆうきさんが感じた，上級生の自死を知った当日の1時限目と2時限目のギャップは，「教師が学校での授業において実施するカリキュラム」と「一人ひとりの生徒が経験するカリキュラム」の「ずれ」を意味している。

　カリキュラムをめぐるこうした「ずれ」は，「わかるかわからないか」「できるかできないか」という形でさまざまな「ずれ」に波及していく。この「ずれ」によって生じる問題を，技術的に「役に立つ」アプローチによって対処しようとする実践も存在する。たとえば，子どもに対して近年取り組まれている「SOSの出し方に関する教育」が挙げられる。

　2023年に改訂された『生徒指導提要』において，「安全・安心な学校環境」

が整えられたうえで,「温かい人間関係を築く教育」などを含む「下地づくりの授業」を積み上げ,心の危機に気づく力や援助希求的態度の促進といった「核となる授業」を展開するという自殺予防教育の構造が示されている（文部科学省,2023：197-198）。この構造は,「行政が意図したカリキュラム」にすぎない。「核となる授業」が実践的に「役に立つ」ものとして具体的に示されているのに対し,それを支える「下地づくりの授業」が何をどこまで行うかは明示されているわけではない。

たしかに,「下地づくりの授業」には費用対効果を含めた可視化の難しい側面がある。だが,そうした授業にも「教師が学校での授業において実施するカリキュラム」と「一人ひとりの生徒が経験するカリキュラム」の「ずれ」を解消する契機,すなわち学習課題や教材に学習者が当事者性をもって「つながる」契機が含まれている。その点を十分にふまえずに「核となる授業」を展開すれば,「ずれ」は大きくなるばかりである。そうなれば「SOSの出し方教育」は「ツール」と化すのみならず,「ツール」としてすら十分に機能させることができなくなってしまうだろう。仮にゆうきさんが「SOSの出し方教育」を受けたとしても,「下地づくりの授業」が不十分な状態では,その内容は単にインプットするだけの「情報」でしかなく,他人事として援助希求に至らなかった可能性が高い。上級生の自死を知った当日の1時限目と2時限目のギャップに,「SOSの出し方教育」の授業を通して「助けてほしい」と伝えられたかは疑わしい。

「下地づくりの授業」には,「役に立つか立たないか」「できるかできないか」「わかるかわからないか」という二元論に支配されない「別の仕方」を模索する素地がある。「教師が学校での授業において実施するカリキュラム」をどう展開するかについては,「インクルーシブな観点からの解釈」がより必要となる。とりわけ,「生と死の教育」など死生観に関わる内容を取り扱う際には,「カリキュラムをもとにして授業を展開する教員一人ひとりが,自身の価値観や信念の偏りを問いなおし,批判的に検証すること」（原田,2022：52）という自己省察が重要となる。

たとえば,ゆうきさんが受けた宗教科の授業で,「生かされている」という

価値観を授業者が賞賛的に述べたことに、強い抵抗感と深い傷つきがあったという。「生かされている」という捉え方は宗教的な価値観の表れの一つであり、日々、必死に「生きざるをえない」と苦しみながら生きていたゆうきさんや周囲の同級生の主体性を毀損するようなメッセージとして学習者に伝わったことを、授業者がどう受け止めていたのかは分からない。だが、「下地づくりの授業」になりうる授業において、宗教的な価値観であっても、それを普遍的に捉えることへの問い直しや自己省察が、「別の仕方」を模索するうえでも必要であったといえるだろう。

4 「始まり」を求める「知恵」としての「知」

「役に立つか立たないか」「できるかできないか」「わかるかわからないか」という二元論に陥らないための「別の仕方」を、どのように模索するのか。その模索に必要な「知」とは、どのようなものであるのか。

一言に「知」と言っても、その形はさまざまである。たとえば、「何かの役に立てたいという具体的な必要性から求められるようになった知」もあれば、「なに？」「なぜ？」と問うことを通じて「知りたい」と欲するという「人間の本性によって求められた知」もある（森田、2011：7）。とりわけ後者の「知」は「知恵（ソフィア）」とも呼ばれる。この「知恵」としての「知」について、アリストテレスは『形而上学』の冒頭で次のように捉えている。すなわち、「すべての人間は、生まれつき、知ることを欲する」（アリストテレス、1959：21）と記したところの「知」とは、「具体的な効用を求めて何かを作ったり、何かを行うための知ではない」。また、「技術的な知（テクネー）」でもなければ、「学問的知識（エピステーメー）」でもない。

「知恵」と名づけられる「知」は、「第一の原因」や「原理」を対象とするとアリストテレスが指摘している。それは、「他のすべてのもろもろの知のアルケー（始まり、元、原理）」に関する「知」として捉えられてきた（森田、前掲書：6）。「知を愛し求める」という営みである「哲学」が欲する「知」とは、この「アルケー」としての「知」を意味する。

もちろん，「技術的な知」や「学問的知識」などの「知」は，「知恵」としての「知」と無関係ではない。たとえば，「知恵」は，「知性と結びついた学問的知識」（アリストテレス，2016：55）と捉えられる。学問的知識とつながりのある「知恵」としての「知」は，「アルケー」に関する「知」でもある。「アルケー」は，「当の事物が第一に〔最初に〕そこから運動し始めるところのその部分〔運動の始まり，出発点〕」を意味する（アリストテレス，1959：153）。ゆえに「知恵」としての「知」は，たえず，物事を新たに動かす「始まり」として，あらゆる事物に関わっているのである。

　ゆうきさんの場合，日々出会うものは「受験のため」の「技術的な知」や「学問的知識」としての「知」に占められていた。ただ，内申点など日常的に「できるかできないか」の制約を受けていたものの，たとえば，音楽の作品鑑賞において，音楽家の苦悩や生き様を含めて「知りたい」と感じられるような「知」が，わずかではあるが存在していたという。ゆうきさんの学習経験にも，物事を新たに動かす「始まり」としての，「知恵」としての「知」に遭遇する機会が存在していたのである。

5　開かれた「問い」と「オルタナティブ」という「別の仕方」

　「役に立つか立たないか」「できるかできないか」「わかるかわからないか」という二元論に陥らない「知恵」としての「知」は，たえず新たに物事を動かす「始まり」として駆動し，あらゆる事物に関わっている。では，その「始まり」としての「知恵」は，どこに向かうのだろうか。

　たとえば，カリキュラムに対する自己省察は，「学ぶ内容」のインクルーシブ化へと開くための「問い」として位置づいていた（原田，前掲書：52）。また，能力主義とは別の価値観をもつうえで，多様な選択肢を提示する前に本人がどう思ったり，感じたりしているかを，「問い」として聴くことが重要と捉える指摘もある（野口・喜多編，2022：238）。「知恵」としての「知」は，このように「問い」の形を以て始まる必要がある。

　そして，その「問い」にはそれまでの枠組みとは異なる「別の仕方」へと向

かうことが求められる。仮に，それを「オルタナティブ」と呼ぶとするならば，そこで言う「オルタナティブ」とは，どのような意味合いをもつのであろうか。たとえば，「オルタナティブ」は，「多様性」・「代案性」・「別様性」という三つの意味合いに整理される（吉田，2019：86-90）。とりわけ，吉田敦彦は「別様性」について，「一つの答えに閉じるのではなく，たえずそれを問い直し，オープンな問いに開いていく機能」をみてとる。

　別様の（別の仕方の）可能性を提示して問い直すことは，「一つの絶対的に正しい答えに着地する」のではなく，「たえず問い続けること」，「問いとして，開かれている」ことを要求する。「オルタナティブ」なあり方へと向かううえで，「問い」は固定化された「答え」への帰着をめざすわけではない。「始まり」としての「問い」は，多様で別様の可能性を示しつつ，新たな「問い」として展開していくのである。

　だが，こうした開かれた「問い」に，二元論の支配に絡めとられている日常のなかで出会うことは容易ではない。固定化された「答え」を出すことに追われる息苦しさを抱えつつ，その苦しみを数値として表れる「答え」で解消しようとするしか術がなかったゆうきさんにとって，開かれた「問い」は戸惑いや抵抗感をもたらすものでしかないだろう。「オルタナティブ」という「別の仕方」と出会うために，「始まり」としての「知」とどのように関わればよいのだろうか。

6　「筋立てること」を通じた「物語ることの外」との遭遇

　「役に立つか立たないか」「できるかできないか」「わかるかわからないか」という二元論は，「役に立たないもの」「できないこと」「わからないこと」を斥け，「どうすれば役に立つか」「どうすればできるようになるか」「どうすればわかるようになるか」という「問い」を提起する。その「問い」に対し，普遍的で客観的かつ論理的に応えようとすることは，合理的で「よい」ことであるように捉えられがちである。

　だが，そうした合理的な発想は，根本的に差別や排除と不可分であり，学び

や生の豊かさから遠のきやすい。ゆえに，二元論とは「別の仕方」を模索する必要がある。そして，その過程において，「個々の場所や時間のなかで，対象の多義性を十分考慮に入れながら，それとの交流のなかで事象を捉える」（中村，1992：9）ようなあり方を採る場合がある。

　中村雄二郎が「臨床の知」としてモデル化した「知」のあり方は，個別の経験や実践を捉え直すにあたり，一定の「始まり」と「終わり」を区切った場所や時間に注目する。そこから多義的な意味を明らかにするために，ある時間軸や空間のなかでの出来事を，何らかの「筋立て」に沿って意味づけていく。こうした営みは「物語る」行為として，その教育学的な意義と課題について議論がなされてきた（鳶野，2003など）。

　とりわけ，「筋立てること」には，意味づけると同時に「筋立てによらない別の意味づけを閉ざす」（鳶野，2003：12）という両義的な側面が存在する。つまり，ある「筋立て」に沿って「物語る」ことで，仮に多義的な意味が明らかになったとしても，「辻褄が合わずまとまりのつかない側面や部分」が残ってしまうのである。そうしたものとの遭遇を，「物語ることの外」の出現と捉えることもできる（同上書：21）。

　ここまでみてきたゆうきさんのエピソードも，ある時間の始まりと終わりを区切った出来事を「生きづらさ」という「筋立て」に沿って「物語ってきた」ものである。ゆうきさんの経験のなかにも，「筋立て」によって閉ざされた「辻褄が合わずまとまりのつかない側面や部分」が存在する。だが，そうした「物語ることの外」に遭遇することが，新たな「問い」として展開される「オルタナティブ」に，すなわち，「始まり」としての（「知恵」としての）「知」につながっていくことになるのである。

7　二元論の支配とは「別の仕方」へ

　以上，本章では「役に立つか立たないか」「できるかできないか」「わかるかわからないか」という二元論の支配とは「別の仕方」を模索するうえで，インクルーシブな授業やそのカリキュラムのあり方の構築について，「知」の哲学

的な捉え方を参考にしながら検討してきた。

　インクルーシブな授業やそのカリキュラムの構築において，根源的なレベルでの「わかる」あるいは「学習課題や教材とつながる」状態が生成されるような重層的な授業や学びの捉え方や，自己省察による教育者の価値観や信念の問い直しと批判的な検証などが必要となる。その際，教育者や学習者の捉えや問いに，物事の「始まり」としての「問い」が多様で別様の可能性を示しつつ，新たな「問い」へと展開していくような「知恵」としての「知」が重要となることをみてきた。そして，その「知」は，多様な子どもや学びとの相互行為のうちにある多義的な意味を求めることや，「筋立てること」を通じた「物語ることの外」との遭遇を通じて，二元論の支配とは「別の仕方」をさし示すのであった。

　本章でみてきたゆうきさんの経験は，カリキュラムをめぐる「ずれ」を「物語る」一つの事例である。上級生の自死への対応として，学校側には，通常の授業を進めることで生徒の混乱や不安を落ち着かせるというねらいがあったのかもしれない。だが，ゆうきさんにとって必要だったのは，「役に立つ」ための知識や認知・行動レベルでの「わかる」学びではなく，教師や他の生徒とともに「わからなさ」を否定したり，無視したりすることなく共同的に学ぶなかで，根源的なレベルで「学習課題や教材とつながる」という状態が生成される「知恵」としての「知」に出会うことができるような「下地づくりの授業」であったのではないだろうか。

　たとえば，特定の教科や領域の単元を学習することそのものの意味を「問い」に付し，その時やその先を「生きる」ことにどのように関わるかを考えるような場を設定するといった工夫も考えられる。仮にそこで「答えが出ない（出せない）」となったとしても，その事実自体を肯定的に受け入れられる時間や場所が次の「学び」へとつながるだろう。そうした機会があることで，「生かされている」という価値観に対しても，「別の仕方」としての「知」を学習者なりに模索できた可能性もある。もし，日常生活のなかにある「わかること」「役に立つこと」「できること」へと回収していく「知」とは「別の仕方」としての「知」（「物語ることの外」）と遭遇するような「下地づくりの授業」

が共有されていたならば，ゆうきさんがその後，大人たちに「助けてほしい」と相談する日が訪れていたかもしれない。

そして，本章でみたゆうきさんのエピソードには，ゆうきさんのような生きづらさだけでなく，障害や性の多様性，外国につながりのある子ども，貧困や虐待，病いを生きる子どもの生きづらさや困りと，根底でつながる部分が存在する。「役に立つか立たないか」「できるかできないか」「わかるかわからないか」という二元論は，日常生活に深く浸透している。インクルーシブな授業やそのカリキュラム作りには，そうした生きづらさや困りに応答していくための「別の仕方」をともに模索していくという，重大な役目がある。

あらゆる子どもの豊かな学びをめざして，教師や他の生徒とともに「わからなさ」を否定したり，無視したりすることなく共同的に学ぶなかで，根源的なレベルでの「学習課題や教材とつながる」という状態が生成されるような「知恵」としての「知」と出会うこと。その模索を支える「知恵」としての「知」は，つねに，「問い」とともにあらゆる事物に関わっている。そうした「知」と授業で出会い，社会的に排除されない／しない経験を学校づくりも射程に入れつつ積み重ねていくことが，二元論に支配されたカリキュラムを，さらには学校教育や社会を変容させる契機となるのである。

注
(1) 同時に，こうした二元論は，たとえば「ギフテッド」と呼ばれる子どものような高い知的能力をもつ存在を包摂しきれない状況を生み出している。
(2) エピソードで取り上げた人物名は仮名であり，本人からは文章による掲載許可を得ている。

引用・参考文献
秋田喜代美・佐藤学（2017）「学びとカリキュラム」秋田喜代美編『学びとカリキュラム』岩波書店，1-10.
新井英靖（2016）『アクション・リサーチでつくるインクルーシブ授業――「楽しく・みんなで・学ぶ」ために』ミネルヴァ書房.
アリストテレス（1959）『形而上学（上）』（出隆訳）岩波書店.

第1部　広場1　インクルージョンの枠組みとカリキュラム

アリストテレス（2016）『ニコマコス倫理学（下）』（渡辺邦夫・立花幸司訳）光文社.
杉原真晃（2019）「インクルーシブ教育におけるカリキュラム・マネジメント——包摂と排除の視点から」グループ・ディダクティカ編『深い学びを紡ぎだす——教科と子どもの視点から』勁草書房，226-241.
鳶野克己（2003）「物語ることの内と外——物語論的人間研究の教育学的核心」矢野智司・鳶野克己編『物語の臨界——「物語ること」の教育学』世織書房，3-25.
中村雄二郎（1992）『臨床の知とは何か』岩波書店.
野口晃菜・喜多一馬編（2022）『差別のない社会をつくるインクルーシブ教育——誰のことばにも同じだけ価値がある』学事出版.
原田大介（2022）『インクルーシブな国語科教育入門』明治図書.
松本俊彦編（2023）『「助けて」が言えない　子ども編』日本評論社.
森岡次郎・福若眞人（2022）「「できる」ようになることを志向する教育観・人間観に対するオルタナティブの探究」『関西教育学会年報』第46号，6-10
森田伸子（2011）『子どもと哲学を——問いから希望へ』勁草書房.
文部科学省（2023）『生徒指導提要』東洋館出版社.
吉田敦彦（2019）「「オルタナティブ」の三つの意味合い——一元化と多様化のはざまで」，永田佳之編『変容する世界と日本のオルタナティブ教育——生を優先する多様性の方へ』世織書房，82-107.

（福若眞人）

第1部 広場における対話1
インクルーシブなカリキュラムの
目的や目標って，何ですか？

子どもの学びからカリキュラムを問い直す意味と課題

　第1章では，意図（計画），実施（授業），経験（評価）というカリキュラムのそれぞれのレベルでインクルージョンを模索する必要があること，授業や評価でインクルージョンを模索するには，計画レベルでインクルージョンを志向する内容や知の検討が必要であることが指摘されています。

　第2章では，子どもの学びの視点から，大人の教え（その背後にある国家や社会）を捉え直し，子どもと学びをつくり出す，カリキュラムの柔軟な展開が求められています。カリキュラムや授業と，子どもの生活実態・実感との乖離を検証しながら，カリキュラムが前提としているヒドゥン・カリキュラムを浮き彫りにして，そのずれをカリキュラムのなかに位置づけ直す学習課題や教材づくりが示唆されています。

　第3章では，「役に立つ」「できる」「わかる」かそうでないかの二元論を前提とする教育に対する「別の仕方」として，「知恵」としての「知」を「問い」の形で授業や学びのなかに意味づけることが提起されています。「物語ることの外」との遭遇から，新たな「問い」が展開されることを授業のなかでの「知」として位置づけようとする提起です。

　共通しているのは，教える側の論理（どういうつもりだったのか）を学ぶ側の論理（実際にどうであったのか）から絶えず捉え直そうとすることです。大人や社会の前提と子どもの実態との乖離を視野に入れた学習課題・教材づくり，大人や社会の求める「技術的な知」や「学問的知識」への追従ではなくて，子どもたちの「知恵」や「問い」が遭遇し合う場としてのカリキュラム・授業づくりが大切です。カリキュラムの質を，結果としての子ども個人の姿で捉えるだけではなくて，集団での知的な揺らぎ合いや包摂・包括を認めるプロセスと

して捉える必要があるでしょう。

「子ども主体の学び」の「主流の枠にとらわれないかたち」を模索する

このように，インクルーシブ・カリキュラムには，これまで主流と考えられてきた学びの姿を転換することが求められます。本書では，その具体的なかたちを第2部と第3部に示しています。

たとえば，第2部では，子どもは学校で学び，学力を形成しているように思われていますが，実は「地域」を含む学校の外の子ども集団のなかで関わり合うことが学力を支えているのではないかということが問題提起されています。このことは，発達障害のある子どもたちにおいても同様であり，放課後等デイサービスで「好きなことしかしていない」ように見えていることも，実は学校の学びが子どもの自由な発想を受け止められていないだけなのかもしれないと捉えています。こうした，学校というフォーマルなカリキュラムにはない学びを「ここに居ない者のカリキュラム」と捉えています。

第3部でも同様に言えます。学校・教師（時には保護者も）は，他の多数者のなかに加われない「困難のある人」がいたときに，その子どもが何とか主流のカリキュラムに適応できる方策を探そうとします。しかし，当事者からみると，学校や教師が用意する主流のカリキュラムは，自分たちの学びのペースや好みと合わないから，もっと「多様なニーズ」を包括できるカリキュラムを用意するべきだと訴えています。

そして，その「多様性」はいわゆる特別支援教育の対象となる「障害児」に限定されるものではなく，「性」に関する違和を覚える人の学びや，「きょうだい」に関することにまで広がります。こうした子どもたちは他の子どもと同じ場で学んでいるけれども，どこか違う気持ちで学んでいることを第3部では描き出しています。もはや，「主流の学び」とは何かがわからなくなるくらいです。こうした，主流の枠にとらわれないカリキュラムこそ，インクルーシブ・カリキュラムの意味するところなのではないかと考えます。

第1部　広場における対話1　インクルーシブなカリキュラムの目的や目標って，何ですか？

明日出会う子どもに向けて授業や学校をつくる

　では，既存のカリキュラム，主流の学びを問い直し，学びの姿を転換するという「知」と向き合ったうえで，子どもとともに，インクルーシブなカリキュラムをどのように展開することができるのでしょうか。そのために必要なアプローチが，第4部と第5部において示されています。

　第4部では，教科や領域の教育をもとに，学びやその先の世界をインクルーシブなものにするためのてがかりが検討されています。国語科や複数の教科・領域を横断する形の学び，そして生活科・総合的な学習（探究）の時間の学びにおけるカリキュラムへの挑戦が，他の教科や領域の取り組みを検討するための論点として捉えることをも可能にしていくでしょう。

　また，教科や領域の実践をおこなう場や，実践に臨む教師のあり方について，第5部で検討されています。特別支援学校や特別支援学級と，いわゆる通常学校・学級の特徴をふまえつつ，それぞれの枠にとらわれないカリキュラムへと開くことが，すべての子どもの安心・安全な学びに必要となります。そのためには，子どもと向き合う教師として「知」の構築に挑むことや，教師集団のなかでの共同を通じた，カリキュラム・マネジメントの模索が，当事者性をもってより一層求められることになるでしょう。

　多様なニーズのある子どもが，安心・安全に成長する時間を保障する自立支援の空間や学びを，授業を通じてどのようにつくっていくのか。その問いに「カリキュラム」という水先案内人とともに応えていく旅は，「知」と出会い，子どもと出会い直すなかで，明日の学びへの一歩を確実に進めていくことになるのです。

対話のメンバー：樋口裕介・新井英靖・福若眞人
執筆者：樋口裕介・新井英靖・福若眞人

コラム1　貧　困

　厚生労働省「国民生活基礎調査」によると，2021年の相対的貧困率は15.4%，17歳以下の子どもの貧困率は11.5%，ひとり親家庭の貧困率は44.5%である。

　貧困問題は，個人の責任として過度な負担を負わせるだけでは解決しない社会問題であり，問題を生み出している社会構造を捉える必要がある。

　まず，雇用の問題がある。1995年に日本経営者団体連盟が発表した「新時代の『日本的経営』」のなかで労働者を三つの型に再編する制度が提案され，正規雇用の解体が開始された。その後，専門性の高い職種に限定されていた労働者派遣事業が，1999年の労働者派遣法改正により対象業務を原則自由化，2004年には製造業にも派遣を解禁したことが，非正規雇用拡大を後押しした。1984年に15.3%だった非正規雇用労働者の割合が，1999年には24.9%，2004年には31.4%，2011年以降は35%を超えている。

　2021年度に実施された厚生労働省「全国ひとり親世帯等調査」によれば，母子世帯の母親の86.3%が就労しており，正規雇用労働者が49.0%，派遣社員3.6%，パート・アルバイト等が38.7%である（実数値）。ひとり親家庭の貧困率をふまえると女性の賃金の低さが見える。

　貧困問題の背景には，社会保障制度の貧弱さもある。日本は，児童手当・児童扶養手当といった給付の規模が国際的にみてかなり小さく，社会保障費全体でみたときに，家族や子どもたちに対する社会保障費の割合がかなり小さい（山野，2014：63～65）。生活保護の捕捉率は2割程度である。

　子ども・若者の貧困問題を考える際に無視できないのが，教育費である。日本国憲法第26条二項に「義務教育は，これを無償とする」と明記されているにもかかわらず，無償化されているのは公立小中学校の授業料と教科書代のみである。日本は教育機関への公的支出が対GDP比で3％未満であり，OECD加盟国の中で最低レベルである。政府が教育にお金を出さないため，「子どもの教育費は親が賄わなければならない」という意識が根づいている。経済的側面では政府や行政の支援には頼れないなら，家族でやるしかないという「家族依存」的な社会経済構造がある（山野，2014：124）。

　筆者は，子どもの貧困問題の解決への寄与を目標として，社会福祉士や地域の方々と，2015年に「こ・はうす」を立ち上げた。ひとり親家庭を中心とした子どもたちが民家に集まり，遊んだり勉強をしたり夕飯を食べたりという活動をとおして，社会全体で子育

てをしようとする活動である。

　2020年の春，コロナ禍で集まって食事をとることが難しくなり，各家庭の実態に合わせた食材配布を開始した。食材配布の際に玄関先で話すことで，母子家庭の母親が一日に一食か二食しか食べられていないこと，労働時間の短縮で苦しさが増していることを支援者がつかんだ。コロナ禍が収束したかのように見える現在でも，雇用や家庭をとりまく状況，当事者の心身の状態が回復したとはいえない。物価は高騰し，食材配布世帯数は増加し続けている。

　活動を通して，さまざまな困難を耳にする。子どもが療育に通うために母親がフルタイムで働くことができず，困窮している家庭がある。丸山啓史は，児童発達支援事業所等に保護者の付き添いが必要になることが多いこと，親子通園でなくても，保育所に比べて時間が短いために療育に通わせると保護者の就労が困難になることを指摘している（丸山，2019：93）。当事者に負担を押しつけるのではなく，社会構造を改善しなければならない。

引用・参考文献

特定非営利活動法人「子どもの生活支援ネットワーク　こ・はうす」(http://co house.jp)

丸山啓史（2019）「障害のある子どもの貧困と教育」佐々木宏／鳥山まどか編著，松本伊智朗編集代表『教える・学ぶ　教育に何ができるか』明石書店．

山野良一（2014）『子どもに貧困を押しつける国・日本』光文社新書．

　　　　　　　　　　　　　　　　　　　　　　　　　　　（谷口知美）

第 2 部

広場2　地域に生きる子どもの学び・生活とカリキュラム

第 4 章

「ここに居ない」者から始める
カリキュラムづくり
——「多数派」のカリキュラムの刷新に向けて——

1　「ここに居ない」者が秘める可能性

　障害がある者，貧困状況を生きる者，暴力的環境のなかで生きざるを得なかった者，日本語を母語としない者，性的少数者，「ヤングケアラー」等々の存在がわたしたちの社会において「顕れ」てきた歴史に鑑みるならば，インクルージョンの物語を織る上で，「ここに居ない」者への想像力の発揮は欠かすことのできない重要な構成要素となろう。なぜなら，「ここに居ない」者はしばしば「ここに居る」にもかかわらず認知されない存在であるからであり，忘却され，存在を否定されている存在であるからであり，そうした者が存在すること自体，その集団や社会がインクルージョンを成し得ていないことの証左でもあろう。

　とはいえ，「ここに居ない」とされてきた者を認知するなど全く不可能なことのようにも思われよう。にもかかわらず，上述したような存在は「顕れ」てきた。なぜか？

　その理由の一つとして，「見て見ぬふり」ができないほどにそうした問題状況のなかを生きることによって傷つけられ続けている存在が量的に拡大しつつあることが挙げられよう。換言するならば，虐げられし存在を創りだす社会は自らを崩壊させる行為者を生み出しつつあるというある種の矛盾，いや社会発展の原動力を胎動させつつあるとも理解できようか。われわれはこの好機を見逃すべきではない。

　他方でわれわれは，好機そのものを見いだしうる存在でもある。というのも，

われわれは「自分自身の世界を読み取り，歴史を綴る権利」（ユネスコ学習権宣言）がある存在であり，環境に働きかけ，それを変革する実践に参加することを通して，つまり行為・行動を通して人格を形成する存在であるからである。そもそもインクルージョンの物語を織ろうとするわれわれの行為そのものこそ，エクスクルージョンが「ある」状態を当たり前として諦めとともに受け入れたり，その状態にあることに気づきもせずに生きたりするのではなく，われわれの生きる世界を読み取り，インクルージョンのある世界を創りだすという歴史を綴る行為に他ならない。しかもこの行為はすでに生み出され試みられつつある，インクルージョンの物語を具体的に織ろうとする種々の実践に励まされ，導かれている行為でもある。

　したがって，この章では，当事者が意識的ないし無意識的に創りだしてきた学びの履歴とそうした当事者のニーズに応答したいと願いながら創りだしてきた学びの履歴を念頭に置きながら，多元的な学びの履歴をもつ者たちによって生みだされるcommonとしてのカリキュラムの構築を成しうる論点を明らかにすることを主たる目的とする。この目的を達成すべく，われわれが生きる世界についてインクルージョンを創りだす行為の観点から読み解きつつ（2），インクルージョンの物語を織ろうとしている具体的な実践の批判的検討を踏まえながら（3），インクルーシブ・カリキュラムを創造する実践構想の視点を明らかにしていくことに挑戦してみたい（4）。

2　今を生きる子どもたちの集団の在り様を見つめる視点

（1）「合理的配慮」に潜む権力性

　子どもたちのニーズに応答する教育実践を構想する上で，「合理的配慮」という概念が鍵となることは周知の通りではあるが，その概念に導かれた実践がはらむ権力性への問題意識は研ぎ澄まされているであろうか。

　「合理的配慮」の原語であるreasonable accomodationについてaccommodateに「配慮する」とともに「適応させる」という意味合いが含まれていることを想起するならば，「合理的配慮」とは如何なる行為であるか，容易には

合意し難くなる。果たして，あなたが考える／実践する「合理的配慮」とは，「わたしが環境をあの子に適応させる」と「わたしがあの子を環境に適応させる」のいずれの意味で用いられているであろうか。仮に後者の意味であった場合，その行為は配慮の名を借りた同化圧力の可能性を否めず，結果として当該の子どものニーズを踏み躙るものに成り下がっているであろう。

　加えてこの場合には，子どもたちの身体から漏れ出しているであろう「異議申し立て」の声は消音されてしまい，「穏やか」で「平和」な日常の背後に潜む種々の葛藤や矛盾の兆しは見過ごされていよう。結果として，「異議申し立て」に耳を傾け，環境の方を子どもたちのニーズに応じて創り変えようとする行為は，その行為の主体者がたとえ教師であったとしても，場の秩序を不必要に乱す異物として扱われ，その行為者はやわらかに排除されていくことになるであろう。

（2）インクルージョンとカリキュラム実践の出会い

　他方で，子どもたちのニーズに応答する試みをカリキュラム論として実践的に構想しつつ環境を変革する方へと誘う実践が展開され始めてもいる。

　たとえば「『科学』や『社会』についての学習を障害のある若者にどう保障していくのか」という問題意識に突き動かされながら，丸山啓史らは気候変動の問題と障害のある若者の教育と学習の接点を探る試みに着手している。そこでは特別支援学校高等部での理科「物質と変化」の単元において有機物と無機物の分類に挑戦した子どもたちが，「土は無機物か？」という問いを浮かび上がらせ，その問いを探究していく実践が展開されている。また，「天気と環境問題」という単元を生み出し，雲をつくる実験に挑戦させることを通して豪雨災害のしくみに迫らせながら，気候変動の問題を考えていく実践も行われている[1]。

　これらの実践は，障害や病気の状況によってはその気候変動から重大な影響を被る存在のニーズと学びとを接続させていこうとする試みである。換言するならば，これらの実践は目の前の子どもたちのニーズは何であるかを的確に把握し，かつ応答しようとする不断の試みと，そのような試みを追求するからこ

そ育まれる気候変動への問題意識とが重なり合うなかで生み出された一連の授業であったのである。

　こうした実践の背後には、「権利要求型の障害者運動」の歴史的な蓄積があることを忘れてはならない。それは、高度経済成長期になされた人為的な環境破壊によって引き起こされた、いわゆる四大公害病等の種々の問題をめぐる被害者救済の動きと密接に関わりながら、生活や医療、福祉の充実を求めるものとして展開されてきた。こうした運動の蓄積は、東日本大震災や西日本豪雨の折に、障がいのある人びとが弱い立場に置かれたまま周縁化され、そこに居ないかのように扱われる現実への批判的なまなざしを研ぎ澄ませることにもつながっている（丸山編, 2022a：116-119）。すなわち、インクルージョンの観点からカリキュラムを生み出す試みは、子どもたちが地域に生きる、地域を創りだす存在であることを必然的に呼び込む試みでもあるのである。

　子どもたちのニーズに応答する試みは、配慮と応答に象徴されるような、関係性の次元にとどまるものではないことをこれらの実践は示している。気候変動やケアの倫理にもとづく正義をめぐる社会的・学問的な問題意識の高まり（Saito, 2023/ The Care Collective, 2020）と教科内容をインクルージョンの観点から編み直す試みは、そうした社会情勢の否定的な側面を反映せざるを得ない者の権利行使を励ます歴史的な積み重ねと接続されることで、地域に生き、地域を創りだす子どもを育てる試みとして展開されつつあるのである。

（3）インクルーシブ・カリキュラムの萌芽

　とはいえ、気候変動の影響によって日常生活に支障を来たすどころか、いのちさえ脅かされている人びとが日本にもいるという認識を得ることは容易ではない。では、そうした人びととの出会いがないと思い込んでいる者たちがまだ見ぬ存在に気づき、その存在から発せられている呼びかけに耳をすませ、応答しようとする方へと誘われるような学びを成立させる条件とは如何なるものであろうか。

　このことに関わって、かつて子安潤は公教育としての学校を「多様な個人やグループの差異を積極的に相互に承認し、自己の文化を相対化しつつ、相互承

認する共同の文化を学ぶことを基本原則とする」方へと発展させることを主張し，そこで取り上げられるべき内容について，「多文化主義的な意味での，他文化と自文化を調整・相対化する文化の創造を共通教養の内容」とすべきことを提起し，その内容を「共生の教養」と名づけていた。ここでいう「共生の教養」について子安は，「異文化の理解で終息するのではなく，異文化と自文化の共生的関係や自文化の相対化を志向し，文化にまつわる規範からの解放を志向する」内容であると定義づけていた（子安，1998）。

　こうした「共生の教養」の提起には，重要な点が少なくとも2つある。一つは，それが「異文化と自文化の共生的関係や自文化の相対化を志向」する点である。この志向性は，上述した気候変動によっていのちを脅かされている人びとの存在を忘却したままでいるような，われわれの権力性と暴力性を認識することへとつながろう。このことは権力性や暴力性を内包した自文化や自分自身への絶望を意味しない。「共生の教養」に付与される「文化にまつわる規範からの解放」への志向性は現状からの逃走ではなく，現実の諸条件を前提にしつつ，消極的な自由（〜からの自由）と積極的な自由（〜への自由）を併せもった解放を目指すものであるからである。

　このような「共生の教養」が秘める可能性を引き受けようとするならば，すでに始まりつつあるインクルーシブ・カリキュラムを模索する試みは如何なる意味づけをすることが可能になるであろうか。

3　「環境を変革する」兆しとしての共同性に迫る実践構想の視点

（1）ドイツにおけるインクルーシブ・カリキュラムの模索

　「サラマンカ声明」（1994年）に代表されるように，「共生の教養」が提起されていた1990年代にはすでにインクルージョンは世界規模での課題として認識されていたが，ドイツにおいては国連障害者権利条約（2008年）の批准以降にようやく，インクルージョンと教育が重要な課題として取り上げられるようになった。そのとき以来，先駆的な試みを行ってきたのが，ブレーメン州である。

ブレーメン州では労働市場が閉塞し，厳しい生活環境に置かれた子どもが他州に比べても相当数いるという社会経済的状況ゆえに，家庭環境の差を教育制度によって均等にしようという「調整的正義」の実現をあくまでも公教育の文脈で達成すべく，種々の試みがなされてきた（布川，2018参照）。その挑戦を実践的かつ理論的に牽引してきたのが，Roland zu Bremen Oberschule（ローランド上級学校；以下，RzBOと略す）である。この学校ではSchülerfirmenと呼ばれる「会社」が学校内に8つ設立されており，第9学年以降の子どもたちがその「会社」に「就職」してそれぞれの「業務」に携わりつつ，当該の地域で働きながら共に生きていくことを具体的かつ実践的に学ぶ経験を保障すべく，教育課程が編成されている。また，子どもたちのあいだに種々の諍いやコンフリクト（葛藤や矛盾）が生じることは必然であるが，スクールソーシャルワーカーを中心としてそうした諍いやコンフリクトを学校のなかで平和的に解決していくことを重要視している。これらの取り組みは，「仲間と共に，この地域で働きながら生きる」ことのシミュレーションとして大きな意義をもつことは明らかであろう[2]。

　また，RzBOの初代校長であったファイゲ（Feige, E.）は，「共に生きることを学ぶ」（Gemeinsam Leben Lernen）試みを実践的かつ理論的に探求することを続け，『学級において公共を創造する』という作品を著してもいる。ここでファイゲらは，公共（Gemeinsinn）の担い手を形成する内容と方法に関わって，活動に共同して取り組むなかで自らのグループが内包する課題を発見し解決する経験を保障しつつ，その経験を学級協議会へと発展させていく，まさに自治を主眼とする実践構想を提起している。その際，鍵となる思考形式として「葛藤（トラブル）は機会を内包する」（Konflikte enthalten Chansen）ことをくり返し主張していることは特筆に値しよう（Hennig u. a., 2021）。すなわち，インクルーシブ・カリキュラムを創造していく上で，地域での生活と学校での生活をコンフリクトの観点で串刺しにするような構想が論点として浮かび上がってきているのである。

（2）個人指導と集団指導の統一的展開〈その1〉
──「ここには居ない」けれど「居る」ことの想起

　学校で「共に生きる」ことに挑戦する試みは，当然のことながら，日本においても展開されてきた（兼田，2018，2019）。

　母と二人暮らしで，家は「ゴミ屋敷」状態になっており，中学1年生時はほとんど登校することができなかった神奈を中学2年生時に担任した兼田幸は，同じように不登校傾向のある子どもが学級に複数在籍していることを踏まえ，班長会に対して「欠席取り組み」（この場合は，休んだ班員のプリントを班でまとめて担任に託ける／希望者が担任と一緒に届けに行く取り組み）を提案し，学級総会での承認を得ることで，神奈のような不登校傾向にある子どもへの働きかけを共同の試みとして展開していった。加えて，この試みのなかで拾うことのできた神奈のつぶやきや考えを学級通信で紹介したり，休んでいる班員に会いにいった子どもの感想を折に触れて交流する広場を形成したりすることで，神奈たちは「今日，学級には居ない」けれど，確かに学級のなかに存在していることを当然のこととして認識させていったのである。

　ここには「学校に登校することが当たり前」の価値観のなかに在る者と「学校に登校しないことが当たり前」の状況を生きる者という，異質な文化圏のなかに生きる者との出会いを創りだし，自らが如何なる文化圏や価値観のなかで生きているのかを意識化していく意図が秘められている。この意味で兼田の実践は「共生の教養」を育む土台づくりだとも言い得よう。

（3）個人指導と集団指導の統一的展開〈その2〉
──「ものづくり・生き方学習」の実践的意味と意義

　こうした実践を積み重ねつつ，兼田は神奈や他の不登校傾向の子どもたちに加え，「欠席取り組み」を通して培ってきた神奈たちに関わることができる（＝神奈たちに拒否されない）子どもたちと一緒に，夏休みの宿題を学級の教室で取り組む試みに着手する。この非日常の時間と空間のなかで，子どもたちはいじめられていた時の経験や教師から理不尽な振る舞いを受けた経験を語り合うことで，同じ学校に通う者同士であっても大きく異なる学校や生活の経験

に対して目が開かれることとなる。

　こうした活動が折々に創り出されることで，子どもたちのあいだに語り合いの広場が継続的に形成されていくこととなる。そのなかで兼田は神奈が「電話をかけたことがない」「火が怖くてガスをつけることができない」「電子レンジしか調理器具を使ったことがない」状態にあることを知る。こうした状態にあること自体，小学校の時から周縁に位置づけられ続けてきたことを物語る挿話であろうが，他の学級にも居る不登校傾向の子どもたちもまた同様の状態にあるであろうことを想起し，兼田は学年の教師たちと共同して「ものづくり・生き方学習」なる学びの機会と場を創造する。それは第1回はパソコン台づくり，第2回はクッキーづくり，第3回はマラソン大会に向けた縄跳びとして行われることとなった。

　この「ものづくり・生き方学習」は不登校傾向にある子どもたちの共通課題にもとづいて学びの内容が提起され，それを子どもたちと共に共同決定しながら自主参加の学びとして構想された学びであった。この学びは，子どもたちにとっては自分たちが学ぶに値する内容を選び取り，実際の学びに参加する経験を保障するものであると同時に，不登校傾向の子どもたちを担任する教師たちにとっては，実践上の課題に共同して取り組む機会として構想されたものであった。インクルーシブ・カリキュラムを構想する上で，この実践に現れているように，学びを自治的に取り組む，すなわち多様な苦悩を共同の活動として展開する構想力が鍵となるであろう。

（4）個人指導と集団指導の統一的展開〈その3〉
——自立への挑戦に向けた複数の葛藤の克服

　中学3年生になった神奈を持ち上がりで担任することになった兼田は，「ものづくり・生き方学習」を通して生み出されたコミュニティに神奈を閉じ込めておくことを選ばなかった。そこには，神奈たちを「共に生きる」ことができるようにお世話され続ける存在にとどめることなく，神奈たちにもまた「共生の教養」を保障する意図が秘められていたと言い得よう。

　修学旅行や合唱祭での取り組みへの神奈の参加を引き出すべく種々の働きか

けを積み重ねてきた兼田と学級の子どもたちは，卒業式直前に試練を迎える。それは，学級のリーダーのひとりとして頑張ってきた竜からの神奈に対して浴びせられた，神奈は楽しいことだけに参加してしんどい思いをする活動には参加していないという批判であった。

この批判の背後には，竜の内面に沸き起こった「自分はこんなに頑張っているのに」「神奈だけズルい」といった類の感情があることは容易に想像できようが，この批判を竜による感情的な異議申し立てとしてのみ考えてはならない。この批判の本当の意義は，神奈の存在が竜の感情を揺さぶり，彼のなかに葛藤を引き起こすほどに大きくなっていたことに加え，他の学級の誰よりも神奈を対等な存在として意識するようになっていたことにこそある。インクルーシブ・カリキュラムを創造する上での最重要の観点は，「みんなちがって，みんないい」ので「他者がどのような存在であろうと関係ない」といった，他者の存在への無関心を助長するようなものに陥ってはならないということである。そうではなくて，「共に生きる」ための知恵とちからを「共生の教養」として育もうとするからこそ，自由の先に互いを対等平等な存在として形成していくことが重要となるのである。

4 インクルーシブ・カリキュラムを創造する実践構想の視点

(1)「ここに居ない」者への関心を回復する鍵
──多様性のなかの共通性の発見

教育においてインクルージョンを語る上で忘れてはならないことは，「ここに居ない」子どもたちへの想像力を教師も子どもたちも呼び起こすことである。種々の事情で学校に来ることができなくなっている子どもへの教育的な働きかけは，「当たり前のように教室に来ることができている子ども」たちへの働きかけとは別種のものなのでは決してなく，その根を同じくするものなのである。

その際，鍵となるのは，不登校はあくまでも現象であって問題や課題ではないという理解である。その不登校という現象が仮にいじめをきっかけに生じたものであるとするならば，そのいじめを生来せしめた集団がはらむ権力性や暴

力性こそが問題であり，そうした権力性や暴力性が蔓延る不正義の現実こそが克服すべき課題なのである。このとき，権力性や暴力性を克服するという実践課題は，当該の集団の構成員にとっての共通課題であり，だからこそ教育的な働きかけは通底するものとなるのである。加えて，その権力性や暴力性に由来する不正義の現実が，教室に来ることができていない子ども，すなわち「ここに居ない」子どもに集中的かつ，典型的に顕れているのならば，「ここに居ない」者から実践を始めていくことは教育的にも倫理的にも理に叶っていよう。

こうした共通課題を見いだすような働きかけを内容の側面から支えるインクルーシブ・カリキュラムの構想は，兼田が試みたように，互いの出会いを集団の構成員が共同決定した公的な取り組みとして実現させていく，自治の実践として展開していくことが鍵となるであろう。

（2）共通課題を発見するための「傷」への想像力と発達課題の明確化

加えて，兼田実践のなかで生み出された広場のなかで子どもたちが語っている事柄に示唆を得るならば，「ここに居る」者も「ここに居ない」者も見つめる上で，それぞれの子どもたちに刻み込まれている「傷」への着目が重要となろう。

子どもたちに刻み込まれた「傷」は往々にして癒されることなく膿み続けていて，種々の「病」を併発していると考えることができるだけではなく，「わたし」の尊厳を侵害するものへの恨みや怒りが誰にも受けとめられないまま屈折させられ，自分自身への尊厳を否定する方へと進んでしまっていることもありうるのではなかろうか。また，「傷」や「病」によって発達課題への挑戦が侵害されてしまう結果，新たな「傷」を子ども集団のなかで負わせてしまうことにもなっていよう。

このように考えるならば，兼田実践のなかで展開された「ものづくり・生き方学習」で萌芽的に示されたように，一人ひとりの子どもたちの発達課題への挑戦を共同の活動として構想する自治の視点が，インクルーシブ・カリキュラムの構築にとって重要となろう。

67

（3）インクルーシブ・カリキュラムの編成原理としてのコンフリクト

　さらに，インクルーシブ・カリキュラムを構想していく上では，葛藤を克服した先に生み出される自由と平等を自治的に創りだすことを念頭において実践を展開していくことも重要となる。その際の鍵となるのは，ブレーメンでの試みでも兼田の実践でも共通して浮かび上がるコンフリクトという視点である。

　とりわけ兼田の実践で示されたように，ここでのコンフリクトは神奈と竜とのあいだで生じたコンフリクトであると同時に，神奈や竜のそれぞれの内面に生じていたであろうコンフリクトが，相互に影響を与え合っていたことも想起する必要がある。換言するならば，コンフリクトの複数性とも言うべき事柄に出会わせるとともに，そのコンフリクトを乗り越えた先に暫定的に生み出される「共に生きる」場の内実を確かめ合うような内容を含み込んでいくことが重要となるのである。

　こうしたコンフリクトは，子どもたちのあいだにとどまるものではない。神奈や竜はもちろん，その他の子どもたちをも大切にする実践を展開する教師で在り続けたいという願いを，種々の事情で持ち続けることが叶わないのではないかと苦悩する教師の内面に生じるコンフリクトとも響き合うものでもあろう。その意味で，「ここに居ない」者から始めるカリキュラムづくりにあっては，教師集団づくりや学校づくりとも接続させていくことも必須となろう。

　インクルーシブ・カリキュラムが実現され続ける学校は，創造されたカリキュラムを構成員が生きる現実に即しながら，共同して吟味し続ける学校として顕れることになろう。このときその学校は，インクルージョンを実現する拠点としての位置を得ることになるのである。

注
(1) 丸山編（2022a）参照。同様の試みについては，全障研編（2021）も参照。またこの問題についての理論的な接近については，丸山（2022b）参照。
(2) RzBOについては，https://431.sixcms.schule.bremen.de/startseite-1459（2024年5月17日最終閲覧）及び，福田（2018）参照。

引用・参考文献

岡野八代（2024）『ケアの倫理——フェミニズムの政治思想』岩波新書.

兼田幸（2018）「神奈の自立へ向かって——学校，そこはあたたかい」全生研編『全生研第60回全国大会紀要』（私家版），165-168.

兼田幸（2019）「Rainbow road ——神奈の自立へむかって」『生活指導』（746），30-39.

子安潤（1998）「多文化共通教養論——新自由主義教育との対抗戦略に向けて」メトーデ研究会編『学びのディスコース——共同創造の授業を求めて』八千代出版.

全障研編（2021）「特集 気候変動」『みんなのねがい』（666），全障研出版部，2021年8月.

布川あゆみ（2018）『現代ドイツにおける学校制度改革と学力問題——進む学校の終日化と問い直される役割分担のあり方』晃洋書房.

福田敦志（2018）「生活者を育てる学校への挑戦—— Roland zu Bremen Oberschule の実践から」湯浅恭正・新井英靖編著『インクルーシブ授業の国際比較研究』福村出版，377-385.

丸山啓史編（2022a）『障害のある若者と学ぶ「科学」「社会」——気候変動 感染症 豪雨災害』クリエイツかもがわ.

丸山啓史（2022b）『気候変動と子どもたち——懐かしい未来をつくる大人の役割』かもがわ出版.

Hennig, Günther, Eckhard Feige, Bianca Radimersky, Marthin Anacker（2021）*Gemeinsinn in der Klasse schaffen: Soziales, Kooperatives & Demokratie Lernen systematisch verknüpfen*, Burckhardthaus, Freiburg.

Saito, Kohei（2023）*Systemsturz: Der Sieg der Natur über den Kapitalismus*, dtv Verlagsgesellschaft mbH & Co. Kg, München.

The Care Collective（2020）*The Care Manifesto ; The Politics of Interdependence*, CPI Group（UK）Ltd.（ケア・コレクティブ（2021）『ケア宣言——相互依存の政治へ』（岡野八代他訳・解説）大月書店.）

（福田敦志）

第5章

地域社会を育てる子どもの学び・生活とカリキュラム

1 関係性を変革させるカリキュラムとインクルージョン

(1)「カリキュラム」が内包する2つの視点

　カリキュラム（curriculum）という教育用語が説明されるときには，ラテン語の意味から（時には語源から）ということが多い。すなわち，「走路」という意味をもっていることが示されて基本的解説が始まる。なぜ，教育学者はこのような方法を取りたがるのだろうか。私の場合は，この厄介な語を理解するときに視覚的側面からアプローチしやすくなると考えているからである。

　「走路」という言葉を目にしたときに，どのようなイメージをもつだろうか。大別するとまずは2つのイメージに分かれるだろう。一方は，現時点からこれから走る路を見ているイメージであり，他方は，現時点からこれまでの走った路を振り返って見ているイメージである。つまり，カリキュラムという語は現在を基点として未来にも過去にも広がる時間軸を内包したものである。

　その時間軸に沿った形で教師のカリキュラムに関わる活動をあてはめると，カリキュラム計画，カリキュラム実施，カリキュラム評価ということになる。「走路」というイメージに戻ってみると，教育者は走りやすいように整備された道を用意することをカリキュラム計画と考えるかもしれないが，注意しなければならないことは，教師が計画するカリキュラムは，ルートが決められたステージ制のゲームのようなものではなく，学ぶ者のオープンワールドな世界の上に提示されたものにすぎないということである。すなわち，それぞれの学ぶ者のカリキュラムは教育者の想定する通りのものとなることはない。教育者が

意図していないことからも学んでいるし（ヒドゥン・カリキュラム），学校などの公的に組織された場以外でも学んでいる（インフォーマル・カリキュラムなど）うえに，教育者の計画に沿って学ぶことを拒否することもあるかもしれない（学び手のヌル・カリキュラム）。このように，教育者が計画するカリキュラムは学ぶ者のカリキュラムの一部に過ぎず，学ぶ者が振り返って確認するカリキュラムの走路は，さまざまな要素が重なり合って人によって異なるものとなっている。よって，子どもを教育者の意図通りに育てようとする試みが成功することは絶対にありえない。現実的には，目の前の子どもについてよく知り，目標修正を常に視野に入れて教育者が用意するカリキュラムと学ぶ者が実際に学ぶカリキュラムを常にすりあわせていくしかないのである。

　日本の学校教育の現場で，長らく指導案の検討に力を入れてきたのは，計画段階で子どもの応答を詳細に予想することで子どもに寄り添ったカリキュラムを実施できるよう準備しながらも，子どもが教師の想定を超えた発想を教室で披露することを歓迎し，「教師が組織し子どもたちが体験している学びの経験（履歴）」（佐藤，1996：4）としてのカリキュラムを豊かにすることを目指したからであった。

（2）「主体的」を疑う

　学ぶ者がそれぞれのカリキュラムを獲得していくことを考えると，学習指導要領で提唱された「主体的・対話的で深い学び」というキーワードを思い起こす者もいるかもしれない。2017〜2019年の学習指導要領改訂に向けて，中央教育審議会は「初等中等教育における教育課程の基準等の在り方について」（2014年11月20日）で「アクティブ・ラーニング」を改定の柱とすることを示した。これに前後して，教育界ではアクティブ・ラーニングが流行語となり，「アクティブに見える授業の方法」を紹介する出版物やセミナーも乱発された。この狂騒に近いブームを受け，新たな学習指導要領改訂によって授業の見た目だけがアクティブにされることを危惧した中央教育審議会は「教育課程企画特別部会　論点整理」にて，「アクティブ・ラーニングの視点」を使用し，「主体的・対話的で深い学び」というキーワードを強調することになった。以上のよ

うな慌ただしい経緯のために，「主体的・対話的で深い学び」という日本語表現は視点の混乱したものであることや，「主体的」「対話的」「深い」のキーワードが目指す学びと反する要因が学習指導要領体制の中にあることが梅原(2021)によって指摘されているが，この章では教師（学校）が「主体的」であることを子どもに求めることの問題点を以下に示したい。

そもそも「主体」とは本質的に存在するものではなく，権力によって形成されてきたものである。フーコーは，暴力としての権力の他，指導者の個人に寄り添った説諭などの司牧権力，監視する他者の目を常に意識させる近代施設を代表とする規律権力，欲望を作り出す権力，公衆衛生や治安の管理のために統計学を活用する権力などが主体を形成してきたと指摘する。しかも，暴力を除くいずれの権力も，自身の選択で行動していると人に錯覚させることに特徴がある（フーコー，2020=1975，1986=1976，1984=1982など）。

学校はその成立過程から規律権力を中心として現存する社会に望ましいとされる主体を形成しようとするものであった（山本，2015）が，テクノロジーの発展とともにその方法は進化を続けている。たとえば，センサーで子どもの登校から下校までの脈拍の計測と授業中の表情の録画を通して生徒の集中度を教師が授業中に常に参照できる状態にしておく実験が，経済産業省主導で久喜市教育委員会と市立鷲宮中学校の協力の下で2021年11月から2022年2月まで行われていた（永須，2023）。この実験には，生徒に監視的な他者の目を内面化させることとバイタルデータの統計的活用から新たな管理手法を開発しようとする二重の権力の行使がある。

さらにフーコーの主体形成論などを検討してきたバトラーは，既存の言説や権力といった社会的アクターに働きかけられた範疇での行為によって形成され続けるものであるという見方（＝パフォーマティビティ）に加え，ひそかに追放された認知されない存在に実は依存して主体が形成されていることを以下のように指摘した。

　　話すことができる「私」，生について問いただすことのできる「私」が，話を聞いてもらえるようになり，地位を確立できるのは，話す主体が一定

のジェンダー規範に従うことによってだと思われました。そもそも最初から，「発言する私」なるものをあって当然と見なすことはできなかったのです。発言し疑問を呈する私は，発言する主体を見える主体にし，聞かれる主体にするような規範のうちで「認知」されなければなりません。しかし，それらの規範が誰が発言できるかを制限するとなると，発言できる立場として確立されたものが，いかにそのような立場を構築するにあたっての排除に依存しているかということについての，政治的な疑問を呈することができなければなりません。　　　　　　　　　　　　　　（バトラー，2019a）

　これらの主体形成論をまとめて筆者は過去に以下のように提示した（上森，2021）。

　①　行動の前に主体を想定することはできない，②　主体を形成するのは既にある言説や権力などの社会的アクターとその影響下での選択的行為の継続であり，それは継続的な服従的行為ともいえる，③　主体化される存在／主体化に抵抗する存在の二項論ではなく，ひそかに追放され認知されずにいる存在があり，不平等な言説へのアクセス権は認知されない存在への依存により成り立っている。

　なお，権力について補足すると，それは学校（教師）／子どものように近代国家システムの一部として配置されている権力ばかりではなく，バトラーが言及しているジェンダーのように日常生活の背景に網の目のように張り巡らされており，その権力の布置を分析する視点として「インターセクショナリティ」がますます着目されるようになってきている（Crenshaw, 1989, 1991, 2017）。インターセクショナリティの視点から分析することは，私たちが権力の求める主体形成の際にも，それに抵抗を試みる際にも，行為の選択の自由度が，経済環境，ジェンダー，アビリティ，エスニシティなどの権力布置のどの地点に立っているかよって異なることを明確にする。これまで異なる権力基盤の交差の上にそれぞれ立たされている人々が相互理解することを目指してきたはずの多文

化主義は「既存の特権と不平等を放免するための口実として機能することが多い」と批判されることもあった（ミヨシ，1998）。現在では，「ダイバーシティ」という語にも同様の注視が向けられていることは留意しておきたい（コリンズ＆ビルゲ，2021＝2020）。

（3）インクルーシブな社会に向けた関係性の追求

　佐藤（1996）は，あらかじめ組織した教育内容としてのカリキュラムではなく，子どもの学びの総体としてのカリキュラムを充実させることを，「権威という権力」的なカリキュラムから「著者性」・「真正性」のあるカリキュラムへのパラダイム・シフトとして示した。ここでの「著者性」とは「認識し表現する個人の個性的なオリジナリティを尊重する精神」（佐藤，1996：195）を意味し，「真正性」とは「自らの内面を表現するという意味における自己実現を意味するだけではなく，その内面の真実が何を意味し何に由来するかを自己の存在のありようにおいて探究することを意味しており，さらに言えば，あらゆる権威や予見に左右されず，内なる真実に即して思考し行動することを意味している」（佐藤，1996：200）。そして，「教育実践において必要なことは『主体』を構成している関係の『解釈』なのではなく，『主体』を構成している関係を編み直す『実践』である」（佐藤，1996：205）。この指摘は，バトラーの以下の言及に重なる。

　　私たちに必要なのは，現在の政治に慣れ親しんだ私たちの方向感覚を変容させる更新された知覚のあり方（ステート），あるいは別の想像界（イマジナリー）です。このような想像界（イマジナリー）は，攻撃性と悲しみとがただちに暴力へと変形せず，また私たちが決して自ら選択したわけではない社会的な絆がもたらす困難と敵意とを生き延びることができるような，そうした倫理的かつ政治的な生の道を私たちが発見する手助けになるでしょう。
　　　　　　　　　　　　　　　　　　　　　　　　　　（バトラー，2019b）

　インクルーシブなカリキュラムを考える際に，学習内容のアクセス保障の視

点のみでは権威的な教室・学校が許容する範囲での包摂にマジョリティが無自覚の内にとどまってしまう可能性が高い。カリキュラムを検討することが，すなわちインクルーシブな社会のありようへの追求とならなければならず，学校においては子どもの生活世界に張り巡らされた権力の網の目を分析しつつ，現在とは異なる関係性を実践で追求することが求められる。

2　関係性の変革をカリキュラムに含みこむ契機

　子安（2019）は，子どもの生活世界の権力やポリティクスに着目した教育方法分野での代表的な理論として，佐藤学による「学びの共同体」論と竹内常一の「批判的学び方学習」論を紹介している。子安は相対的に，「存在論的と権利行使論的といった接近の仕方や，自己の実存か社会参加かという方向や，主体的真実の追究か世界の批判的読み拓きか」といった違いはあるものの，「いずれも状況・文脈性，自己生成性，活動性ないし創造性などを内に含めた，差異・複数性をふまえた学びの共同性を実現するという意味では通底している」と整理している（子安，2019：21）。

　上記を基底としながら，関係性の変革をカリキュラムに含みこむ契機は2つの方向性にある。一つは子どもの興味関心から新たな関係性の糸口を見つけ出すことである。松井（2020）や谷保（2020）の実践は，文字を書くのが苦手なために授業をはじめとして学校で自身を表現することに自信をもてない子どもに，絵や写真，動画作成で参加を促すことで子ども間の関係性を変える第一歩としている。

　松井（2020）の実践では，文を書くことが苦痛で仕方ないAさんが「心地よく思いをつたえるいい手段はないか」（38頁）と日記の代わりに「思い出の絵」に取り組むことにした。実際には文を書くことが苦痛であるのと同じように，絵を描くことが苦手な子もいることから，「無理に人を全身かかなくてもよい」「言葉も入れてもよい」「名前もどこにかいてもよし」などを伝えてとにかく自由な表現を促し，文字か絵かといった表現方法の制限を取り払うだけでなく参加の心理的ハードルを下げようとしていた。その結果，いつも授業の終わりに

何を書けばよいのか確認するAさんがマラソン大会の思い出の絵には自身のくやしさを解説する文章をつけていた。ここでは何を書いても肯定的に受け止めてきた教師の応答が実を結んだと解釈できるだろう。そしてこの応答は現在の肯定だけでなく，子どもの意識していない他者とのこれからの未来の関係性を指導する役割も担っている。生活科の思い出の絵では，500円で買った4つの同じお菓子の絵を買ったDさんの絵を見て，そのお菓子がどれだけ好きなのかということだけでなく，それを友達と交換したことの喜びも聞き出していた。

谷保（2020）は，文字を書くことが苦手なサトシさんに文章レポートを書く代わりに写真撮影や動画作成を提案しながら，同時に，「田んぼ撮影プロジェクトチーム」を結成することも提案した。この提案に乗り気になったサトシさんはメンバーを次々と集め，そのメンバーと遊ぶことも増えてきた。サトシさんの母親は「この子にできることで任されて頑張れることができて嬉しい。お友達は野球やサッカーなどをするようになり，サトシは野球とかが苦手だから遊びに入れなくなっていたんですが，田んぼを通して関われるようになって嬉しい」（6頁）と語っている。谷保は，これらの学習を総合的な学習の時間の田んぼの学習を中心としながら理科4単元，社会4単元，国語2単元，算数1単元，家庭科1単元の教科学習と横断的につなげて展開することで学びに前向きになった子どもたちを他教科にもつなげるカリキュラムを実施した。

関係性の変革をカリキュラムに含みこむ契機のもう一方の方向性は，子ども同士で悲しみや苦しみを相互受容する経験をもつことである。金森（2000）の実践では，4年生2学期の国語科「手と心で読む―伝え合う心」の学習において，女性で育児経験のある視覚障害当事者の潤潟さんをゲスト講師として招いた。子どもの感想には，視覚障害のために経験した寂しさ，悔しさに言及したものが多かったが，その中でHさんは，「なんだか，ぼくたちだけがとくをしているように思えました。」という感想を書き，これに対し金森は，「潤潟さんは充分がんばってきたし，これからもがんばるだろう，がんばらなければならないのは私たちではないか」とコメントをつけた。その後の授業では，「盲導犬はペットじゃない―店，施設の人たちへ」，「健常者も―障害者も安全に歩ける歩道に。―道路・歩道を作る人へ」といったタイトルで社会に訴えたいこと

を子どもたちは綴った。Hさんが自身の特権に気づき、子ども達が社会制度の変革を要求するにまで至ったのは、① この単元の前に、F子さんがアトピー性皮膚炎について周囲から暴言を受け続けて苦しかったことを開示し、学級の中で暴言を受けて悲しみ苦しんだ経験が相互受容されていたこと、② 地域に住んでいる視覚障害の当事者と子どもたちの意識としては学校から離れたところで定期的に交流をもつようになっていたことが重要だと考えている（定期的な交流となったのは、教師の「（近所で挨拶も交わすのに）名前も知らないの?!」という驚きを装った応答による関係性変革を意図した指導が契機となっていた）。つまり、日常生活で悲しみや苦しみを相互受容しあった関係性が、その場限りとなりやすいゲスト講師との関係性構築の基盤となっていたと考えられる（上森, 2021）。

3　子どもが地域社会を成長させるカリキュラムを

　前節で取り上げた実践は地域社会での学びが大なり小なり関わっていた。「学校」の評価枠組とは異なる場だからこそ関係性変革の契機と出会いやすいことは確かであろう。

　では、地域で学ぶ機会を多くすればよいかというと当然ながらそういうわけではない。小国（2016）は「人々の『共生』的関係を組み込んで行政統治を再編成しようとする志向」について警鐘を鳴らす。そして、学校評議員制度や学校運営協議会制度が校長の基本方針の承認の役割しか荷わされていない現実があることや、そこに選出される関係者は中間層以上が多いことなどから、「懸念されることは、地域の中間層の住民と学校との連携強化によって、社会的マイノリティの子どもたちの排除が促進される可能性」（小国, 2016：177）と示している。子どもが地域に出て学ぶ場合にも同じ危険性がある。たとえば、批判的視点をもたずに職場体験に出かけ一緒に働いたりインタビューしたりすると、権力のある側に都合の良い関係性や文化を「あたりまえ」で「しかたない」ことだと学んでしまいかねない。佐田（2003）が指摘するように、地域で学ぶ時こそ批判的視点が必要とされる。

そもそも，より良い共同的な生き方を探索する生活指導論では，「働きかけるものが働き返される」ことがテーゼとしてある。この観点からすると，子どもが地域社会で学ぶとき，地域社会もまた何かを学んでいるはずである。近年，植田（2021）や福田・山田（2021）のように，子どもの学びに関わる大人が子どもから何を学んだのかを含めて実践を記録し，検討することが増えている。このようなまなざしは，地域に開かれた学校で子どもの学びに触れる大人もまた学ぶ当事者であるという点で対等であると認識し，大人／子どもの権力配分の偏った関係性を変革することにつながっている。たとえば，植田（2021）は，大人／子どもが真に相対するときは，子どもの要求を大人が1回の検討で無条件に受け入れたり拒否したりするのではなく，継続的な対話・討議の場で条件等を検討する熟議民主主義を必要とすることを示している。そして，学級会活動や児童会活動で討議されることで組織化された子どもの要求を子どもと共に検討する過程は，大人側の「あたりまえ」としていたことや組織のあり方を問い直すことが必要であると大人自身が気づく過程でもあったことが何度も描写されている。このように子どもの学び・生活を中心として自治が展開していくことは，資本主義に絡めとられた大人・学校・地域にオルタナティブな関係性をたずさえた新たな場を示しえる。またその場が学校外にあるのであれば，オルタナティブな場とのつながりは子どもの卒業後も形をかえつつも保たれたり，新たな場がつくられる可能性があることは，ここまでで紹介した複数の実践が示すところである。

　以上のように，大人／子どもの関係性の変革を出発点として，ジェンダーやアビリティ，エスニシティなどの関係性を，子どものさまざまな生活背景を軸として批判的に検討する学びが展開されれば，地域社会でのインクルージョンへ向けた変化はより大きなものとなる。「子どもに優しい町づくり」のカリキュラムではなく，「子どもがインクルージョンな地域社会へと成長させる」カリキュラムとしていくために，子どもに関わる大人がインクルージョンな社会を追求するための学びをどのように共にしていくことができるのかも地域で展開するカリキュラムを評価する際には同時に検討されなければならないだろう。

第5章　地域社会を育てる子どもの学び・生活とカリキュラム

[付記] 本稿は一部に、「当事者を視点として考える生活現実と教育実践」（日本教育方法学会編『パンデミック禍の学びと教育実践』図書文化，1-24頁）を加筆修正し使用しています。

引用・参考文献

植田一夫（2021）『学校ってボクらの力で変わるね——子どもの権利が生きる学校づくり』高文研.

上森さくら（2021）「当事者を視点として考える生活現実と教育実践」日本教育方法学会編『パンデミック禍の学びと教育実践』図書文化，1-24.

梅原利夫（2021）「3つの学び論の提唱が引き起こす波紋と混迷」日本教育方法学会編『パンデミック禍の学びと教育実践』図書文化，38-49.

小川嘉憲（2009）『優しい学校はいかが？——どの子も行きたくなる学校をめざして』文芸社.

金森俊朗（2000）「友・障害者とつないで自分をつくる」（2000年日本生活教育連盟石川サークル　石川冬の集会発表レポート，私家版）.

小国喜弘（2016）「地域と学校の再編成——『障害児』の排除と包摂に着目して」『学校のポリティクス（岩波講座　教育　変革への展望6）』岩波書店，161-187.

コリンズ，P. H. & ビルゲ，S.（2021）『インターセクショナリティ』（下地ローレンス吉孝訳）創栄図書.

子安潤（2019）『教科と総合の教育方法・技術』学文社.

佐田香織（2003）「進路学習にジェンダーの視点を取り入れて——職場体験学習で気づく社会の問題点」『男も女も』（96），28-30.

佐藤学（1996）『カリキュラムの批評——公共性の再構築へ』光明社.

谷保裕子（2020）「学校がもつ可能性を拓く！——三方五湖の自然再生の道を，地域とともに語る」『生活教育』（854），4-7.

永須徹也（2023）「生徒と教員のバイタルデータを授業改善に生かす」『みんなの教育技術』（webメディア）.
https://kyoiku.sho.jp/235642/（2024年8月15日最終確認）

バトラー，J.（2019a）「この生，この理論」（坂本邦暢訳）『現代思想』2019年3月臨時増刊号，8-26.

バトラー，J.（2019b）「非暴力，哀悼可能性，個人主義批判」（本荘至訳）『現代思想』47(3)，27-46.

福田晃・山田滋彦（2021）『大人を本気にさせる子どもたち——社会とつながるリア

ル・プロジェクト学習』さくら社.

フーコー，M（2020=1975）『監獄の誕生——監視と処罰』（田村俶訳）新潮社（Fourcault, Michel, 1975, *Surveiller et Punir: Maissance de la Prison*, Gallimard）

フーコー，M.（1986=1976）『性の歴史Ⅰ　知への意思』（渡辺守章訳）新潮社（Fourcault, Michel, 1976, *Historiè de la Sexualitè 1 - La Volontè de Savoir*, Gallimard）

フーコー，M.（1984=1982）「主体と権力」（渥海和久訳）『思想』（718），235-249（Fourcault, Michel, 1982, "The Subject and Power," Dreyfus, H. L./ Rainbow, P. eds., *Michel Fourcault: Beyond Structuralism Hermeneutics*, The University of Chicago）

松井良之（2020）「生活画で自分をみつめて——自分の思い出を絵にのこして心にきざむ」『生活教育』（854），38-41.

ミヨシ，M.（1998）「冷戦後における協会の秩序について」（遠藤克彦訳）『批評空間』第Ⅱ期（17），72.

山本敏郎（2015）「環境管理型権力と生活指導」山本敏郎他『学校教育と生活指導の創造』学文社，23-38.

Crenshaw, Kimberlé（1989）"Demarginalizing the intersection of Race and Sex: A Black Feminist Critique of Antidiscrimination Doctrine, Feminist Theory and Antiracist Politics," University of Chicago Legal Forum

Crenshaw, Kimberlé（1991）"Mapping the Margins: Intersectionality, Identity Politics, and Violence against Women of Color," *Stanford Law Review*, 43(6): 1241-1299.

Crenshaw, Kimberlé（2017）"The urgency of intersectionality" on TED channel in You Tube,（https://youtu.be/akOe5-UsQ2o, 2024年8月15日最終確認）

（上森さくら）

第6章

教科・教室の枠を越えた学びとカリキュラム

1　学校でしんどい思いをしている子どもたち

　小学校高学年の葉月さん⁽¹⁾は，「あのね，先生が話してることを考えているうちに時間が過ぎていって，わからなくなるの」「友だちに早く次の授業の用意しいやって言われるけど，わかってるけど，間に合わへんの」と話してくれた。通常学級には，葉月さんのように教師の話を理解するのに時間のかかる子どもや行動がゆっくりな子どもは少なからずいる。授業に集中できない，自分の気持ちを上手く言語化できない，授業内容が十分に理解できない，友だちとの関係がうまくいかない子どももいる。

　小学校低学年の薫さん⁽¹⁾は，図工の時間に白いアジサイの花の絵を描いた。すると，教師からアジサイの花は赤紫色や青紫色などを使うようにと言われた。薫さんは帰宅して母親に「私は白いアジサイの花が好きで描いた。枯れかけの茶色っぽい色も好きだ」と話した。通学経路にアジサイの花が群生している所があり，さまざまな色のアジサイの花が咲くところやアジサイの花が七変化する様子を彼女は毎日見ていたのである。教師が薫さんの思いを汲み取り「白いアジサイも綺麗だよね」と共感し，彼女のアジサイの花の話を聞いてあげたら良かったと思われる。また，教師と子どもが日頃から話しやすい関係であることが重要である。教師の固定概念や画一的な指導を再考し，子どもの豊かな感性を尊重する姿勢が求められる。

　大人からすれば些細に思えることや気持ちのずれが積み重なることで，子どもは学習意欲や登校意欲が減退し，登校渋りや不登校になる場合がある。学校

でしんどさを感じている子どもの中には、豊かな感性や物ごとの多様な感じ方を理解されない子どもがいる。また、発達がゆっくりな子どもや発達障害やその傾向のある子どもなど、特別なニーズのある子どもがいる。教師が一人ひとりの子どものことを理解し、子どもの気持ちや感性、学習ペースに寄り添った柔軟な授業展開と教材の工夫が必要である。

こうした特別なニーズのある子どもたちを包み込む学びについて考えると、「障害者権利条約」第24条「教育」の中では、インクルーシブ教育について「人間の潜在能力並びに尊厳及び自己の価値についての意識を十分に発達させ、並びに人権、基本的自由及び人間の多様性の尊重を強化すること」「障害者が、その人格、才能及び創造力並びに精神的及び身体的な能力をその可能な最大限度まで発達させること」を目的として、その実現のために、障害を理由に「一般的な教育制度から排除されないこと」や「個人に必要とされる合理的配慮が提供されること」などが謳われている。

このようなインクルーシブ教育の理念からみると、現在の学校において、障害や特別なニーズのある子どもたちにとっては、「障害者権利条約」で謳われていることが十分に保障されているとは言えない。このことは、現在の学校が過度に競争的で管理的になっており、子どもの言動を大らかに受けとめ包容する寛容度が低くなっていることとも無関係ではないだろう。通常学校の改革が求められているのである。「児童生徒の減少が続いている中にあって、学校におけるいじめや、学校からの『排除』とも見られかねない登校拒否・不登校者が増え続けていること」は、「日本の学校教育を、教育課程や教育条件などを全ての子どもたちを迎え入れるにふさわしいものにしていくことの必要性を意味している」（青木，2022）といえる。子どものもつ可能性を最大限に発達できる学習内容とカリキュラムの検討が必要である。

2　子どもの好きなことを学びの糸口としてじっくり学ぶ

中学生の歩夢さん[1]は学校に登校しづらく、やっとの思いで登校しても、教師から国語か数学どちらのプリントをするのかと聞かれ、どちらもする気になら

ないので学校に行く気がなくなるとのことだ。歩夢さんは料理好きで家で保護者と一緒に料理をしているので，保護者は学校でも本人の好きな料理に関することを学習内容に取り入れてほしいと要望した。教師はその要望を受けて，教科の学習プリントの他に好きな料理のレシピの作成を取り入れたので，彼女は楽しくなり徐々に登校するようになった。好きなことが学習内容として位置づけられたことで，彼女にとっての学校へ行く目的・意味が見出せたのである。子どもが興味や知的好奇心を持てることを学びの糸口にすることの大切さがうかがえる。その後，歩夢さんは教師と料理の話をしたり学校図書館から借りた料理の本を見ながらレシピを作成したり，図書館司書と話ができるようになり，学校生活に広がりが出てきた。彼女にとっては，話を聞いてくれる図書館司書がいる図書館が心地よい居場所になったのだ。良い関係を築けている人がいることは，子どもの学校生活を支える上で重要である。歩夢さんは放課後等デイサービスにおいて料理作りを職員からほめられ，小学生たちからも一目置かれて自信につながった。学校では歩夢さんのレシピ作りが料理を作ってみんなで食べるまでには発展しなかったが，学校でも取り組みたいことである。

　歩夢さんは，友だちの言動が気になり大勢の人の声が苦手で，小学校の途中から通常学級での学習がしんどく感じるようになり不登校気味になった。保護者の話では中学年頃から学習についていくのが少しずつしんどくなり，漢字では「惜しい間違い」をするとのことだった。医療機関では，「知的障害と診断するほどでもない」と言われ，また発達障害と診断されるにも至らなかった。しかし，医者からは「こういうタイプの子どもが一番しんどさを感じているのです」と言われたそうだ。

　歩夢さんのように知的障害ではないが授業内容が理解しづらい子ども，いわゆるボーダーラインにいる子どもは少なくない。窪島（2023）は，こうした子どもを「ボーダーライン知的機能」児と名づけ，「ボーダーライン知的機能という認知機能それ自体は病理的状態ではないが，環境のちょっとした不安定さが，彼らの認知機能や自己制御機能，社会適応を一挙に困難に陥れるリスクがある。低学年ではわかりづらい心理的諸機能の脆弱性が問題となる」と指摘している。さらに，知的な遅れのない「一般的な定型発達児」についても，改定

によって学習内容が多くなった学習指導要領と教科書に触れて，「高学年の学習を低学年に前倒しにしたり，年齢の特性を無視して増した学習内容を操作的方法によって子どもの思考を無視したスピードで教え込んだりする学習指導要領と教科書によって，これまで以上に大きな指導上の困難として顕在化している」と述べている。さらに窪島は「子どもの発達のプロセス，『納得をしてわかる』という学習を無視した結果」であり，「9・10歳の発達の節」にいる子どもたちにとっては，「具体的思考から抽象的思考への移行であり，この移行は，ひとりひとり異なるスピードと様々な混乱を経ていく困難と時間のかかるプロセスである。このプロセスを丁寧にゆっくり進めることをしないと，子どもは混乱と迷いを回避して，直接的に暗記する方略すなわち"丸暗記方略"を意図的に選択する。内面的な静かな『学習からの逃走』である」「本来は具体的で実際的な体験を通して，じっくりと時間をかけて」「学習課題に主体的に取り組むことでこの発達の質的転換を成し遂げていくことができる子どもたちが，発達的矛盾を発展的に展開させることができずに，そこで停滞しそのエネルギーをさまざまな問題行動に外化させることになりかねない」と指摘している。学校教育において，とりわけ9・10歳の発達の節にいる子どもは，具体的で実際的な経験を通してじっくり時間をかけて学ぶことが必要なのである。高橋（2023）もインクルーシブカリキュラムの土台として，「4年生までの学習内容を理解させること」や，いわゆる「読み書きそろばん」の重要性を述べている。

　最近は小学校中学年頃からの子どもの登校渋りや不登校が多くなっている。具体的思考から抽象的思考への移行や計画性の獲得などの9・10歳の発達的な課題が学習内容として教科書に盛り込まれていることで，学習理解の困難さが目立ってくる子どもが少なからずいる。また，仲間意識の発展と友だち関係の変化によるトラブルも増え，友だち関係も難しくなってくる。グレーゾーンや「ボーダーライン知的機能児」（窪島）と言われる子どもにとっては，9・10歳の発達的な課題を時間をかけて乗り越えていく必要があり，友だち関係も同様に学級集団づくりの中で丁寧につくりあげていく必要がある。学習内容が理解しづらい子どもたちが，教室での学びから排除されないためには，具体的で実

際的な体験を通して，子どもの理解の仕方に応じた学びが保障されなければならない。また，子どもの興味・関心に応じた授業，「子どもがおもしろい・楽しいと思う授業」が「授業づくりの基本」(高橋)となる。さらに，教科の枠を払った教科横断型のカリキュラムも必要である。学校・教師が柔軟な発想で授業内容を工夫しカリキュラムを作り変えていくことで，子どもが変わっていくであろう。

3 教室の外での学び

　ここでは，教室の中の学びだけではおさまらずに，自分から教室の外にも学びを求めていった子どもについて考えてみる。

　筆者が小学校教員をしていた時に通常学級で担任した誠さん（宮本，2003）は，小学校3年生で発達がゆっくりな子どもだった。理科の「音の伝わり方」の学習の時には，みんなと同じように紙コップに糸を通して糸電話を作り，その糸電話で友だちと楽しそうに会話して学習していた。しかし，算数の授業になると「宮本先生，図書館に行ってきます」と言って同じ校舎内の図書館に行き，他学級の子どもが来ていない時には図書館司書に本を読んでもらったり，リクエストした絵を描いてもらったりした。王様の冠を作ってもらい王様になりきってご機嫌で教室に戻ってきた誠さんを学級のみんなで迎えた。図工室に行った時は，図工の教師が手作りした数個の竹とんぼをもらって嬉しそうに教室に戻ってきて休み時間に数人の友だちと遊んでいた。誠さんが「忍者になりたい」と言った時は筆者が画用紙で作った刀を風呂敷で括って彼が背負い，休み時間に友だちが折り紙で作った手裏剣を投げて数人で忍者ごっこを楽しんだ。忍者ごっこに飽きると家で見た西遊記ごっこがやりたくなり，友だちと一緒に槍などの小物やお面を作り西遊記ごっこをし，その後，お楽しみ会でみんなに披露した。

　誠さんは，こうして友だちとごっこ遊びを繰り返し楽しむことで，イメージの世界を豊かにしていき，その場面に相応しいことばを考えたり，相手の行動に合わせて動いたりするようになってきた。ごっこ遊びには「これが正解」と

いうものはない。イメージの世界を膨らませ，友だちとお話の世界を共有しながら楽しく遊べる。そんな中で誠さんは話しことばが豊かになり，ことばを使って考えたり自分の思いを伝えたりできるようになり，友だちとのトラブルが減った。3年生の作文では短い文と絵で表現していたが，4年生半ばになると友だちとした西遊記ごっこや家族で出かけた紅葉狩りのこと，初めて参加した学校のマラソン大会のことなど，誠さんが楽しかったことや頑張ったことを絵と長めの文章で書くようになった。

　誠さんは4年生の終わり頃にはごっこ遊びから卒業し，休憩時間には友だちと一緒に運動場で縄跳びに挑戦し，みんなが二重跳びの練習をしている横で彼は前跳びの練習をした。子どもたちが「先生，誠さん，（前跳び）頑張ってるよ」と教えてくれ見に行くと，友だちが誠さんに跳び方のポイントを教えていた。回数を数えていた友だちが「50回跳べたで」「誠さん，すごいね」と言うと，誠さんは笑顔で答えていた。彼は友だちのことも気にかけるようになり，「春樹さん，体操服の前と後ろが反対だよ」と教えてあげる姿もあった。誠さんは他の子どもと学びの内容や学び方は違ったが確実に成長した。同時に，学級集団の成長も感じられるようになった。

　同じく筆者が通常学級で担任した隆志さん（宮本，2003）は，小学校4年生で発達がゆっくりであり，思うようにいかないと怒って暴力が出たり友だちとのトラブルも多かった。学習面でも4年生の学習内容はわかりにくいことが多く，国語の作文の時間には絵作文に取り組んだ。学級には教室内ではおさまらない子どもも多く，筆者は思い切って学級全体が時どき教室の外に出ることにした。子どもたちは，国語や音楽の教科書，リコーダーを持ち，筆者はテープレコーダーを持ち，みんなで校庭の片隅にある築山に行った。築山には滑り台付きのジャングルジムがあり，車のタイヤをはめ込んだ所では馬跳びもできた。子どもたちはジャングルジムやタイヤの馬跳び，その近くにある鉄棒，鬼ごっこなどで自由に遊んだ。しっかり遊ぶと，筆者の姿が確認できる範囲で子どもたちはジャングルジムやタイヤの上，築山など好きな場所を決めて座った。音楽の教科書を見ながら大きな声で歌ったりリコーダーを吹いたり，国語の教科書の詩などを音読した。屋外で走り回った後の子どもたちは体も心も開放感い

っぱいで，教室よりも大きな声でのびのびと歌い，大きな声で気持ちを込めて詩を読んだ。鉄棒の得意な子どもは技を見せてくれ，植物に詳しい子どもは築山の近くに咲いている草花について友だちや筆者に語ってくれた。この時間を子どもたちは「青空教室」と呼んで楽しみにしていた。こうした取り組みを通して学級の子どもたちが仲良くなり落ち着き出す頃には隆志さんも穏やか表情になり，友だちへの暴力も減り授業に集中することが増えた。筆者が作成した学習プリントをするようになり，休憩時間には家族の話や好きなアニメの話をしてくれた。絵作文に家族のことをかくようになり，家族への優しい気遣いがうかがえるようになった。しかし，担任教師一人には限界があり，十分な指導・支援と合理的配慮には至らなかった。特別支援教員などアシスト教員の通常学級への配置の必要性を痛感していた。

　誠さんや隆志さんのように発達がゆっくりな子どもや知的障害のある子どもには，既存のカリキュラムだけでは十分な学びにはならない。その子どもに合わせた学びの形態とカリキュラムが必要であり，これまで特別支援学級や特別支援学校で行われてきた子どもの発達保障の実践と研究を踏まえ，「『知的障害教育』の専門性を高めていくこと」(高橋，2023)が重要である。また，幼児教育との連続性や特別支援学校（知的障害）のカリキュラムとの連続性が必要であり，学びの場の連続性，通常学級や通級指導教室，特別支援学級，特別支援学校との連続性も重要だと考える。

4　学校の外での学びと発達支援

　特別なニーズのある子どもたちの教室内・教室外での学びについて考えてきたが，ここでは，学校の外における子どもの学びについて考えていく。
　放課後等デイサービス（以下，放デイ）に通う小学校高学年の晶さんは，通常学級の教室がしんどく感じられ不登校気味であった。しかし，放デイでは仲のいい高学年の友だちと「秋祭りごっこ」を計画し，職員に相談しながら積極的に準備を進め楽しく通っていた。晶さんは，魚釣りコーナーや紙粘土で作った品物を売るコーナーなどを計画した。友だちと一緒に作ったポスターを放デ

イの玄関に貼り雰囲気を作ると，低学年の子どもたちがどんどん寄ってきて準備に加わった。彼はリーダー的存在として「秋祭りごっこ」を取り仕切り成功させた。仲間と共に楽しめリーダーとして活躍できた晶さんは学校生活の悩みを職員に話すようになり，家族にも自分の悩みを話すようになった。そして，家族と共に学校に要望して彼のやりたい学習内容を教師と一緒に決め，彼のタイミングで登校できるようになった。こうして晶さんの希望を入れたカリキュラムが考えられたのである。

ごっこ遊びが好きな子どもは多いが，小学校高学年では幼く見られるごっこ遊びを同じクラスの友だちと学校で楽しむことは難しい。それが放デイでは遠慮なくできた。学校でもごっこ遊びを工夫して企画した催しをカリキュラムに位置づけることはできる。学年の枠を外して児童会行事で行い，子どもの出番や輝きを引き出すことはできるのである。

放課後等デイサービスを利用する特別支援学校小学部3年生の由香里さんの事例（井原，2013）では，彼女は他人のおやつでも取ってしまったり，公園でブランコに乗っていても時間になると「帰るよ」のひと声で，さっと切り上げるなど「食べ物に直進する」「スケジュール通りに行動する」子どもであった。そこに共通するのは行動に「間」がないことではないかと職員たちは考え，彼女の中に「心が揺れる"間"を保障しよう」と心掛けた。心が揺れる間をもつとは，提示された行動が本当に自分のやりたいことなのかどうかを自分の心に聞いて，提示された行動と自分のやりたいこととの間で揺れることである。

由香里さんは職員のお弁当の唐揚げを欲しがり分けてもらったことで，職員がねだると彼女のおかずを少し分けてくれた。ここで職員は「（自分の気持ちが受け止められた）という実感をもてたことで，由香里もまた，少しガマンして分けてくれたのだ」と分析している。その後，彼女は「公園」と「ホットケーキ」の間で揺れた。もっと公園で遊んでいたいが，おやつの時間になったので事業所に帰らなければならない。彼女は自分の気持ちを抑えてでもスケジュールに従って切り替えてしまいがちなので，職員は「もう帰る時間だって。もう少し遊ぶ？　それとも帰ってホットケーキ作る？」と尋ね，彼女が心の中で揺れることを確保した。彼女は「ホットケーキ」と答えて歩き出したが，し

ばらくすると座り込んで道の枯葉を集めてバスケットの中に詰め込み始めたので，職員はさっきのお弁当づくりの再現かと思い，「まだ公園で遊びたかったの？　公園に戻ってもいいよ」と聞いてみると，彼女は「公園」と言って公園に戻り出した。しかし，少し歩き出すと，また「ホットケーキ」と言って向きを変えて歩き出し，ホットケーキ作りを選んだ。彼女は「公園」と「ホットケーキ」との間で「揺れた」。それは，予定に縛られるのではなく，自分がどうしたいのか，自分なりに考えて悩んでいる姿であった。「表面的に切り替えられたかどうかではない。自分なりに考えて折り合いをつけていく過程こそが大切」（井原）なのである。その後，彼女は「公園」と「ホットケーキ」の短い振れ幅ではなく，もっと長い振れ幅である学校に「行く」か「行かない」かで揺れることになるが，大人に甘えることや迷い葛藤し考えるなかで心を立て直す力が育ち，自分から登校を再開した。この過程のなかで，彼女は思い通りにならないと泣けるようになり，感情を表に出せるようになった。「彼女はいっそう，"人間くさく"なった」（井原，2013）のである。

　この実践からカリキュラムについて考えてみる。子どもは自分の意図とは違う現実に直面しても，自分の気持ちを受けとめてもらえている実感が持てた時に考えたり揺れたりする「間」を確保されると，周りの人に助けられながら，時間をかけて自分で考えて自分で決める力を培うことができる。このような揺れる「間」を子どもに保障できる学び方をカリキュラムに反映する必要がある。

5　教科・教室の枠を越えた学びとカリキュラムづくり

　上述の内容をふまえて，教科や教室の枠を越えたインクルーシブ・カリキュラムについてまとめてみる。

（1）子どもの興味・関心を学習内容に取り入れ，教科や学年の枠を越える

　歩夢さんの場合，作成した料理のレシピを基に友だちと一緒に調理できれば，彼女が家で料理しているスキルを活かすことができ輝ける出番にもなる。調理の段取りを友だちと考えたり話しあいながら，作った料理をみんなで美味しく

食べることで達成感が得られる。材料の買い物で店の人と会話もできる。材料の分量を考える時にかけ算や割合の学習に，全体の経費から1人分の費用を出す時にわり算も必要になり数学の学習につながる。その料理が日本食か外国のものかで，世界の料理や文化，農作物など社会科の学習にも発展する[2]。こうした学びは，具体的で実際的な体験を通して，時間をかけて主体的に取り組める学習プロセスになる。子どもの興味・関心を学習内容に取り入れて，教科横断的な授業が行えるカリキュラムが必要である。ここで一つの案を考えてみる。

【秋祭りの催し】〔高学年対象〕
「秋祭りの催しを学校全体で取り組む ―児童会活動に位置付けて―」
〈社会〉・日本に伝わる秋祭りについて，その歴史や祭りに込められた願い，内容を調べて発表しあう
〈総合的な学習〉・自分たちの地域に伝わる祭りや伝統行事などについて，地域の人に聞いたり調べたりして発表する
〈特別活動〉・低学年や特別支援学級の友だちに希望を聞き，みんなで楽しめる「秋祭りの催し」を考え話しあう ・自分が知っているお祭りの様子や夜店などを思い出し，制作する物を低学年や特別支援学級の友だちと一緒に話しあう ・催しを低学年や特別支援学級の友だちと一緒に楽しむ
〈図工〉・催しで出すものを工夫して作る
〈道徳〉・低学年や特別支援学級の友だちと教えあい協力しあう

（2）教室の枠を越える

　子どもの学びの場はそれぞれである。子どもや学級全体が教室から外に出ていく柔軟性も必要である。そこでは，子どものアシストとして特別支援教員が付き添うことや，子どもを受けとめる教職員の臨機応変の対応と柔軟性，教職員同士の共通理解が必ず必要である。

（3）子どもの気持ちが揺れる「間」を確保し，自分で考えて決める

　子どもの心が揺れたり葛藤したりする場面を確保し，子どもが自分のやりたいことを選び取れるようなカリキュラムにする。子どもが体験を通して教師や

友だちと気持ちを共有できる関係性が育ち，関係が築けた人を心の支えにして新しいことや不安なことにも挑戦できるようになる。

(4) 学びの場所の連続性

　インクルーシブなカリキュラムには，学びの場所の連続性も必要である。子どもがどこで学んでいても，その子どもの学び・発達が保障されるためには，通常学級・通級指導教室・特別支援学級・特別支援学校の連続性を考えていく必要がある。そのための日常的な交流は大切なことである。

(5) 特別なニーズのある子どもや「ボーダーライン知的機能」児

　「ボーダーライン知的機能」児（窪島）や発達がゆっくりな子ども，発達障害やその傾向のある子どもなど，特別なニーズのある子どもについて，発達の状況や子どもの理解の仕方に応じた学習内容とカリキュラムの作成を行う。ゆっくりと時間をかけて，具体的な活動を多く取り入れて，子ども自身が納得できる学びになるようなカリキュラムにする。

(6) 幼児教育や特別支援学校（知的障害）との連続性

　知的障害のある子どもには，発達の土台となる力を育てる学習を行う必要があるため，幼児教育のカリキュラムや特別支援学校（知的障害）のカリキュラムとの連続性を視野に入れたカリキュラムづくりが必要である。

(7) 通常学校の改革と教育環境の整備・改善

　今すぐに公教育のシステムを変えることは難しいが，登校拒否やいじめ，自殺，生きづらさを感じる子どもの増加など，学びの場から排除されている多くの子どもたちがいる現実の中で，通常学校，通常学級のあり方が問い直されていることは事実であり，通常学校の改革が急がれる。一人ひとりの子どもに合った学びが保障され，子どもがもっている可能性を最大限に発達させるためのインクルーシブなカリキュラムづくりを進めていく必要がある。そのためには，教員の大幅増員や教員への支援体制や勤務体制の見直し，学級定数を20人程度

に減らすこと，特別支援教員などアシスト教員の通常学級への配置など，教育環境の整備・改善は重要な課題である。

注
(1) 事例は個人のプライバシー保護のため，数人の相談ケースを合わせて架空の事例として紹介している
(2) 中学校特別支援学級担任の加藤は，さまざまな国のカレーを作る調理学習から社会や数学等の授業に発展させる教科横断型の授業を行っている（加藤，2014）。

引用・参考文献
青木道忠（2022）「特別支援教育がめざすものそして特別支援教育に求められているもの」藤本文朗他編著『人権としての特別支援教育』文理閣.

井原あどか（2013）「自分の学校を"選び直した"由香里」村岡真『揺れる心が自分をつくる』全障研出版.

加藤由紀（2014）『思春期をともに生きる──中学校支援学級の仲間たち』クリエイツかもがわ.

窪島務（2023）「インクルージョン視点からの「ボーダーライン知的機能」児の教育指導──特殊学校および特殊学級システムの根本的なインクルーシブ的再構築に向けて」『滋賀大学教育実践研究論集第5巻』.

高橋浩平（2023）『私たちが求めるインクルーシブ教育への挑戦──小学校長の教育実践への試みを通して』ジアーズ教育新社.

宮本郷子（2003）「"育ちそびれている子どもたち"に発達の土台を豊かに──通常学級に在籍する障害児の教育実践」，清水貞夫他編著『通常学校の障害児教育』クリエイツかもがわ.

（宮本郷子）

第2部 広場における対話2
地域の中で「わたし」が立ち上がるカリキュラムをどのように構想するか

　福田は，兼田のここ（教室）にいない不登校の生徒たちから立ち上げた「ものづくり・生き方学習」に注目します。その学習の中で生徒たちは元気を取り戻し，やがて教室にも行くようになります。そして，その存在が教室の通常のカリキュラムに変化をもたらします。兼田の存在が不登校の子どもに合ったカリキュラムを創造し，学校の通常のカリキュラムに影響を与え，そのカリキュラムのもとで生活している生徒たちも生きやすくしています。

　宮本は，2003年の通常学級の誠さんのことを取り上げました。理科は参加したが算数になると図書館で本を読んでもらう。図工室では竹トンボをもらってうれしそうに過ごしました。休み時間は忍者ごっこなど遊びを友達と繰り返しイメージの世界を豊かにし，自分の思いを伝える言葉が豊かになったといいます。しかし，年齢の特性を無視して増えた学習内容を操作的学習で子どもの思考を無視したスピードで教え込む学習指導要領と教科書によって，誠さんが過ごした豊かな学習空間はなくなってきています。学校空間が生きづらさを増している中にあって，放課後等デイサービスには豊かな空間があります。由香里さんは「食べ物に直進する」「スケジュール通りに行動する」子どもで，そこに共通するのは行動に「間」がないことだと職員たちが考え，彼女の中に「心が揺れる"間"を保障しよう」という目標を立てます。やがて，大人に甘えることや迷い葛藤し考える中で「心を立て直す力」が育ったといいます。この放課後デイの取り組みは通常学級のどの子にも保障されるべき内容です。「この取り組みと硬直した学校はどのようにして出会い交流し相互批判できる空間を持ち，教育の質を上げることができるのか」との問いに宮本は次のように答えます。「放課後等デイサービスの取り組みとして，公園で地域の子どもたちと遊んだりチームを作って野球している所や地域の人たちの畑を借りて一緒に野

菜を育て収穫しています。子どもが地域（畑）に出かけて行くからこそ，子どもが野菜作りを教えてもらうだけではなく，子どもの働きかけに対する応答など相互作用的に影響し合う状況があります。放課後等デイサービスに通ってきている子どものことを地域の人が，自然に等身大の子どもとして理解しようとする姿があります」つまり，地域と放課後デイサービスを利用している子どもとの間にカリキュラムが生まれるヒントがあるのです。

　上森は，教師が「主体的」であることを子どもに求めることの問題点を3つ指摘しています。そもそも「主体」とは本質的に存在するものではなく権力によって形成されたものだという点。自身の選択で行動していると人に錯覚させることに特徴があるという点。学校はその成立過程から規律権力を中心として現存する社会に望ましいとされる主体を形成しようとするものである点などと述べています。また，インクルーシブなカリキュラムを考える際に現在とは違う関係性を追求することが求められるとして，2つの方向性を示しています。1つ目は子どもの興味関心から新たな関係性の糸口を見つけ出すこと。2つ目は子ども同士で悲しみや苦しみを相互受容する経験を持つことです。そして，子どもが地域社会を成長させるカリキュラムをと続く，前節とのようにつながっているのだろう。確かに，学校などで出てくる要求を地域にすることは地域に一定の影響を与えます。しかし，上森が取り上げている実践の多くが学校の都合で地域と出会っているのです。上森に「地域をどう捉えているか」と問うと「地域とは子どもが直接対峙して応答を求め，関係性をつくることのできる世界」だといいます。現実の子どもたちの目の前にある地域と随分距離があると思います。今子どもたちは置かれている時間や空間，遊び仲間の状況の中で上森のいう地域への橋渡しを求めています。上森は金森俊朗の目指した教育実践は「地域の中にある教室・学校で子どもが自身の可能性を自覚するだけにとどまらず，その実践の中で広がり深まった関係性を基盤として既存の社会を更新する活動へつながっていくもの」[1]と言います。子どもたちによる既存の社会の更新の可能性を追求すべきではないのでしょうか。

　福田は，人は「環境に働きかけ，それを変革する実践に参加することを通して」人格を形成する存在という。そのことに着目すると次のことがいえるので

はないでしょうか。1つ目は丸山啓史らの「気候変動問題と障害のある若者の教育と学習の接点を探る試み」についてです。A「土は無機物か？」，B「豪雨災害の仕組み」，C「子どもたちの命」とつながる学習が提起されています。Cの学習の中での「私はどうなるのか」という問いの存在が，「豪雨」「土砂崩れ」「どこで起こる」「自分はどうしたらいい」ここから一気に自分の命を守ることは地域全体の安全につながります。水害が起こると「障害者施設」や「福祉施設」の被害が報じられるが，なぜそうなるのかを含めて学習することは「共生の教養」として地域と対話しながらのカリキュラムになりうる可能性をもっています。2つ目はドイツ，ブレーメンの「家庭環境の差を教育制度によって均等にしようとする「調整的正義」の実現をあくまでも公教育の文脈で達成しようとする試み」です。「会社」が学校内に8つ設立されているというが，どんな会社か，教育課程内ということは時間割の中で勤務し，報酬を得ることになります。その取り組みの結果が「地域での生活と学校での生活をコンフリクト（葛藤や矛盾）の観点で串刺しにする構想」が浮かび上がっているとすると，このことは2部のテーマに直接応えるものになるのではないでしょうか。3つ目は福田がこの論考の構想の段階で「環境を変革する」兆しとしてのcommonの再発見と教育学・生活指導論として，「社会構築の論理としてのケア（cf. ミュニシパリズム etc.）」を挙げている点です。杉並区では「今の児童館がなくなるなら，代わりに新設される子育て施設の使い方について，住民と子どもたちを交えた協議会をつくろうというアイディアが生まれて」きたと言います。ここにも公共の担い手・子どもを生み出すカリキュラムのヒントがあります。最後の2つについては今後の研究に期待したいと思います。

　対話のメンバー：福田敦志，上森さくら，宮本郷子，植田一夫，松本圭朗

執筆者：植田一夫

注
(1) 上森さくら（2021）「子どもたちが可能性を奮って発揮する契機としての教室・学校」『生活教育』生活ジャーナル，20-25頁参照。
(2) 岸本聡子（2023）「〈コモン〉と〈ケア〉のミュニシパリズムへ」『コモンの自治論』集英社，109頁参照。

コラム2　ヤングケアラー

　近年，ヤングケアラーに注目が集まっている。一般社団法人日本ケアラー連盟は，ヤングケアラーを「家族にケアを要する人がいる場合に，大人が担うようなケア責任を引き受け，家事や家族の世話，介護，感情面のサポートなどを行っている，18歳未満の子どものこと」として定義し，以下の具体例を挙げている。(1)

① 障がいや病気のある家族に代わり，買い物・料理・掃除・洗濯などの家事をしている
② 家族に代わり，幼いきょうだいの世話をしている
③ 障がいや病気のあるきょうだいの世話や見守りをしている
④ 目を離せない家族の見守りや声かけなどの気づかいをしている
⑤ 日本語が第一言語でない家族や障がいのある家族のために通訳をしている
⑥ 家計を支えるために労働をして，障がいや病気のある家族を助けている
⑦ アルコール・薬物・ギャンブル問題を抱える家族に対応している
⑧ がん・難病・精神疾患など慢性的な病気の家族の看病をしている
⑨ 障がいや病気のある家族の身の回りの世話をしている
⑩ 障がいや病気のある家族の入浴やトイレの介助をしている

　また，『生徒指導提要（改訂版）』はヤングケアラーを「本来大人が担うと想定されている家事や家族の世話などを，日常的に行っているような子供」と定義し，早期発見・対応を求めている。(2)
　こうしたヤングケアラーは，他人とは異なる特別な感情を抱く家族に対する批判や偏見に連なるまなざし――「かわいそう」「親は何をしているのか」――に晒される場合がある。また，自身がケアを行わなければならないというケア責任は，ヤングケアラーを追い込む一方で，自身の役割への肯定的な意味づけとして作用する場合がある。こうした事由はケアへの想いを複雑にすると同時に，アイデンティティ形成にも与する。そのため，ケアからの解放だけにとどまる支援は，アイデンティティの否定となる場合がある。家族に係る規範意識，家族主義の問いなおしを見据えつつも，一人ひとりの想いを踏まえた支援が求められる。

学校におけるヤングケアラーは授業参加がままならない状況に置かれやすい。代表的なものはケアの影響による遅刻や居眠りだが，介護施設からの電話対応，スクールカウンセリングを理由とした途中離席／退席もある。この場合，いつ連絡が来るのかという不安が続き，教室に戻っても会話の内容を反芻し思考を巡らせてしまうだろう。また，その理由が公になれば，今までとは異なる扱いを受けるかもしれないという不安が付きまとうだろう。つまり，一時的な途中離席／退席の背後には継続的な困難がある。

　このように，途中離席／退席には，①継続的な「気がかり」状態，②自身の立場が公になることへの危惧，というヤングケアラーが抱える困難が表出している。ここから見えるのは，カリキュラムへの参加保障と同時に，カリキュラムからの離脱／への再参加の保障の必要性である。ヤングケアラーを含めた子どもたちが安心して離れ，再び戻ることができるカリキュラム／場の在り方が問われている。

注

(1) 一般社団法人日本ケアラー連盟「ヤングケアラープロジェクト」
https://youngcarerpj.jimdofree.com/（2024年2月23日閲覧）．

(2) 文部科学省（2023）『生徒指導提要（改訂版）』東洋館出版社，286頁．

（松本圭朗）

第3部

広場3　多様な当事者に応答するカリキュラム

第7章

子どもの権利に応答する
インクルーシブなカリキュラム

1　子どもの権利をめぐる様相

　1989年，国連総会において子どもの権利条約が採択された。1994年に日本が批准してから30年が経とうとしているが，近年の児童相談所における虐待相談対応件数の急増や，全国の小中高の不登校，いじめ，自殺，暴力行為の深刻化は子どもたちの生きづらさを象徴的に表している。

　こうした社会背景を受けて2023年４月には，「こども家庭庁」の設置と「こども基本法」が施行された。「こども基本法」には，子どもの権利条約の４つの原則，「第２条　差別の禁止」「第３条　子どもの最善の利益」「第６条　生命，生存及び発達に対する権利」「第12条　意見を表明する権利」が取り入れられた。この４つの原則は12年ぶりに改訂された『生徒指導提要』（2022年12月）にも明記された。すなわち，子どもの権利をめぐる動向は，学校や社会において子どもを「権利の主体」として位置づけ，尊重することが今後ますます重要になることを意味している。

　しかしながら，こども家庭庁が行った子どもの権利条約の認知度等調査（2024）によると，「どんな内容かよく知っている」はどの年代でも５％未満であり，「どんな内容かすこし知っている」「名前だけ聞いたことがある」まで含めると小学１〜３年生は16.8％，小学４〜６年生は32.0％，中学生は43.2％，高校生は67.1％，大人は53.2％であった。

　さらに，セーブザチルドレン（2019）の「子どもの権利に関する意識調査」（以下，「意識調査」）によると，「『こんな条約がある』という情報しか習わず，

細かい内容などが教えられていないどころか，示されていない」「全く教育などがなされてなく，今まで内容を全然知らなかった。もし『権利』を知っていれば子どもも意見を主張して話し合いをしたりできる」という子どもの声が挙げられた。

他にも，「子どもの権利が守られていないと思うとき」では「子どもというだけで無条件に発言権がない時」「催し物や決まり事は，全て大人が設定し，それに子どもが従わなければならない立場にある」「『子どもだから』とか『子どもの考えなんて』とか言う理由で子どもが頑張って意見を述べても相手にしてくれない大人が多い」等の子どもの声が挙げられた。

これらの調査結果は，学校や社会において子どもの権利についての周知と理解が不十分であり，意見表明権等の権利行使が十分に保障されているとは言い難い状況であることを示している。間宮静香は，学校教育において十分な権利教育が実施されていない理由の一つとして，「子どもに権利を教えるなら義務を教えないと」「子どもに権利を教えるとわがままになる」「人権＝思いやり」等の誤解があると指摘した（間宮，2020）。

このような状況のなかユニセフは，「Child Rights Education（以下，CRE）：子どもの権利を大切にする教育」を提案し，学校での取り組みは① すべての子どもの「学ぶ権利」を保障すること（権利としての学び），② 教科等の授業や特別活動，教員研修を通して子どもと教師がともに人権と子どもの権利について学び，理解を深めること（権利についての学び），③ 学校のあらゆる面で子どもの権利に照らした環境整備や子どもの権利尊重を推進する教育環境を整えること（権利を通しての学び），④ 他者の権利にも目を向け，行動する学びへとつなげることで，地域社会での活動や国際社会への貢献等の社会に貢献する力を養うこと（権利のための学び）の4つの側面から構成されることが必要だとした（ユニセフ，2021）。

日本でのCREの普及は始まったばかりである。CREで示された4つの側面を手掛かりとしながら，学校教育において子どもの権利に応答していくために，すべての子どもの権利を保障し，教科や教科外活動を通して子どもの権利について子どもと教師がともに正しく学習すること，教育活動全体に子どもの権利

を明確に位置づけ，尊重し，権利行使主体としての子どもを育てる学びを構想し，実現していくことが喫緊の課題である。

2　子どもの権利を侵害するカリキュラム

　今日の学校現場において子どもの意見や権利が尊重されない象徴的なカリキュラムの一つとして学校や授業の「スタンダード化」を指摘したい。「スタンダード化」とは，①ノートの取り方，授業の受け方，板書の仕方，指導方法といった授業に関するものから，給食の食べ方，掃除の仕方といった学校での生活場面に関するものまで幅広く規定化している，②細部にわたって規定化することで学校としての指導の統一性を図ろうとし，スタンダードそれ自体が達成すべき目標として一方的に提示される，③個々の教師によるスタンダードの修正や中止は認められておらず，子どもだけでなく，教師もスタンダードから外れることは許されない等が特徴である。

　全国的な広がりをみせる「スタンダード化」の動向に対して，「日常の『指導』が『スタンダード』の名のもとにマニュアル化され，そこから逸脱する子どもや，その一律のスタイルとは違う指導を試みる教師は，『例外扱い』」され，さらに「一番問題なのは，マニュアルには子ども分析がまったくないことである。なぜ子どもはそうするのか，何が子どもたちの要求なのか。その分析もなければ子どもと教師の相互応答関係への視点もない。また，マニュアルはそれを脱する・超える・不要とするためにある，という原点を見失ってはいないか」とする指摘もある（全国生活指導研究協議会，2018：44）。

　このような「スタンダード化」に代表される強制と管理のカリキュラム下では，①子どもの声が聴きとられる場と関係性が剥奪される，②共感的，応答的に関わる他者の存在が剥奪される，③子どもも教師も規定化された「スタンダード」から外れることやまちがうことが許されない，④子どもの意見表明権と自己決定する力が剥奪されることで，子どもが権利主体として発達することが阻害されるという特徴がある。これらの特徴は「隠れたカリキュラム」として機能し，それによって子どもたちは縛られ，権利を奪われているといえ

るだろう。

　今一度「子どもの権利」の視点から，日常の学習と生活のなかで暗黙のうちに子どもを縛り，子どもの権利を奪っている「隠れたカリキュラム」は何かを子どもとともに意識化することが求められる。そのうえで，子どもの権利を阻害する価値世界を子どもとともに問い直していくことが，子どもの権利を尊重するカリキュラムへと転換するうえでの重要な契機となるだろう。

3　子どもの権利に応答するカリキュラムづくりの枠組み

　子どもの権利に応答するインクルーシブなカリキュラムを構想しようとする視点として，一つに子どもの権利条約の「第12条　意見を表明する権利」を尊重すること，二つに他者の権利の問題に対して当事者性を立ちあげること，三つに権利行使主体としての子どもを育てること，これらの視点を教育活動全体に位置づけることが力点となることを示したい。

（1）教育活動全体に子どもの意見表明権を位置づける

　「子どもの意見の尊重」に関して「自己に関わるあらゆる事柄について自由に意見を表明する子どもの権利が尊重されていないことを依然として深刻に懸念する」（子どもの権利委員会，2019：5）として久しく問題視されてきたことは，看過できない課題である。

　子どもの権利条約「第12条　意見を表明する権利」（以下，「意見表明権」）の内容は以下である。

1．締約国は，自己の見解をまとめる力のある子どもに対して，その子どもに影響を与えるすべての事柄について自由に自己の見解を表明する権利を保障する。その際，子どもの見解が，その年齢および成熟に従い，正当に重視される。
2．この目的のため，子どもは，とくに，国内法の手続規則と一致する方法で，自己に影響を与えるいかなる司法的および行政的手続においても，直接にまたは代理人もしくは適当な団体を通じて聴聞される機会

第3部　広場3　多様な当事者に応答するカリキュラム

を与えられる。

　第1項はもちろんのこと，第2項の意見を聴かれる権利も合わせて重要である。子どもの権利委員会は「意見を聴かれ，かつ真剣に受け止められるすべての子どもの権利は，条約の基本的価値観のひとつを構成するもの」であり，「同条はそれ自体でひとつの権利を定めているというのみならず，他のあらゆる権利の解釈および実施においても考慮されるべきであることを強調するもの」（子どもの権利委員会, 2009：1-2）であるとした。

　さらに，子どもに関わるあらゆる事項の意思決定，政策立案および法律等の設置の準備，評価のプロセスにおいて意見を聴かれる子どもまたは子どもたちの権利行使は，不可欠な要素の一つとして，「すべての子どもが意味のある形でかつエンパワーされながら参加することを積極的に促進するよう，勧告する」（子どもの権利委員会, 2019：4-5）とした。

　「参加」とは，第12条の「意見表明権」において用語としては用いられていないものの，広く「参加」として概念化されてきており，「子どもとおとなの間の，相互の尊重にもとづいた情報共有および対話を含み，かつ，自分の意見とおとなの意見がどのように考慮されてプロセスの結果を左右するのかを子どもたちが学びうる，継続的プロセスをさすもの」（子どもの権利委員会, 2009：2）として捉えられている。

　さらに「意味ある形」での参加とは，子どもたちの意見表明を制約しないこと，または子どもたちが意見を聴いてもらえるようにはするものの表明された意見を正当に重視しない形式主義的アプローチを避けること，一度きりの個別的イベントではなくプロセスとして理解される必要がある（子どもの権利委員会, 2009：26)，とした点に留意したい。

　つまり，子どもの意見表明権とは，意見を表明することはもちろんのこと，表明した意見が聴きとられ，正当に重視されることで計画・立案や意思決定等のプロセスへの継続的な参加を保障していくことが力点となる。

　意見表明権に関して間宮は，教師が「『子どもの意見表明権＝意見をすべて認める権利』と誤解している場合がある」と指摘する。「授業中にゲームをし

てもいい」という意見を例に挙げ，「ゲームをすることは，遊ぶ権利である。大人は，ゲームがしたいという子どもの意見を聞き，その理由や思いを大切にしたうえで，学校という場での学ぶ権利の保障という対立利益を保証する必要性を子どもとともに考えつつ，子どもの最善の利益を確保しなくてはならないのであって，子どもの意見どおりにすることが子どもの権利の保障ではない」と指摘した（間宮，2020：44）。

つまり，子どもから出された意見を無条件にすべて認めていくことが子どもの意見表明権を保障することではない。たとえ教師たちにとって直ちには受け入れられないような内容だったとしても，いわゆる「学校的価値」で一方的に拒否したり否定したりするのではなく，子どもの意見の裏側にある思いや願い，理由を丁寧に聴き取り，子どもとともに吟味し，納得と合意ができる結論を導き出し，決定していくプロセスが大切である。

以上のように，子どもの権利に応答しようとするカリキュラムに意見表明権を位置づけることが求められるのは，意見を表明する権利という一つの権利であると同時に他のあらゆる権利とつながり，子どもが権利行使するうえでの要となる権利だからである。それゆえに，意見表明権に対する形式主義的アプローチや一度きりの個別的イベントとして子どもに意見表明させるのでは意味がない。

学校での授業や生活，行事等の教育活動全体としてのカリキュラムの計画，実施，評価のプロセスに継続的に子どもが参加できる仕組みをつくり，子どもの意見表明を正当に重視し，保障していくのである。そうすることが，子どもの権利の視点から学校や授業のあり方を問い直し，変革していく契機となる。さらにいえば，学校における学びと生活を創造するカリキュラムづくりに参加することそのものが子どもの権利であるといえる。

（2）自己や他者の権利の問題に対して当事者性を立ちあげる

人権とは自分がもつ人としての尊厳と価値が尊重されることであり，それは同時に他者のもつ人としての尊厳と価値も尊重し侵害してはならない義務と責任を負うことを意味する。

第3部　広場3　多様な当事者に応答するカリキュラム

　他方で，他者の人権に対して「侵害」はしないが，他者の抱える人権問題に対して自分とは無関係・無関心な問題として捉えている子どもや一定程度理解を示しつつ否定はしないけれど関わりたくない問題として他者の権利の問題を「他人事」と捉える子どもは少なくない。「他人事」の問題を「自分事」として捉え直していく契機はどこにあるのだろうか。

　さまざまな当事者たちが抱える問題に対して，当事者ではない第三者としての子どもがどのようにしたら当事者の権利の問題に応答する権利主体となるのかについて「当事者」「当事者性」をキーワードに整理を試みたい。

　まず，「当事者」といってもさまざまに存在するため，国内の個別的な人権課題の動向を概観すると，①子供の人権（ⅰいじめ　ⅱ不登校　ⅲ児童虐待等），②北朝鮮当局による拉致問題，③障害者，④外国人，⑤非行，⑥部落差別，⑦インターネットによる人権侵害，⑧アイヌ，⑨ハンセン病，⑩新型コロナウイルス感染症，⑪ビジネスと人権，⑫女性支援，⑬性の多様性が挙げられている（学校教育における人権教育調査研究協力者会議，2024）。これら以外にも近年では，貧困，ヤングケアラー等も人権課題となることが多く看過できない課題である。なお，「当事者」のなかでも近年とりわけ社会的関心が高まりつつある「性の多様性」については第8章で，ヤングケアラーのなかでも「きょうだい」児については第9章でそれぞれ「当事者の多様なニーズに応答するカリキュラム」に関して論考している。

　まず，「当事者」をどのように捉えるのかに関して中西正司と上野千鶴子によると「ニーズを持ったとき，人はだれでも当事者になる」として当事者とは問題を抱えた人々と同義ではなく，「現在の状態を，こうあってほしい状態に対する不足ととらえて，そうではない新しい現実をつくり出そうとする構想力をもったときに，初めて自分のニーズとは何かがわかり，人は当事者になる」とした（中西・上野，2003：2-3）。

　一方で山本敏郎は，中西・上野が「ニーズの主体」であることをもって「当事者である」としたのは「ハードルが高い」と指摘する。それゆえ「問題を抱えている人，トラブルに遭遇している人を当事者と捉え，彼ら／彼女らが，しだいに，自分たちがどういう状況のなかにいて，その状況を変えたいという

ニーズを自覚し，アクションを起こしていくすじみちを，彼／彼女らが自分のなかに『当事者性をたちあげる』」とした。そう捉えると，「自分の問題であるにもかかわらず，それを自覚できないでいる人が，しだいに問題状況を認識し，ニーズを自覚し，アクションを起こすことも，他者の問題だけれども，あたかも自分の問題であるかのように問題状況を認識し，ニーズを自覚し，アクションを起こすことも，いずれも『当事者性をたちあげる』ことだ」とした（山本，2015：73-74）。

では，どのようにしたら当事者性が立ちあがるのだろうか。山本は，「当事者性は，他者の呼びかけ（calling）に応答（response）しようとするときにたちあがってくる」とする。その際，他者が直面している現実と他者からの呼びかけが，これまで自分がもっていた「世界理解」の枠組みを一旦こわし，他者がもっている「世界理解」の枠組みで現実を捉えることが必要だとした。ただし，呼びかけられても自分のこととして当事者性を立ちあげるのは実際には難しいとしたうえで，他者の呼びかけに自分の問題として捉えて応答できるのは，他者と自己との間に何らかの共通性，すなわち，呼びかけられた問題が，たしかに自分の問題でもあることが確信できるからだとした（山本，2015，：74-78）。

上記の議論を踏まえると，学級でのさまざまなトラブル，日常の生活から世界における現代的課題に至るまで，自分（自分たち）の権利の問題であるにもかかわらず「自分事」として捉えられていなかったことが「自分事」になる，あるいは，他者の権利の問題であったとしても「自分事」として捉えられるようになるには，他者が直面している現実から自己の現実を捉え直し，他者からの呼びかけに応答することが求められる。

すなわち，子どもの権利の視点から現在の問題状況を認識し，ニーズを自覚し，他者とともに新しい現実をつくり出そうと行動する＝「当事者性を立ちあげる」学びや生活体験を丁寧に積み重ねていくことが必要である。そのためは，具体的な他者との出会いと対話を含めて，教材研究や学習内容の構想が欠かせない。

ただし，他者の抱える現実と権利の問題が自己の生き方や生活と比較して異質であると認識すればするほど自己と他者の間に物理的・心理的な距離が生じ，

自分の問題でもあると捉えることが難しくなる。それゆえ第一に、権利の問題を抱える当事者である他者からの呼びかけに対して「人々が生存と自由を確保し、それぞれの幸福を追求する権利」（人権擁護推進審議会答申，1999）を自己と他者にある第一義的な共通性として正しく認識すること、第二に、他者と自分の間に共通すると認識できる問題を見いだし応答していくこと、第三に、現在の問題状況を認識し、ニーズを自覚して他者とともに新しい現実をつくり出そうとすることが求められる。

（3）権利行使主体としての子どもを育てる

今日、子どもの権利についての理解が十分に進んでいないという背景を考えると、子どもと教師がともに子どもの権利について学ぶことが大切である。なぜなら、教師が子どもの権利の問題に鈍感であることや、自らの権威性に無自覚であることは、権利学習が形式主義的になるばかりか、日常的な教育活動全体において子どもの権利が尊重されなくなってしまうからである。教師が子どもの権利に対して理解を深めていくことは、子どもの声に敏感になり、子どもを一人の尊厳ある人として尊重し、応答しようとする契機となる。教師自身が子どもの権利への当事者性を立ちあげようとするとき、権利教育が子どもにとって意味ある学びとなるのである。

学校では、子どもの権利に関連してさまざまな工夫と実践が行われており、「○○学校宣言」や「○年○組憲章」づくり等は典型的な実践といえる。

ユニセフは、どんな学級で過ごしたいかという子どものイメージや願いをもとに学級内の話し合いでつくられる「学級目標」と CRE で提起する「学級憲章」は異なるとする。CRE における「学級憲章」づくりの実践は、前提として子ども一人ひとりが「子どもの権利」をもつ存在であるという認識から出発するとして、1）「子どもの権利条約」について学習し、自分と同級生のもっている権利を知る、2）自分たちの学級をよくしていくためにどの権利が特に大切か選び、選んだ権利をどのように守るのか考える、3）選んだ条文をもとに権利が実現される学級像としての「学級憲章」を自分たちの言葉でつくる、4）「学級憲章」を掲示する。定期的に「学級憲章」をふりかえり、よりよい

第7章　子どもの権利に応答するインクルーシブなカリキュラム

学級をつくるために話し合いを続ける，これら4つの学習のプロセスを経ることが必要とした。なお，「子どもの権利」をベースにしたプロセスを経て「学級目標」をつくるならば，「学級憲章」という言葉でなくてもよいとした（ユニセフ，2022）。

さらにユニセフは，上記4つの学習プロセスを経た「学級憲章」や「学級目標」は1年間を通じて実践することで大きな意味が生まれるとした。その意味とは，「時には，互いの権利がぶつかり合うこともあるでしょう。そのときに，私たちの学級は何を大切にしようとしてきたのか，どうしたら互いの権利を尊重しながら，折り合いを見つけることができるのか，対話を繰り返してその局面を乗り越えていく。そんな経験が人権を尊重できる人としての成長につながる」（ユニセフ，2022）とした点である。

また，生活指導教師であった鈴木和夫は，「ナイフのような子どもたち」が頻繁にトラブルを起こす学級に対して，五つの権利からなる「市民としての権利」を柱にして子どもたちの関係性を変えることを学級づくりの方針の一つとした。鈴木が，「五つの権利とその意味することを子どもたちの対応する行動と行為に即して指導することにしたのは，子ども一人ひとりが権利をもっていることとあわせて，その権利が周りにいる人との関わりで行使される以上，自分も相手のもつ権利を尊重し，かかわっていくことを子どもたちに求めたいと思った」（鈴木，2005：67-104）とした指導は，権利行使主体としての子どもを育てるうえで重要な視点である。

なぜなら，権利教育に関して「誤解」が少なくない学校教育現場において，それなりに子どもの権利を意識した「学級憲章」や「学級目標」づくりが行われたとしても，憲章や目標をつくること自体が目的化してしまうと教育活動全体に子どもの権利が位置づかず，尊重されないからである。そうすると，「学級憲章」や「学級目標」を自分たちの権利にとって意味あるものとして子どもが受け止められず，権利教育が形骸化してしまうだろう。

それゆえ，子どもの権利に応答しようとするとき，子どもが学級の他の子どもたちとともに子どもの権利について学び，自己や他者の具体的な学習と生活の中に権利を位置づけ，実践することで自分自身の行動に結びつけられる＝権

109

利が尊重され，行使することができることが不可欠である。

　他方で，生活指導教師であった植田一夫も「島小子どもの権利憲章」の実践を展開している（植田，2021）。CRE の「学級憲章」は学級びらきにおいて教師から「学級憲章」づくりが提案されるのに対し，植田実践では低学年から6年生に寄せられた多数の「苦情」に対して，6年生の子どもが，このままでよいのだろうかと問い，「あの人たち（6年生—引用者）がいてよかった」と思われるようになりたいとして「島小子どもの権利憲章」（以下，「権利憲章」）をつくることが発議された。つまり，子どもからの必要と要求にもとづいて「権利憲章」が発議され，つくられている点に意義がある。

　さらに，「権利憲章」を単年度のみの取り組みとするのではなく，次年度以降も継続的に6年生になった子どもたちが「子どもの権利条約」の学習からはじめ，先輩が作った「権利憲章」が自分たちの生活に合っているかどうか検討し，改変が行われいている。また，6年生が改変を行って終わりではなく，児童総会で下級生も含めて学校の中にある問題と「権利憲章」の内容を照らし合わせながら話し合いが行われ，学習と生活をよくするための具体的な活動の計画→実施→再検討→再提案が丁寧になされている。

　それでも，不平等や権力性を目の前にしたときに「権利憲章はただの紙切れだ」とする子どもの考えはなくならない。だからこそ，植田は児童総会での提案，討議による意見表明権を保障し，子どもの声を聴きながら，現状を変えるための新しい行事や活動を子どもたちの力でつくり上げることを重視する。そこには，「『意見表明すれば』『努力すれば』そして，『みんなの合意が得られれば』『島小学校は変えていける』という展望を与え」，「子どもたちが権利憲章を自分たちにとって意味あるものとして捉えられるようにしたい」（植田，2021：156）という確かな指導観がある。

　子どもが自分たちの権利の視点から現状を問い，「こうしたい」「〜が必要だ」と感じたときにその声が聴きとられ，今をよりよくするための要求が意味ある活動として実現し，現状を変えることができたと実感できる体験を積み重ねていくことが，権利行使主体として育つ第一歩になるだろう。

引用・参考文献

植田一夫著，福田敦志解説（2021）『学校ってボクらの力で変わるね——子どもの権利が生きる学校づくり』高文研.

学校教育における人権教育調査研究協力者会議（2024）「人権教育を取り巻く諸情勢について 〜人権教育の指導方法等の在り方について［第三次とりまとめ］策定以降の補足資料〜」.

こども家庭庁（2024）『児童の権利に関する条約の認知度等調査及び同条約の普及啓発方法の検討のための調査研究報告書』.

子どもの権利委員会（2009）「子どもの権利委員会 一般的意見12号」.

子どもの権利委員会（2019）「日本の第4回・5回統合定期報告書に関する総括所見」.

人権擁護推進審議会（1999）「人権尊重の理念に関する国民相互の理解を深めるための教育及び啓発に関する施策の総合的な推進に関する基本的事項について（答申）」.

鈴木和夫（2005）『子どもとつくる対話の教育——生活指導と授業』山吹書店.

セーブザチルドレン（2019）「3万人アンケートから見る子どもの権利に関する意識」.

全国生活指導研究協議会 基調提案委員会（2018）「子どもが権利主体となる自治の世界をつくりだそう——『スタンダード』を超える学級・学校づくり」全国生活指導研究協議会『生活指導』(739)，高文研.

中西正司・上野千鶴子（2003）『当事者主権』岩波新書.

間宮静香（2020）「学校における子どもの権利学習と権利保障」全国生活指導研究協議会『生活指導』(752)，高文研.

山本敏郎（2015）「当事者性のある生活と学びの創造」山本敏郎・鈴木庸裕・石井久雄『学校教育と生活指導の創造——福祉社会・情報社会における学校と地域』学文社.

ユニセフ（2021）『ユニセフ CRE ハンドブック』.

ユニセフ（2022）『子どもの権利が守られた学級づくり『私たちの学級憲章』をつくってみよう！』.

（今井理恵）

第 8 章

性の多様性への「当事者性」を育てる
カリキュラムづくり

1 性の多様性と「いない」ことにされている子ども

「インクルーシブ教育は障害児に限定するものではなく，人種，民族，性，被虐待児，不登校，貧困の子ども等を含めて，学校における学習と生活に困難のある「すべての子ども」が対象児となります」(今井，2019：138-139) と言われるように，インクルージョンを展望するカリキュラムを検討するうえで，性の多様性，あるいは「性的マイノリティ」とされる子どもについて考えることは重要である。では，「性的マイノリティ」とされる子どもは，学校における学習と生活にどのような困難があるのだろうか。また，「性的マイノリティ」とされる子どもを含む，すべての子どもに向けて，性の多様性をめぐってどのようなカリキュラムを志向すれば，学校における学習と生活で，子どもたちが包摂されたことになるのだろうか。

現在20代であるさつきさん(1)は保育園の制服に違和感があり，「なぜ俺はスカートを履かなければならないのだろう」「スカートは嫌だ，気持ち悪い」と思いながら登園したことを記憶している。また，「オオカミと７匹の子ヤギ」の４番目の子ヤギを演じた，保育園の劇発表会で「俺，よっちゃん！」という台詞を言うさつきさんに対して，「さつきちゃんは女の子でヤギも女の子やで。だから俺はやめて，「私」にして」という保育士のことばから，「自分は間違っている」という考えが芽生えたという。服装や一人称に加えて，トイレの違い，行事での性差など，自らに割り当てられた性別への違和感を抱えながら，さつきさんは学童期や思春期を過ごしてきた。

いっぽう，現在大学生のちひろさんは，自らの性的指向が男性と女性のいずれにも向かうことについて，学童期には明確に意識している。小学校低学年では，同性である男子児童にも異性である女子児童にもスキンシップが多かったちひろさんは，「相手の性別によって関わり方が異なることがある」ということがわからず，また，「誰かのことを好きになる」うえで，性別が条件として意識できなかったという。そんなちひろさんは，中学年以降，「女子に好かれたいだけだろう」というように，異性の友人へのふるまいを同性の級友などから揶揄されるようになった。そこでちひろさんは「どうやら自分は間違っているようだ」と，ジェンダーに合う価値観や態度をあえて習得していったという。

このように，さつきさんやちひろさんは周囲との関わりから，「自分は間違っている」と思わされてきた。このことは，「国語，数学，英語などの公式の「カリキュラム」の他に，(中略—引用者) 児童たちが人間関係などを通じて自ずから学んでいく」(恒吉，1992：66) とされる「隠れたカリキュラム」が大きく影響する。「出生時に二元的に割り当てられた性別に則って，その性別らしいふるまいをするべきである」という隠れたカリキュラムからはみ出していること，「相手の性別によって関わり方は異なり，恋愛感情等はいわゆる「異性」に向けるものである」という隠れたカリキュラムからはみ出していること。さつきさんとちひろさんは，学校園で経験する隠れたカリキュラムへの適応を示さないことで，困難が生じている。

現在，「性的マイノリティ」とされる人々の割合は3〜10％程度であると言われているが，「性的マイノリティの子どもに会ったことがない」と発言する教員も未だ少なくない。性別二元主義や異性愛主義という隠れたカリキュラムが作用するなかで「性的マイノリティ」とされる子どもは，学校においてそもそも「いない」ことにされている。その結果，性の多様性について学ぶ機会が設けられず，「性的マイノリティ」とされる子どもを含むすべての子どもは，性の多様性について正確な知識を得られないまま，学童期や思春期を過ごすこととなる。それはとりもなおさず，「性的マイノリティ」とされる子どもにとって，自分自身について正しく理解するための知識や技能が不足したままという点で，学校における生活だけでなく，学習にも困難があるといえる。また，

「性的マジョリティ」とされる子どもにとっても，性の多様性に関する知識や技能等を習得する機会が与えられないという点で，多様な他者と関わるための資質・能力を十分に向上させることができないと考えられる。

2　学校教育における性の多様性への取り組みと課題

　学校教育ではこれまで，性の多様性への取り組みが少しずつ重ねられてきたものの，性別二元主義や異性愛主義という隠れたカリキュラムに適応を示さない「性的マイノリティ」とされる子どもは，学校における生活と学習が困難な状況にある。こうしたなか，2015年には「性同一性障害に係る児童生徒に対するきめ細やかな対応の実施等について」という通知が発表され，2016年には，「性同一性障害や性的指向・性自認に係る，児童生徒に対するきめ細やかな対応の実施等について（教職員向け）」という対応の手引きも告示された。この手引きでは，性別違和のある児童生徒への具体的な対応例とともに，「いじめや差別を許さない適切な生徒指導・人権教育等を推進すること」の重要性が指摘されている。また，2021年に示された中央教育審議会答申「「令和の日本型学校教育」の構築を目指して〜全ての子供たちの可能性を引き出す，個別最適な学びと，協働的な学びの実現〜」においても，「性同一性障害や性的指向・性自認（性同一性）に悩みを抱える子供がいる」という指摘から，性の多様性に関する教職員の正しい理解や，学校における適切な教育相談の実施等が重要だとしている。

　このように，文部科学省による性の多様性への取り組みは，性別違和のある児童生徒への個別対応や，自殺予防やいじめの未然防止として行われてきた。すなわち，「障害者支援」や「合理的配慮」としての個別対応から，自殺予防といじめや差別への対応など，主に人権教育や教育相談，生徒指導として取り組まれてきたのである。性の多様性への文部科学省の姿勢には，（1）「障害者」支援や「合理的配慮」として，性別違和のある児童生徒への個別対応に偏っているという課題や，（2）いじめ・自殺予防的側面から，教育相談や生徒指導，人権教育等といった対応が中心であることが確認できる。さつきさんの

ように，性別違和のある児童生徒への具体的対応や，教育相談や生徒指導，人権教育等での取り組みは当然，今後も尽力していくべき重要な点である。だが，上記2点の取り組みでは，「障害者」支援あるいは「合理的配慮」の対象となりにくい，ちひろさんのような多様な性を生きる子どもの存在がこぼれ落ちてしまいかねない。その点では，取り組みとして不十分であると言わざるを得ない。

　さらに，性別違和のあるさつきさんのような児童生徒に対しても，取り組みは十分かといえば決してそうではない。（1）のような「障害者」支援や「合理的配慮」という個別対応だけでは，「中学入学時，周囲の目が気になってスラックスの制服が選択できず，嫌悪感や気持ち悪さを押し込めながらスカートの制服を着ることにした」と当時をふり返るさつきさんの困難には，十分にアプローチできないからである。同様に，学童期に友人との関わり方を揶揄された，ちひろさんの困難への対応にも限界がある。

　つまり，現在行われている文部科学省の対応は，隠れたカリキュラムに適応を示さない「性的マイノリティ」とされる児童生徒に対して，教育相談や生徒指導，人権教育などを通じて個別対応することが中心となっているのである。だが，必要なのは個別対応によって，隠れたカリキュラムに適応を示さない児童生徒を適応に導くことではない。「性的マジョリティ」とされる児童生徒にも性の多様性をめぐる学びの場を提供すること，すべての児童生徒とともに，隠れたカリキュラムによってつくられた「ふつう」を問いなおすことである。それがいじめの加害者や傍観者への取り組みとなり，（2）で示した自殺予防や，いじめの未然防止へもつながっていく。

3　「性的マジョリティ」とされる子どもとカリキュラムづくり

　性別二元主義や異性愛主義といった隠れたカリキュラムが作用するなかで，「性的マジョリティ」とされる児童生徒にはどういった姿が見られるのだろうか。性の多様性を扱ったある家庭科授業の実践（渋谷，2019）では，生徒のコメントとして，「自分は無関係なはなしだが，「LGBT」で困っている人がいる

第3部 広場3 多様な当事者に応答するカリキュラム

のなら，(渋谷区の「同性カップル条例」を—引用者注)制定したのは正しいと思う」や，「私は別に同性カップルが悪いとは思わないけど，私的には，ちょっと苦手です。多分，街中で同性カップルが流行って歩いていたら引いてしまうかもしれないけど，普通のカップルと思いたいです」などが示されている。「自分は無関係」という記述は，「性的マジョリティ」とされる自身が，性の多様性における「積極的な差別はしない傍観者」であるという姿勢のありようを想像させる。また，「別に同性カップルが悪いとは思わないけど，私的には，ちょっと苦手」など，この生徒のコメントは，「性的マイノリティ」とされる人に対しての自らの差別性に気づくことができていない状況を思わせる。隠れたカリキュラムに適応できるからこそ，「性的マジョリティ」は，自身の差別性，暴力性，社会的特権に気づかずにいられる状況がゆるされている。ただし，「性的マジョリティ」の立場からコメントしたと思われる生徒たちは，性とは異なる面で生活に困難があったり，「マイノリティ」とされる一面があったりするかもしれない。そういった意味では誰しも，社会的に「マジョリティ」であると同時に，「マイノリティ」の側面があると言うこともできる。また，SOGIE[(2)]の立場から考えれば，「性的マジョリティ」も多様な性のあり方の一つでしかなく，「自分とは無関係」と言うことはできない。

　以上，ここで取り上げたような「性的マジョリティ」の姿からは，隠れたカリキュラムによって，性の多様性をめぐる問題はあくまで「性的マイノリティ」のものであり，自分とは無関係であると誤解していること，「性的マジョリティ」も多様な性のあり方の一つに過ぎないという見方が欠けていること，多数派だからこそ得られている社会的特権と，自らの差別性に無自覚であることなどがうかがえる。さつきさんは，「性的マイノリティ」とされる子どもと教育について，「個別に配慮することで確かに解消される苦痛は多くあると考えられるが，やはり周りの目が気になり，配慮をされることで周囲からの偏見や差別に晒されるのではないかという恐怖は拭えないのではないだろうか」と述べるが，隠れたカリキュラムによってつくられた「ふつう」を問いなおし，「性的マジョリティ」も性をめぐる問題を自分ごととして学ぶカリキュラムを志向することで，「周囲からの偏見や差別」を解決する契機となるのではない

だろうか。

　ただ，いっぽうで誰もがつねに「マジョリティ」であることはあり得ない。性のあり方をめぐって傷ついたり傷つけたりした経験は個人の内部で交差しており，「マイノリティ」の側面と「マジョリティ」の側面は，複合的に重なりあっている。隠れたカリキュラムを問いなおし，性をめぐる問題についてこのように考えられるようになれば，「マイノリティ」であっても「マジョリティ」であっても，こうした問題が自分ごととなり，性の多様性への「当事者性」をもつ契機となる。そして，性の多様性への「当事者性」をもつことによって，「性的マジョリティ」とされる子どもも「性的マイノリティ」同様，多様な性のあり方の一つでしかないことを実感できれば，性の多様性を包摂することにつながるのではないだろうか。

4　「ふつう」を問いなおし，性の多様性への「当事者性」を育てるインクルーシブ・カリキュラム

　性別二元主義や異性愛主義という，隠れたカリキュラムによってつくられた「ふつう」を問いなおし，すべての児童生徒に性の多様性への「当事者性」を育てるカリキュラムを考えるために，文部科学省の取り組みのなかでも特に，「性的マイノリティ」とされる児童生徒のみが対象ではない人権教育に着目する。人権教育においては，小学校低学年では日常生活と結びつけた身近な問題，中学年では地域社会での問題，高学年では歴史学習を加えた問題，中学校では社会生活での差別事象への取り組みといったように，発達段階に即した授業づくりが行われている（中野, 2003）。また，人権教育では，「参加型民主主義をめざす思想に導かれ，さまざまな手法をとおして社会の現実や対立と学習者の発見や葛藤とつないで，社会変革をもたらそうとする学習活動」（森, 2013）とされる参加型学習が重視される。

　ただし，参加型学習については，「学習者から出発して社会変革へとつなごうとする参加型学習が提唱されるようになった一方で，人権教育の内容は情緒的なことがらにとどまっていることが多い」という指摘もある。この点につい

ては，森実氏が「技能や知識的な側面は弱く，価値観や態度的な側面が強い」「知識や技能という裏付けのない価値観や態度では，情緒的な内容にとどまりやすい」と指摘している（上掲書）。こうした人権教育の知見をふまえ，「ふつう」を問いなおし，性の多様性への「当事者性」を育てるインクルーシブ・カリキュラムを次の点から考えたい。

- 日常生活→地域社会→歴史文化→社会生活というように，発達段階に応じた形で，社会の現実や対立と学習者の発見や葛藤をつなぐ系統的な参加型学習でカリキュラムを構成する。
- 価値的・態度的側面を重視しつつも，知識的・技能的側面を特に意識して，自らの社会的特権や差別性に向き合うこと，性のあり方をめぐる傷つきの経験に向き合うことで，誰もが「マイノリティ」の側面と「マジョリティ」の側面があること，「性的マジョリティ」も多様な性のあり方の一つであることを学ぶカリキュラムづくりを行う。

2点目にもあるように，性の多様性を包摂するカリキュラムでは，教科が重要な位置づけとなる。文部科学省が2018年に示した，「人権教育の指導方法等の在り方について」の［第三次とりまとめ］では，知識的側面とは「人権に関する知的理解に深く関わるもの」とされており，具体的には，「自由，責任，正義，個人の尊厳，権利，義務などの諸概念についての知識，人権の歴史や現状についての知識，国内法や国際法等々に関する知識，自他の人権を擁護し人権侵害を予防したり解決したりするために必要な実践的知識等」と説明されている。また，技能的側面とは，「人権に関わる事柄を認知的に捉えるだけではなく，その内容を直感的に感受し，共感的に受けとめ，それを内面化することが求められる」ことを前提に，そのための技能として，「コミュニケーション技能，合理的・分析的に思考する技能や偏見や差別を見きわめる技能，その他相違を認めて受容できるための諸技能，協力的・建設的に問題解決に取り組む技能，責任を負う技能など」が具体的に挙げられている。以上のような知識および技能の育成は，社会科はもとより，国語科や家庭科など，さまざまな教科で取り組むことができる。このように，「ふつう」を問いなおし性の多様性へ

第8章 性の多様性への「当事者性」を育てるカリキュラムづくり

表8-1 『ガイダンス』で示される包括的性教育の目標と内容

キーコンセプト1 人間関係	キーコンセプト2 価値観，人権，文化，セクシュアリティ
トピック： 1.1 家族 1.2 友情，愛情，恋愛関係 1.3 寛容，包摂，尊重 1.4 長期の関係性と親になるということ	トピック： 2.1 価値観，セクシュアリティ 2.2 人権，セクシュアリティ 2.3 文化，社会，セクシュアリティ
キーコンセプト3 ジェンダーの理解	キーコンセプト4 暴力と安全保障
トピック： 3.1 ジェンダーとジェンダー規範の社会的構築性 3.2 ジェンダー平等，ジェンダーステレオタイプ，ジェンダーバイアス 3.3 ジェンダーに基づく暴力	トピック： 4.1 暴力 4.2 同意，プライバシー，からだの保全 4.3 情報通信技術（ICTs）の安全な使い方
キーコンセプト5 健康とウェルビーイング（幸福）のためのスキル	キーコンセプト6 人間のからだの発達
トピック： 5.1 性的行動における規範と仲間の影響 5.2 意思決定 5.3 コミュニケーション，拒絶，交渉のスキル 5.4 メディアリテラシー，セクシュアリティ 5.5 援助と支援を見つける	トピック： 6.1 性と生殖の解剖学と生理学 6.2 生殖 6.3 前期思春期 6.4 ボディイメージ
キーコンセプト7 セクシュアリティと性的行動	キーコンセプト8 性と生殖に関する健康
トピック： 7.1 セックス，セクシュアリティ，生涯にわたる性 7.2 性的行動，性的反応	トピック： 8.1 妊娠，避妊 8.2 HIVとAIDSのスティグマ，治療，ケア，サポート 8.3 HIVを含む性感染症リスクの理解，認識，低減

の「当事者性」を育てるカリキュラムに，人権教育として教科学習を位置づける。

　さらに，国連教育科学文化機関（UNESCO），国連合同エイズ計画（UNAIDS），国連人口基金（UNFPA），世界保健機関（WHO），国連児童基金（UNICEF）が協同で作成したセクシュアリティ教育の国際指針『国際セクシュアリティ教育ガイダンス』（以下『ガイダンス』）が，「ふつう」を問いなおすうえで参考になる。『ガイダンス』では，「セクシュアリティの認知的，感情的，身体的，社会的諸側面についての，カリキュラムをベースにした教育と学習のプロセス」

第3部　広場3　多様な当事者に応答するカリキュラム

図8-2　「ふつう」を問いなおし，性の多様性への「当事者性」を育てるらせん型カリキュラムイメージ

主な学びの場	日常生活	地域社会	歴史文化	社会生活
知識的側面	日常生活をふり返って，自分の性のあり方を知る	地域社会を視座に，性のあり方の多様性に気づく	性のあり方に関する歴史学習を通して，性の多様性をめぐる差別を知る	社会生活の視点から，「性的マジョリティ」と社会的特権という考え方を知る
技能的側面	多様な性のあり方について，自分の考えをもつ	多様な性のあり方について，自分の考えを広げたり深めたりする	性のあり方をめぐる傷つきの経験に向きあい，差別や偏見を見極める	「ふつう」という考え方への批判的思考をもち，問題解決に取り組もうとする
価値・態度的側面	性のあり方に関する自分や他者の発見を尊重する	性の多様性について肯定的に受けとめる態度をもつ	多様な性のあり方をめぐって「ちがい」を尊重する	個人内の複合的な側面や，「性的マジョリティ」も多様な性のあり方の一つであることを実感する
学びのキーワード例	家族 人間関係	ボディイメージ セクシュアリティ	コミュニケーション 暴力	ジェンダー規範 意思決定 メディアリテラシー

※らせん型でくり返し学んでいく

出所：筆者作成。

として包括的性教育が具体化されており，健康とウェルビーイング，尊厳を実現すること，尊重された社会的，性的関係を育てることなどをエンパワメントしうる知識やスキル，態度や価値観を子どもや若者に育成することを目的としている。『ガイダンス』で示される包括的性教育の目標と内容は，表8-1に示す8つの基本構想で構成される（UNESCO編，2018）。

『ガイダンス』では初等教育および中等教育を意図して，学習者を年齢別に4グループ（5〜8歳／9〜12歳／12〜15歳／15〜18歳以上）に分けている。『ガイダンス』を参考に，「ふつう」を問いなおすための学習事項として，まずは特定の教科になるべく限定されず，従来の教科内容とも親和性の高い「家族」「人間関係」「セクシュアリティ」「ジェンダー規範」「暴力」「意思決定」「コミュニケーション」「メディアリテラシー」「ボディイメージ」を例として取り上げる。なお，『ガイダンス』はらせん型カリキュラムを基盤とする。各発達段階によって示された目標や学習内容が，既習事項に積み上げられる形で繰り返し取り組まれ，学びが深められる。

第8章　性の多様性への「当事者性」を育てるカリキュラムづくり

図8-1　「ふつう」を問いなおし，性の多様性への「当事者性」を育てるカリキュラムの目標と学びのキーワード例

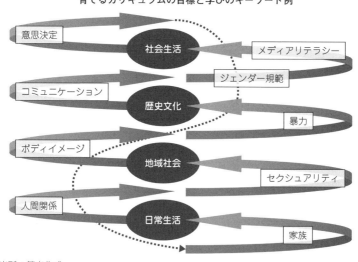

出所：筆者作成。

　以上のことを「ふつう」を問いなおし，性の多様性への「当事者性」を育てるカリキュラムとして整理し，発達段階ごとに目標を示したのが図8-1である。小学校低学年では主に日常生活，中学年では地域社会，高学年では歴史文化，中学校では社会生活を主な学びの場として参加型学習を設定する。ただし，学習者の年齢や発達等にとらわれすぎることなく，場の設定は柔軟に行うことが重要である。さらに，「自分の考えをもつ」や批判的思考力は国語科，地域社会や歴史文化，社会生活と関連させた多様・多角的な知識の習得は，社会科の教科内容と重なる点である。他にも家庭科や保健体育科など，各教科内容と関連の深い点から「ふつう」を問いなおし，性の多様性への「当事者性」を育てる授業を行うことが可能である。

　なお，4つの発達段階に分けてそれぞれの目標を示したが，たとえば低学年での目標や「学びのキーワード例」は，らせん型カリキュラムの考え方を基盤に，中学年以降でも学習内容によって適宜取り上げるなど，「主な学びの場」同様，柔軟に設定していく。

　各目標や学びのキーワード例をこのように捉えたうえで，改めて，低学年に

おける知識的側面の「日常生活をふり返って，自分の性のあり方について知る」という目標であるが，「自分を知る」ということは，「ふつう」を問いなおし，性の多様性への「当事者性」を育てるインクルーシブ・カリキュラムにおいて非常に重要である。「性的マイノリティ」も「性的マジョリティ」も，自らの思いや考えが見えにくい状況があるからである。

「トランスジェンダーであることで，「男らしくしなければならない」と，かえってジェンダーに苦しんでいた自分になかなか気づくことができなかった」というさつきさんの述懐や，「幼少期から自分のセクシュアリティについてポジティブに考えることができていたかと問われると，決してそうではない」としつつも，「自分では感じることのなかったバイセクシュアルであることによる生きづらさ」を考えようとするちひろさんの葛藤からも，自分の思いや考えほど捉えにくいことがうかがえる。自身の性のあり方について，すべての子どもが知る／学ぶことは，隠れたカリキュラムを含むさまざまな環境や条件によって奪われ，見えにくくなっている思いや考えを取り戻すこととなる。「ふつう」を問いなおし性の多様性への「当事者性」をもつこと，隠れたカリキュラムへの抵抗を子どもとともに試みることが，学習者のエンパワメントの場として機能することを期待したい。

ただし，図8-1や図8-2に示したカリキュラム案は，取り組むなかで学習者が追いつめられたり傷ついたりする可能性が大いに考えられるため，人権教育の観点からの学級経営や，人間関係・学習集団づくりを細やかに行い，学習内容や教育方法を慎重に考える必要がある。

人権教育と並んで，教科学習が性の多様性への「当事者性」を支える。隠れたカリキュラムによってつくられた「ふつう」を問いなおし，「マイノリティ」か「マジョリティ」かにかかわらず，すべての子どもに性の多様性への「当事者性」を育てることが，性の多様性を包摂するインクルーシブ・カリキュラムとなるだろう。

注
(1) エピソードで取り上げた人物名はすべて仮名であり，本人からは，本章での掲載

(1) 許可を得ている。
(2) SOGIE は Sexual Orientation（性的指向），Gender Identity（性自認），Gender Expression（性表現）の頭文字をとった総称であり，すべての人の性のあり方が位置づく考え方である。

引用・参考文献

今井理恵（2019）「学校改革とカリキュラム・マネジメント」湯浅恭正・新井英靖・吉田茂孝編『よくわかるインクルーシブ教育』ミネルヴァ書房.

渋谷絹子（2019）「誰もが自由に生きられる社会を——性的少数者（LGBT）を扱って」『家教連家庭科研究』(351), 14-19.

恒吉僚子（1992）『人間形成の日米比較—かくれたカリキュラム』中公新書.

中野陸夫（2003）「人権教育読本」中野陸夫編『早わかり人権教育小事典』明治図書, 72-73.

森実（2013）『知っていますか？一問一答 人権教育 第二版』解放出版社.

UNESCO編（2018）（2020）『改訂版 国際セクシュアリティ教育ガイダンス——科学的根拠に基づいたアプローチ』（浅井春夫・艮香織・田代美江子・福田和子・渡辺大輔訳）明石書店.

（永田麻詠）

第9章

「きょうだい」を包摂するインクルーシブなカリキュラム

1　筆者の当事者性について

　まず，この章を担当する筆者（私）について述べる。私は聴覚障害のある姉弟をもつSODA（聴覚障害者のきょうだい：Siblings of Deaf Adults / Children）である。筆者は姉弟と親族や家庭外をつなぐ通訳の役割を幼いころから担ってきた。たとえば，姉弟が店で何かを購入するときや注文するとき，姉弟と店員の間に自ら進んで入り，通訳を行ってきた。私がいなくても姉弟は買い物ができるが，通訳をすることが自分の役割であると思い込み，自身への負担になっていると気づかないまま支援の一端を担っていた。

　きょうだいは，生まれながらにしてきょうだいの立場になることがある。これは，兄弟姉妹の構成によるが，姉や兄が障害児である場合，弟・妹であるきょうだいは生まれたときから「きょうだい」である。このような状況は，子を産んでから親の立場になる障害児・者の親とは大きく異なる。

　姉がいる私も，生まれながらにしてきょうだいとして生活してきた当事者である。私にとっては，物心がついたときから，家のなかに音声日本語と手話の両方があることが当たり前であった。また，自分が手話をすることも普通のことだと思っていた。大人になってから同じSODAの立場の人と出会うなかで，SODAがみんな手話をするわけではないこと，支援の役割を担わない人もいること，もっと支援者としての振る舞いを家族から期待されて生きてきた人がいることを知った。

　また，きょうだいという立場であることで，周りから「大変だね」「かわい

そうだね」という声をかけられることもあった。自身のきょうだいという立場が当たり前である私にとって、そのような声かけは理解できるものではなかった。周囲の人々も悪意があるわけではなく、よかれと思って言ってきたのだろう。ただ、そのような声かけが理解できなかったのは、自分がきょうだいであることや姉弟に障害があることは、良くも悪くもない、ただただ「当たり前」だったからである。きょうだいは、その置かれている状況によってさまざまな困難や葛藤を抱えている。また、その困難は自覚があるものか、無自覚なものであるかという点においても大きく異なる。

この章では、きょうだいという立場によって生じる課題を整理するとともに、その立場が当事者の人生において肯定的な影響をもたらすためにはどうあるべきか、そして、学校をはじめ周囲はどのようにきょうだい支援に関わるべきかを考察する。これにより、これまで支援の対象として認められにくかったきょうだいを包摂するインクルーシブなカリキュラムの要件と展望を示すことができると考える。

2 「きょうだい」とは

障害当事者にきょうだいがいる場合、そのきょうだいのことを「きょうだい（児）」と呼ぶ。そして、このきょうだいからみたきょうだい（障害当事者）を同胞と呼ぶ。単に「きょうだい」とひとくくりにしても、同胞の障害によって聴覚障害者のきょうだい、知的障害者のきょうだいなどと分けられるが、ここでは広くきょうだいについて述べることにする。

きょうだいは、障害当事者である同胞とは異なり、自身に障害がないことから、一見すると課題がないようにも見える。しかし、きょうだいは障害者の家族として、親と同様に支援の一端を担う存在であるとされている。

きょうだいは、その人生をきょうだいとして歩む。さらに、「親亡き後」に障害当事者である同胞を支援する役割が、きょうだいには重くのしかかる。自身の同胞が障害者であることを理由に恋人との交際をためらったり、相手方の親族から同意が得られず、結婚を諦めたりしなければならないといった事例も

ある。また，きょうだいという立場によって積み重ねられた経験は職業選択にも大きな影響を与えることがある。たとえば，特別支援学校の教員や介護士など，自身のケアラーやサポーターとしての役割を職業とするきょうだいも少なくない。

また，最近では，このような障害者のきょうだいを含む，家族内で支援者の役割を担う子どもを「ヤングケアラー」と呼ぶ動きが出ている。澁谷（2018）では，家族の支援を日常的に行っている18歳未満の子どもをヤングケアラーと定義している。

ヤングケアラーは責任や負担の重さにより，学業や友人関係などに影響が出てしまうことがあると指摘されている。障害者のきょうだいの他にも，乳幼児などの子守をしたり，親の代わりに高齢者家族の介助をしたりする子どもがヤングケアラーと呼ばれる。このような子どもは，ヤングケアラーと総称されることによって，その存在が照射され，支援の対象となってきたという経緯がある。これまで「きょうだい」とされていた子どもにとって，「ヤングケアラー」という新たな概念が知られるようになったことは，支援を受ける一つのきっかけになったということができるだろう。

障害者のきょうだいは，他のヤングケアラーと同様に家庭内外で支援を担う。たとえば，医療ケアが必要なきょうだいへの支援や聴覚障害のあるきょうだいの通訳などである。きょうだいは支援者としての存在を求められることから，自身のアイデンティティ形成にも影響が生じると考えられる。

特にきょうだいをめぐっては，医療，福祉，教育の分野での研究が行われてきた。しかし，きょうだい研究は早くから取り組まれてきた課題ではない。竜野・山中（2016：86）はきょうだい研究の変遷について，以下のように指摘している。

> 日本において，障害児のきょうだい研究はここ20年ほどの蓄積にとどまり，それは障害児の親の困難に関する研究を追うように始められた。障害児の親の困難は，そのまま，きょうだいが育つ家庭環境となり，障害児を支える役割や親を支える役割を期待されるといっても，経済的な状況，障

害児の障害種・程度，親の養育態度，きょうだいの年齢・性別等様々な要因が絡み合って，困難となって立ち現れる。困難の在り方がいかに多様か，最近では質的研究を通して明らかにされ始めているが，きょうだいに対する支援もそれに伴って変化することが求められているといえる。

　きょうだいが抱える課題は，その置かれている状況の多様さ，複雑さにより，一概にはいえない。吉川（2002：115）はきょうだいが置かれた状況の複雑さについて，以下のように述べる。

　　きょうだいそれぞれ，置かれている状況も，共通点があるとはいえ具体的な体験も，個々に異なっているはずであり，それらの違いをどう認め，共有し共感することができるかが，直接的援助の鍵になってくる。きょうだい達のもつさまざまな感情（なかでも，障害をもつ同胞や親に対しての否定的な感情）を素直に表現しても非難されずに共感してもらえる場があって初めて，「きょうだい」としての自分が持つ，生きていきにくさが解放されうるのである。

　吉川が指摘する通り，きょうだいの課題や困難は個々の状況によって異なる。そのため，きょうだい支援を行うためには，そのきょうだいの背景を知ることや，周囲が寛容に受け止める場の設定が必要である。このようなきょうだいを取り巻く状況もあり，きょうだい支援はピア・サポートの形で行われることが多かった。たとえば，その一つにきょうだい会の取り組みがある。きょうだい会は，主にきょうだいの立場である当事者が参加し，自身の経験を吐露したり新たなライフモデルを見つけたりすることができる場という役割を有している。このようなきょうだい会に参加することで，他の人には話せないような悩みを語ることができるといった利点もある。

　また，きょうだい支援は家族支援の一つとして捉えられてきた。これは，きょうだいという立場が家族システムに組み込まれていること，そしてきょうだいの課題と家族の状態には密接な関係があるためである。滝島（2022：45）は

機能不全の状態にある家族におけるきょうだいについて，以下のように述べている。

　　同胞の存在をめぐる家族間の緊張や葛藤状態が長期間続いた場合，家族の機能不全が生じやすく，きょうだいは，家族間のバランスを保つために子ども時代から家庭内役割を演じるようになると言われている

　きょうだいという立場を家族というシステムの中で捉えることにより，家族の問題としてその困難の実情を紐解くことが可能である。一方，家族という捉えだけでは，親の立場と異なる課題を抱えているという事実や，きょうだいという立場ならではの問題を見えにくくしてしまうという課題もある。きょうだい支援を後回しにするのではなく，家族支援の枠組みときょうだい支援の枠組みの双方を整備することで，きょうだいが置かれている状況や課題も改善されることにつながると筆者は考える。

3 「きょうだい」の語り——成人SODAの経験から考えるきょうだい支援

　そもそも，きょうだいという存在は周りから見えにくい。それは，自身が障害当事者ではないことから，きょうだい自身が支援を必要としていない／必要であることに気がついていないといった状況があるからである。また，きょうだい自身は支援を受ける障害当事者を日常のなかで目にしていることから，むしろ自分にも支援が必要であるという意識をもつことができないといった状況も考えられる。

　このような状況を避けるためには，周囲のきょうだいに対するまなざしを変えていく必要がある。日常生活において，慢性的なストレスや負担を抱えていないかどうかを見定めることを通して，きょうだいに必要な支援の手立てを講じることができる。

　ここでは，他者からは見えにくいきょうだいの課題を明らかにするために，きょうだい当事者が自身の経験を記述したオートエスノグラフィーを取り上げ

る。ここで取り上げるオートエスノグラフィーは，SODAである筆者のものである。この筆者が成人になってから学齢期の経験をふり返りながら記述したオートエスノグラフィーをもとに，障害者のきょうだいがどのような場面で支援を必要としているのか考察する。対象とする経験は，学齢期にあたる幼稚園から小学校高学年までの期間，そして筆者自身のSODAとしてのアイデンティティが浮き彫りになった大学生の時期のものとする。また，ここで取り上げるのは筆者の経験であり，他のSODAやきょうだいを代表するものではないことを付け加えておく。

【小学校低学年】

　基本的に「いい子」ではあったが，自分のプライドが傷つけられるようなことは嫌だった。弟にゲームで負けるのも嫌だと思っており，弟の前では常に強くありたいと思っていたのかもしれない。自分の気持ちをはっきりと口に出すのが苦手で，なんとなく伝わるようにほのめかすことをいつもしていた。周りの大人に「もう大きいんだからはっきり言いなさい」と怒られることもあった。小学校三年生の時，障害者について調べて発表する時間が何かの教科であった。他人の先生は自分の姉弟が障害者であることを気にかけ，このような活動を行っても大丈夫か母に確認をしていたようである。私も母も，特に気にかけておらず，むしろ積極的に活動に参加した。私たちにとって，家族が障がい者であることはいたって普通であり，むしろ障害者であるという認識の方が薄いぐらいである。このころまで自分の兄弟について全く抵抗なく他人に話していた。

【小学校高学年】

　四年生からは，通っていた学童保育に弟も通うようになった。学童保育では，弟と周りの子どもの間に入り，通訳をすることも多かった。通訳をすること自体は自然に受け入れていたが，ときに自分の時間をとられることに嫌気がさすことも度々あった。

　小学校の行事で弟が通っている聴覚支援学校との交流会があった。そのため，手話やキュード，読唇術について学習する機会が設けられた。先生が前で口パクで何かを話し，児童が読み取る」というゲームをし，長文になっても判別することができる私に対し，周りのクラスメイトが「なんでわかるん？」「ほら，兄弟があれやから」「あ，そうか…。」というひそひそ話が聞こえてきた。心の底から恥ずかしいと思い，自分が普通ではないのかもしれないと思った。

第3部　広場3　多様な当事者に応答するカリキュラム

【大学生から大学院生】
　中学は小学校の時からの友人が多くいたため，姉弟について知っている人もいたが，学校で特に触れられることはなく，自分から話すこともないため周りに姉弟のことを話したり手話を使っているところを見られたりする機会は少なくなっていた。高校は人間関係が変わったこともあり，姉弟のことを知られる機会は減っていた。
　大学生では，教員養成に関わる学部で学んでいたこともあり，障害者や人権に関する授業を受講する機会が多くあった。その際，差別的な発言をするような学生も少なからず見受けられた。その発言が自分自身や自分の姉弟に向けられたものではないことは理解していても，他人事として捉えることはできず，自分もそのような差別の対象になっているような気分になることもあった。このような経験から，特に大学では自分自身の姉弟について語ることをより避けるようになっていった。
　一方，手話サークルや発達障害のある子どもと一緒に遊ぶサークルに所属しており，特別支援教育を専攻する学生や障害者への理解が深い友人もいた。このような友人には，自分の姉弟のことを話すことに抵抗はなく，多くはなくとも姉弟のことや自身の経験について話すこともあった。
　大学を卒業し，次の進路に特別支援の教員免許を取得するための専攻科への進学を考えた時期もあったが，元々の専門である国語教育での進学を決めた。指導教員の勧めもあり，外部の大学院への進学をすることになった。大学院では，卒業論文で研究していた外国人児童生徒への国語教育に関する研究を行おうと考えていた。
　しかし，進学先で指導教員と今後の研究について話すなかで，外国人児童生徒やマイノリティへの教育を考えるに至った自身の背景と向き合うことを促され，SODAの研究を行うことになった。SODAの当事者研究を行うことは，正直，苦痛が伴うものであった。これまで自分が目を背けてきた姉弟との関係を見直すことや，自分のなかで触れるべきではないと考えていた両親へのインタビューを考えなければならなかったためである。
　今となっては，SODAの当事者研究を進めたことを肯定的に捉え，自分の経験や立場を今の自分や社会に還元することの意義を考えることができるようになっているが，研究を始めた当時の葛藤は忘れられず，しんどい時期として鮮明に記憶に残っている。

　筆者の場合，姉弟とは同じ学校に通っていなかったため，他のSODAが経験するような学校内での「通訳」の経験はない。しかし，弟と同じ学童保育に

通っていたため，数少ない弟との共通のコミュニティが学童保育であった。この学童保育での経験は，筆者にとってSODAやきょうだいであることを最も実感させるものであった。

ただ，現在の筆者はSODAやきょうだいであることによる経験を肯定的に捉え直している。さらに，筆者は以前から自身のきょうだいという立場を肯定的に考えていたわけではない。きょうだいであることに無自覚であった時期から，その立場を忌避し，逃避するような時期を経て，現在の認識に至っている。これは，筆者のきょうだいとしてのアイデンティティが定まってきたことによるものであると考えられる。

筆者が大学院できょうだい研究を行い，SODAの当事者研究を行ってきたことは，筆者の経験の内省をもたらす契機ともなり，これまで目を背けてきたSODAという自身の立場に対峙する場を作ることにつながった。これらが可能であった背景には，周囲の友人たちや両親，指導教員など，筆者の語りを引き受けてくれる他者の存在がある。

このような筆者がたどってきた経験から，筆者自身を一つのケースとするカリキュラム作成を試みることができると考える。

4 「きょうだい」を包摂するインクルーシブなカリキュラムの展望──筆者を一つのケースとして

これまで，きょうだい支援についてはきょうだいに対する個別の支援の手立てが多く取られてきた。きょうだいを包摂するカリキュラムを作成するためには，そのきょうだいの置かれている状況や経験を踏まえること，そしてその個が求める支援について，学校や家庭などが連携して行うことが必要である。また，きょうだいに対して個別の支援が進んで行われてきた背景には，きょうだいを取り巻く環境がそれぞれ異なっているという実情がある。たとえば同胞の障害種や障害の程度，家族構成，同じ学校に通っているかどうかなどの諸要因によって，求められる支援は異なる。

このようなきょうだいを取り巻く環境をふまえると，きょうだいを包摂する

第 3 部　広場 3　多様な当事者に応答するカリキュラム

カリキュラムを策定するためには，それぞれのきょうだいに関わる学校や家庭の役割について整理することが必要である。

　まず，学校現場においては，同胞ときょうだいが同じ学校に通っているかどうかでその対応は大きく変わることが予想される。たとえば同じ学校に通っている場合，何かトラブルが起きた際の「パイプ役」として，親の役割を演じなければならないこともある。先に挙げたSODA当事者の事例では，弟とは別々の学校に通っていたが，同じ学童保育に通っていたことで，「通訳」の役割を担っていたことが記されていた。コミュニティを同じにすることで，同胞と他者の関わりを円滑にするための役割をきょうだいが担っていたという事例だと捉えることができる。滝島（2020：43）は，きょうだい支援における学校の役割について，以下のように述べている。

　　学齢期のきょうだい児の日常的な生活課題を発見し，対処していく上では，学齢期のきょうだい児が日常生活上最も長い時間を過ごす学校がきょうだい児支援に係る連携先のひとつとしてどのように機能できるのかについても検討する必要があるのではないだろうか。特にきょうだいと同胞が同じ学校に通っている場合，学校でどのような支援を行っているかを見ることができる。支援の実情を捉えることで学校がきょうだい支援の一端を担うことの意味をさらに見いだすことができるだろう。

　さらに，学校を支援の枠組みの中に位置づけることの意味について，滝島（2022：54）は次のように述べている。

　　支援システムの中に学校を組織として位置づけ，教職員が児童・生徒の状況を客観的に把握し，支援リスクを早期発見したうえで適切な支援に繋ぐことに寄与することが求められる。この役割は，公的に子ども一人ひとりにかかわることができる学校教育にしか担うことのできない重要な役割であることを踏まえ，体制を整備する必要がある。

第9章 「きょうだい」を包摂するインクルーシブなカリキュラム

図9-1 きょうだい支援を構築する手続きの一例

家庭での支援	学校での支援	きょうだい会
・一人の時間を保証する ・親子関係の尊重 ・友人関係の尊重	・役割の軽減 ・教師からの声かけ ・障害理解教育の実施	・一人で参加する ・親子で参加する ・参加しない

当事者との対話 行う支援の選定

家庭での支援	学校での支援	きょうだい会
・一人の時間を保証する	・役割の軽減	・一人で参加する

支援の具体

・家庭外ではきょうだいという立場から支援の役割を多く担っている。そのため、家庭ではきょうだいではなく、一人の人間として自由に生活できる時間を保証することが必要である。また、学校はトラブルの際に仲介役になることも多いが、必要最小限の依頼に留め、可能な限り教員が対応するようにする。また、きょうだい会への参加も希望しているため、紹介する。親に遠慮して話すことができないことがあるため、一人できょうだい会に参加することができるよう、家庭とも連携をする。

　学校は子どもが家庭を離れて生活する場である。きょうだいを多面的に捉えた際、家庭内とは異なる姿を見せている可能性もある。そのため、学校と家庭が連携することは、きょうだいの複雑な課題を紐解く視座になると考える。

　また、家庭の状況がきょうだいに大きな影響を与えることは先述した通りである。きょうだいと同胞の関係は、家庭内において強く結びつく。このことから、家庭内におけるきょうだいの姿を捉えることが外部からできることの一つであろう。さらに、きょうだいを取り巻く環境を改善するためには、家庭そのものへの支援を講じることの必要性も検討することが求められる。

　以上を踏まえると、「家庭での支援・家庭への支援」「学校での学び・学校での支援」を軸に支援の枠組みを整えることが必要であると考えられる。きょうだい支援のカリキュラムを構築する際には、周囲の大人が目標を設定し、支援の枠組みを講じるのではなく、常に当事者であるきょうだいと対話を行い、きょうだい自身の思いを踏まえた手立てを選択することが必要である。たとえば、「家庭での支援」「学校での支援」「きょうだい会での関わり」について、いく

つかの選択肢を提示することも有効な手立てである。選択肢を提示したうえで，対話を重ねることで，きょうだいが求める支援の在り方や拘り方を周囲も知ることができる。筆者の語りに見られたように，教師の発言や学習内容によってきょうだいが傷つきを抱えてしまう可能性もあることから，事前にきょうだいとどのような対応を行っていくか共通理解を図ることで，このような傷つきを少しでも減らすことができる。

一方，積極的に障害理解教育を行うことできょうだいが安心して学校生活を過ごすことができる場合や，きょうだい会に参加することで悩みを打ち明けることができるといったケースも想定される。学校での関わりに加え，きょうだい会に参加するかどうかについても，当事者と周囲との対話によって方向づけることが求められる（図9-1）。

5　当事者とはだれか——きょうだい支援・家族支援における「当事者」

最後に，きょうだい支援における「当事者」について考えを深めたい。吉川（2002：105）は当事者の概念について，以下のように述べる。

> 障害をもつ人々の家族について言えば，障害（困難・課題）をもつ『当事者』と，それを支える『家族』という位置づけが強く，家族もまた困難や解決すべき課題をもつ当事者であるという側面が重要視されてこなかった。

これまで，きょうだい支援や家族支援が進んで行われてこなかった背景には，「障害当事者」と「障害非当事者である家族」という捉えがあり，きょうだいや家族も支援を必要とする存在であると認識を転換することが必要である。

きょうだいや家族を当事者とみなすことで，支援の対象として認められやすくなる一方，当事者ごとのニーズの違いを見落とさないようにしなければならない。当事者は個別の困難を抱えていることから，個に応じた支援の手立ては，その人の背景や困難の原因を明らかにしたうえでなければ構築することができ

ない。個を無視したカリキュラムや支援のシステム化は，きょうだいや家族への認識を一面化するばかりである。

　近年，きょうだい研究ではインタビューやライフストーリーなどをもとにした質的研究の手法が多く採られている。従来用いられてきたアンケートなどの量的な研究手法に加え，きょうだいの課題を質的に捉える研究が行われることで，きょうだいの困難はより個別の実体をもつものとして知られるようになった。このような，きょうだいを個として捉える試みを行うことは，そのきょうだいを包摂するカリキュラムを構築する際の足がかりとなると筆者は考える。

参考文献

澁谷智子（2018）『ヤングケアラー――介護を担う子ども・若者の現実』中央公論新社.

滝島真優（2020）「慢性疾患や障害のある子どものきょうだい支援の現状と課題――教育機関との連携の可能性」『目白大学総合科学研究』16，35-46.

滝島真優（2022）「学校教育における慢性疾患や障害のある子どものきょうだい支援の課題――教員によるきょうだい児の認識とかかわりの現状分析から」『社会福祉学』62(4)，44-57.

竜野航宇・山中冴子（2016）「障害児のきょうだい及びきょうだい支援に関する先行研究の到達点」『埼玉大学紀要教育学部』65(2)，81-89.

吉川かおり（2002）「障害児者の「きょうだい」が持つ当事者性――セルフヘルプ・グループの意義」『東洋大学社会学部紀要』39(3)，105-118.

（丸田健太郎）

第3部　広場における対話3
理解が始まるカリキュラムを

当事者でない人も社会の中で抑圧されている：当事者とは一体だれか
　社会では，あらゆる場面で排除の原理がはたらいており，当然の権利や自身の尊厳を守るために闘い，傷ついている人が多く居ます。「自らが当事者だ」という自覚の有無にかかわらず，誰もが抑圧や生きづらさを感じています。
　たとえば私は，男性社会の中に生きる"もの知らぬ"女性の一人です。相手が男性か女性かにかかわらず，蔑視され，「私を排除したいのだな」と感じる場面に多く出くわしてきました。世の男性も苦労し我慢していることは知っていますが，女性がまだまだ，男性社会に"入れてもらっている"に過ぎない存在なのも事実です。男性にもヒステリックな人は多く，「情」が必要となる場面は仕事でも多いのに，女性を「ヒステリーだ」と揶揄し，「感情的で論理的でない」と馬鹿にする風潮は根強いです。愛想よくしていれば「媚びている」と陰口を叩かれ，ムスっとしていれば「可愛げが無い」「食えない女だ」と落胆され，都合の良い"わきまえた女性"であることを求められているのだなと思います。まだまだ学ぶことの多い人間ですが，「どうせわかっていないのだろう」という態度で"マンスプレイング"を受けたり，蚊帳の外に追いやられたりすれば傷つきます。これまでの人生，男性と分け隔てなく努力をさせてもらえましたし，私を偏ったフィルターなしに受け止め理解してくれる人の方が多いことも分かっているのに，こうした扱いの一つひとつに，いちいち傷ついてしまう自分が居ます。
　「嫌なら性転換するか，仕事を辞めればいい」「女性であることで得していることもあるだろう」「我慢するのが当たり前。人に言うようなことじゃない」という意見の人も居るでしょう。しかし，抵抗をやめると自分で自分を否定することになりそうで，とても怖いのです。確かに，社会では少しの諦めや無頓

着さが必要なのだと思いますが，誰もが人格を尊重され，少しでも息がしやすい社会をつくっていく方法はないのでしょうか。

　現代社会と想像力：「傷つき，傷つけたという痛み」の共有と対話
　当事者でない人が当事者を理解するには想像力が必要です。8章，9章にあるように，当事者が「居ないこと」にされ，「そういう子」とまとめられてしまうのも，想像力不足によるものです。もっといえば「そういう子」がその場に居ない時でも，私たちは想像力を働かさなければなりません。
　たとえば，ネットゲームを中心に広がったスラングに「人権が無い（弱いプレイヤーはゲームに参加する資格が無い）」「脳死・脳死プレイ（思考停止状態。課金などをして，頭や技術を使わずにプレイをすること）」といった言葉があります。いずれも過激な言葉選びがウケて広がった言葉ですが，「『脳死』という言葉が人を揶揄する意味で使われているのを，脳死判定された人の家族が目にしたらどう思うだろう」という想像力は働いていないように思います。ここで必要となる想像力とは，批判的リテラシーといえるかもしれません。ネットを介すことで，他者の気持ちを想像することが一層難しくなっている今，使う言葉が人を揶揄するものになっていないか，排除の構造をはらんでいないか，立ち止まって考える批判的リテラシーを育むことも，教育が果たすべき役割でしょう。
　このように，ネットの世界では，しばしば人に対して言うべきではないほど攻撃的で排他的な言葉が使われています。悲しいことですが，こうした攻撃性は人間誰しもが持っているものであり，社会の中では誰もが被害者であり加害者です。ですが，この「傷つき，傷つけたという痛み」が，あらゆる意見を持つ人が共に考えていくための【鍵】となるものかもしれません。傷つけたことを責めるのではなく，教師や大人が「私も分からないんだ」「私も傷つけてしまったことがあるんだ」という姿勢を示し，子ども達と対話していくことが大事なのではないでしょうか。

第3部　広場3　多様な当事者に応答するカリキュラム

「全体に向けたカリキュラム」と「個に宛てたカリキュラム」
　当事者とは、「その問題が、自身の生活やアイデンティティと切っても切り離せない関係にある人」のことを指すのだと思います。自身の問題に向き合い、生きていく存在なのですから、見守る私たちはその学びに伴走しながら、その子が自分なりに自身の課題・問題を引き受けていけるように励まし、願いをかけ、他でもない「その子」に宛てたカリキュラムを立ち上げていくことが必要です。
　一方で、当事者の問題は、当事者だけが向き合えば解決する問題ではありません。社会や周囲が自身の「当たり前」を問うていくこともまた重要なのです。確かに、8章にあるように「当事者を学ぶこと」が、「当事者を教材として消費すること」にもなりかねませんし、周囲が当事者を学ぶ際には「痛み」も伴います。しかしながら、本当の意味で人と人とが関わるという時には、時に重たく気まずい問題を、当事者だけでなく全体で学んでいくことも避けては通れないのではないでしょうか。カリキュラムには、個に宛てたものと全体に向けたものの両方が必要なのです。

多様性の名のもとに広がる無理解と不寛容の中で
　現在、多様性が求められるのと並行するように、「他人は他人。私には関係ない」という「他者への無理解」も広がっています。
　7章では、どんな人にもある【参加する権利】【意見表明権】【幸福追求権】【人格権】を一義とし、「権利が守られるとはどういうことなのか」を、カリキュラムを作るうえで問い続けていく必要があることが示されています。また8章、9章では、マイノリティと言われる人も状況は本当に人それぞれであり、たとえば「性的マイノリティ」や「きょうだい」といった言葉が広がることで、問題が可視化されることも有れば、カテゴライズ化され抽象化されることで、一人ひとりの具体性が見えなくなり、逆に当事者への理解が止まってしまう恐れがあることが示されています。
　当事者の問題は、「関係ない」と思えば他人事ですし、考えずにいられない問題があるならば、その人はその問題の当事者です。どんなに関係が薄くても、

私たちが生きている社会で起きている問題です。「当事者を理解することを
ゴールとするカリキュラム」ではなく，【理解が始まるカリキュラム】とする
ために，まずは「知らないことを知ること」から教育実践をはじめたいと思い
ます。

　　　　　対話のメンバー：今井理恵・永田麻詠・丸田健太郎・松尾奈美
　　　　　　　　　　　　　　　　　　　　　　　　　　執筆者：松尾奈美

コラム3　外国につながりのある子どもたち
―― 「教育を受ける権利」カードに託される願い

「教育を受ける権利」カード

　法学上，権利があるとは，法にもとづき，誰かが，誰かに対して，何かを求める資格をもつことを意味する。憲法で保障される人権も同様である。

　「教育を受ける権利」があるとは，憲法26条1項にもとづき，個人が，国（地方公共団体含む）に対して，「教育を受ける権利」の保障を求める資格をもつことを意味する。カードゲームにたとえるなら，個人は，国に対して使用できる「教育を受ける権利」カードを持っているといえる。

カードを持たない？

　人権は，人であれば当然にもつ権利である。しかし，憲法の文言や法のドメスティックな性格もあいまって，憲法で保障される人権を外国人ももちうるかどうかが論点となる。

　憲法26条1項の「教育を受ける権利」の主体は「国民」であるため，文字通り読むなら，国籍保持者に限定されそうである。しかし，教育はすべての子どもにとって必要不可欠である。そのため，外国につながりのある子どもも含め，すべての子どもは「教育を受ける権利」カードを必ず持つと考えられている。

カードを使えない？

　ただ，年齢や発達段階から，「教育を受ける権利」カードを子ども自身が自らの判断で使えない場合がある。憲法本来の性格からは例外的であるが，親に「普通教育を受けさせる義務」を課して，子どもがカードを使えるように「強制的」に前提を整えている。

　しかし，外国につながりのある子ども，なかでも外国籍の子どもの場合，親に義務を課すルールが及ばない。「強制的」な前提が失われ，子どもがカードを使えず，不就学に陥るケースが多数生じている。地方公共団体は就学案内などを通じて，外国につながりのある子どもたちが就学できるよう取り組んでいる。問題が可視化され，支援が進みつつある状況といえる。

カードを使っても？

　カードゲームとは異なり，「教育を受ける権利」カードを使った時の効果はそれほど明瞭ではない。そのため，権利保障のために何が必要かを考える裁量が国に与えられる。このことは，教育制度の整備を国に義務づける一方，教育のなかに「国」という考え方が入ってきやすくもなる。

　歴史や国際比較を踏まえ，国は与えられた裁量のなかで，教育制度を整え，「教育を受ける権利」を保障している。もっとも，整えられる制度は，日本という国での教育，「標準的」な日本の家庭や子どもを前提としているように思われる。

　そのため，とくに外国につながりのある子どもたちには馴染みにくい可能性がある。日本語での授業，国を意識した道徳教育，あるいは教育費の一定程度の私費負担など，異なる文化や困難な経済状況を背景とする外国につながりのある子どもや家庭にはとくに負担が大きいものと思われる。

　「教育を受ける権利」カードを使っても，自分たちの願いとは裏腹にその効果は負担のかかるものになっているかもしれない。

「教育を受ける権利」カードに託される願い

　国に裁量があるなら，外国につながりのある子どもたちのニーズに応えることも可能である。すでに進められている対応として，「特別の教育課程」における日本語指導などを挙げることができる。関連して，教室で子どもたちに直接向き合う教師も，自らがもつ自由のなかでさまざまな工夫が可能である。

　「教育を受ける権利」カードに託される願いを読み取り，法制度や教育実践を通してインクルージョンの物語を紡ぎ続けることが求められている。

（安原陽平）

第 4 部

広場 4　インクルージョンを実現する学び
　　——教科と領域のカリキュラムを問いなおす——

第10章

教科カリキュラムのインクルーシブ化に向けて
――国語科カリキュラムを問いなおす――

1　教科カリキュラムの新たな構想へ

　近年の教科教育では，多様性の包摂をめぐる教科カリキュラムの議論が展開されている。日本教科教育学会が2020年に刊行した書籍『教科とその本質―各教科は何を目指し，どのように構成するのか』では，各教科を専門とする研究者によって，これからの教科カリキュラムのあり方が論じられている。算数・数学科教育が専門の清水，社会科教育が専門の草原，国語科教育が専門の長田は，それぞれ次のように述べている。

　　SDGs（Sustainable Development Goals，持続可能な開発目標）が課題となっている現在の社会では，環境，貧困，エネルギー，福祉，ジェンダー等，従来の教科の枠組みにそのままでは収まらない諸問題が山積している。また，学校教育には，このような問題に対する鋭敏な意識と問題解決能力を身に付けた児童・生徒の育成が求められる。　　　　　（清水，2020：32-33）

　　先が予見できない21世紀だからこそ，中核領域には，将来に向けたヴィジョンと共生のための倫理とルールを定め，私たちの社会，自然，世界をデザインしていくプロジェクト教科が成立するだろう。（略＝原田）個々の教科は，中核的な学びにつながる見方・考え方を提供する方向で目標や内容の見直しが迫られるだろう。　　　　　　　　　（草原，2020：43）

一つは，多様性への対応である。学校における日本語非母語話者の数は増え続けているが，通常の国語の授業を受けざるをえない場合も多い。国語教育はこれまであくまでも母語教育を前提としていたが，対応が迫られていると言える。
(長田，2020：84)

　清水と草原の論に共通するのは，学力観の転換を訴えている点にある。「環境，貧困，エネルギー，福祉，ジェンダー等，従来の教科の枠組みにそのままでは収まらない諸問題」に対して「鋭敏な意識と問題解決能力」を身に付けること（清水，2020：33），「将来に向けたヴィジョンと共生のための倫理とルールを定め，私たちの社会，自然，世界をデザインしていく」力を身に付けること（草原，2020：43），といった学びを各教科に要請している。また，長田や清水の論にあるように，貧困，ジェンダー，外国とのつながり，発達障害など，学習者の多様な身体や生活背景といった視座を，教科をめぐる学びに包摂する必要性が述べられている。
　なお，学習者の多様性と教科との関係については，日本教科教育学会が2022年に編集した『日本教科教育学会誌』において，南浦がさらに踏み込んで次のように述べている。

　　特別な支援を要する子どもなど認知と発達に関わる多様性，外国につながりを持つ子どもなど，認知と発達に加えて言語と文化が関わる多様性，LGBTQ+などジェンダーに関わる多様性，さらに家庭の多様性──と，さまざまに子どもたちの多様性の視点が提起されてきている。(略＝原田) 従来の「多数者の教科教育学」から，差異の承認・格差の是正を指向する福祉と高度さを合わせた「多様性の教科教育学」原理への再構築が必要である。
(南浦，2022：75-78)

　南浦は，多数派を想定した従来の教科観から，「子どもたちの多様性」を軸にした教科観への再構築を主張している。社会の多様化に向けて変わるべきは多数派の価値観や文化であり，少数派を多数派に適応させることではない。私

たちを多数派のままに維持する各教科のカリキュラムを批判的に検討しなければならない。「従来の教科の枠組みにそのままでは収まらない諸問題が山積」（清水，2020：33）した教科教育の現状において，多様性を包摂する教科カリキュラムの構想は喫緊の課題である。

2　インクルージョンをめぐる国語科教育の動向

　本章では，教科「国語」に着目し，国語科カリキュラムのインクルーシブ化を考えてみたい。なお，インクルージョン（inclusion）とは，日本で「包摂」や「包容」と訳される概念である。教育の文脈におけるインクルーシブ化とは，多様性を包摂する学びへと変えていくことにある。
　国語科は，「話すこと・聞くこと」「書くこと」「読むこと」の言語行為や情報の扱い方に関する事項等といった，ことばをめぐる知識及び技能，思考力，判断力，表現力等を学ぶ教科として位置づけられている（文部科学省，2018）。国語科を通して学習者に生まれることばの学びは，他の教科や領域で取り組む児童・生徒の言語活動全般に影響を与える。このことから，国語科の動向は他の教科・領域においても重要な意味をもつ。
　全国大学国語教育学会が2022年に刊行した『国語科教育学研究の成果と展望Ⅲ』（以下『成果と展望Ⅲ』）で「国語科インクルーシブ教育に関する研究の成果と課題」と題した章を執筆した原田は，2011年以降の国語科において「学習者の多様な社会的困難に焦点が当てられ始めている」と評価している（原田，2022a：558）。一方，原田は「学習者の多様性に焦点を当てた研究は，その分野に関心のある実践者や研究者に限られているために，質的・量的に偏りがある」ことを指摘している（原田，2022a：558）。加えて，原田は「既存の国語科の枠組みの中で学習者の『包摂』をめざすだけではなく，国語科カリキュラム自体を問いなおす研究が必要である」こと，「インクルーシブな国語学力の理論研究が深められなければならない」こと，「インクルーシブな国語科教育の教材開発や授業開発が急がれる」ことを述べている（原田，2022a：558）。
　この原田の論を軸に国語科教育のインクルーシブ化に必要な観点を考えると，

（1）既存の国語科カリキュラムの枠組み自体を問いなおす必要があること，（2）インクルーシブな国語学力を構想すること，（3）国語科教育の教材や授業の開発を進めること，の3点に整理できる。以降では，原田が提起した（1）に該当する「既存の国語科カリキュラムの枠組み自体を問いなおすこと」に焦点を当てつつ，その考察の過程で（2）や（3）について触れていきたい。

3 国語科カリキュラムをめぐる議論の成果

『成果と展望Ⅲ』の中で，「国語教育カリキュラム論に関する研究の成果と展望」を執筆したのが吉田である。吉田は，「カリキュラムは，教育課程として，国の教育政策レベルで告示される学習指導要領から，各学校・教師レベルで作成される年間指導計画・シラバス等に至るまで，様々な形で具現化されている」（吉田，2022：27）とした上で，この10年の国語科カリキュラムの動向を，「「計画としてのカリキュラム」（教える側のカリキュラム）と「履歴としてのカリキュラム」（学ぶ側のカリキュラム）の両面が行われている」と整理している（吉田，2022：33-34）。

吉田のように，国語科カリキュラムを「計画としてのカリキュラム」と「履歴としてのカリキュラム」の二つの視座から論じる立場は，国語科で「文学の読みのカリキュラム」を論じる大野・山元（2020）や，「話すこと・聞くことのカリキュラム」を論じる山元（2016）や河野（2016）など少なくない。甲斐（2015）が述べるように，「国語科のカリキュラムは学習指導要領に示されているという理解」が学校現場で共有されている。その上で，国語科カリキュラムをめぐる現象を教員が立てる「計画」と学習者の学びの「履歴」から論じることが研究の主流になりつつある。

教科のカリキュラムの是非を論じる上で，「計画」と「履歴」の二つの視座から論じることの可能性は何か。それは，「履歴」としての学習者の学びの論理を「計画」としてのカリキュラムに柔軟に組み込むことができる点にある。たとえば，国語科における「話すこと・聞くこと」の領域において「出来事の瞬間を捉え導く編み上げ型カリキュラム」を提唱する山元は，「学びの積み上

げに沿いながら，あらかじめ計画的に用意していた学習材や単元を時期を捉えてくさびのように打ち込んでいく」ことを強調する（山元，2016：41）。このようなカリキュラムの必要性について山元は，「話す聞くことの学習には，読む書くことの学習ではさして問題にならない〈出来事性〉と〈臨床性〉が大きく関わってくるから」だと説明する（山元，2016：42）。〈出来事性〉や〈臨床性〉を捉えることのできる教員の知識や技能，感度の豊かさは，身体上の困難や生活背景に難しさのある学習者の実態や学びを見とる上で欠かすことができない。このことに鑑みると，山元が主張する「出来事の瞬間を捉え導く編み上げ型カリキュラム」や，教員が〈出来事性〉や〈臨床性〉を捉えることは，「話すこと・聞くこと」だけでなく，「読むこと」や「書くこと」といった領域も含めた国語科全体で共有すべき視座であることがわかる。国語科カリキュラムを「計画」と「履歴」の二つの視座から捉えたことや，「出来事の瞬間を捉え導く編み上げ」る存在として捉えたことは，国語科カリキュラムをめぐる議論の大きな成果である。

4　国語科カリキュラムをめぐる議論の課題

　他方，「計画」と「履歴」の二つの視座で国語科カリキュラムをめぐる現象を論じることには，別の問題が生まれる。この理由は，〈出来事性〉や〈臨床性〉といったミクロな場に焦点を当てたものであるからこそ，その場を作り出している社会構造としてのメゾ・マクロな政治課題が見えにくくなるためである。Schubert は，『カリキュラム研究事典』の「カリキュラムの場」という項目で，次のように述べている。

　　　カリキュラムはしばしば，意図されたカリキュラム，あるいは学校やその他の教育機関や関係から出された政策の叙述（policy statement）だと想定されている。しかしながら，どんなカリキュラムでもその文脈を理解するために解釈されるべき，多様なカリキュラムの場が同時に存在している。そのような場には，カリキュラムの次のような変形が含まれている。すな

第10章 教科カリキュラムのインクルーシブ化に向けて

わち，意図された（intended），教えられた（taught），経験された（experienced），身体化された（embodied），テストされる（tested），隠れた（hidden），空の（null：空集合の），学校外の（outside），内々の（clandestine），追放された（exiled），中間の（in-between），といったカリキュラムである。（略＝原田）カリキュラムについての複雑な理解は，これらのものすべて，さらに他のものにも注目しなくてはならない。

(Schubert, 2010=2021：187-188)

　Schubertの論にならえば，「計画」と「履歴」の二つの視座のみで国語科カリキュラムをめぐる現象を論じることは，たとえそれが二つの視座に焦点を当てることを目的にした報告であったとしても，「複雑なカリキュラム現象」(Schubert, 2010=2021：188)の排除に与することになる。このことを，Schubertが述べた「複雑なカリキュラム現象」の一つである「空の（null：空集合の）」カリキュラムを例に考えてみたい。「空カリキュラム」はEisnerによって提唱された概念である（Eisner, 2002：97）。QuinnはEisnerの「空カリキュラム」を次のように解説している。

　学校が生徒に提供していないもの，あるいは生徒に提供しているものを定めるカリキュラムを表現する際に，明確に導入されながら暗に提供されているカリキュラムと空カリキュラムとを区別しつつ，生徒には扱えない知的な見通しやプロセスを強調し，学校教育では関知されないままのものが教育上どれほどの重要性を有しているか，除外されていること，つまり不在（in absentia）により何が教授されているのか，という問いをアイスナーは立てる。（略＝原田）空カリキュラムから課題を得た研究は，たとえば，学校カリキュラムにおいてホロコーストを取り扱わないような特定の黙殺と同様に，社会階層，人種，性に関しての広く教育界にある排除を明るみにしてきた。

(Quinn, 2010=2021：273-274)

「計画」と「履歴」の二つの視座のみで国語科カリキュラムをめぐる現象を

論じる場合,「不在」にある状態で進行する学びへの批判的検証が排除されるか, その行為の優先順位が低いものとされる。仮に学習者の学びの「履歴」に「不在」をめぐる何かが浮かび上がっていたとしても, 教員による評価や見とりは「計画」と「履歴」を軸に展開されるために注視されることは少ない。

　南浦が指摘したように, 教科は多数派を前提につくられている。「複雑なカリキュラム現象」の一つである「空カリキュラム」の視座を国語科カリキュラムに導入することは, 多数派によって「不在」にある教育内容に新たな光を当てることになる。「不在」にあるものが可視化され, 排除（エクスクルーシブ）されてきたプロセスが明るみになることで, 教科の枠組みは, より包摂的（インクルーシブ）になる。多数派にとって, その「不在」にあるものが不都合なものであったとしても, 教科のインクルーシブ化の実現には「不在」の可視化が一つの条件になる。国語科カリキュラムをめぐる議論の課題は,「不在」への視座が十分に組み込まれていない点にある。

5　インクルーシブな国語科の授業づくりへ

　では,「計画」と「履歴」の二つのカリキュラムの視座を軸にした国語科カリキュラムに「複雑なカリキュラム現象」の視座を導入すると, 国語科の授業はどのように変わるのか。ここでは再び,「空カリキュラム」の視座を加えた場合で考えてみたい。岡村は, Eisnerが提唱する「空カリキュラム」を次のように解釈している。

　　空カリキュラムとは,「不在」, すなわち「何が学校で教えられていないか」を問うものである。具体的には,「学校が強調する, ないし軽視する知的プロセス」もしくは「学校のカリキュラムに存在する, ないし欠如している内容や教科領域」の二つの側面が想定される。（中略—引用者）自らの実践の暗黙の前提や空カリキュラムを問い直し, 教師自らが実践の軌道修正を行う。教室内で実施されるカリキュラムを用意できるのは, 授業者に固有の仕事である。

　　　　　　　　　　　　　　　　　　　　　　　　（岡村, 2023：34-35）

第10章　教科カリキュラムのインクルーシブ化に向けて

　岡村の指摘にあるように,「自らの実践の暗黙の前提や空カリキュラムを問い直」すことは,「授業者に固有の仕事」である。国語科の授業を実践する教員もまた, 国語科をめぐる暗黙の前提や「空カリキュラム」を問いなおすことが必要である。

　国語科カリキュラムに「空カリキュラム」の視座の導入を試みると, まず第一に, 現在の国語の授業を制度的に枠づける学習指導要領が検証の対象となる。たとえば, 2017年版の小学校学習指導要領解説国語編では,「我が国の言語文化に関する事項」において,「伝統的な言語文化」に関する指導事項が記載されている。各教科書会社はこの指導事項の内容に沿うかたちで「伝統的な言語文化」を学ぶ教材を掲載している。それは,「未来につなぐ工芸品」(光村図書4年下)の「工芸品」,「和の文化を受けつぐ―和菓子をさぐる」(東京書籍5年)の「和菓子」,「「古典」を楽しむ」(教育出版5年下)の「能」や「狂言」等が挙げられる。

　「空カリキュラム」の視座を授業に導入することにより, 学習者は「伝統的な言語文化」として国語の教科書で「不在」にある「伝統的な言語文化」を想像したり, その理由を考えたりすることで, 既存のナショナル・カリキュラムの外部や境界にある知識や技能, 価値観や態度を学ぶことができる。かつて難波は,「伝統的な言語文化の授業の課題」として「アイヌ文化・在日コリア文化・沖縄文化」を取り上げ,「いわゆる和文化だけに注目するのではなく, このような文化にも注目することが, 豊かで多様な日本の伝統文化を継承することにつながる」と指摘した (難波, 2009：27)。既存のナショナル・カリキュラムの外部や境界に接続した学びは, インクルーシブな教育内容へと変えていく上で欠かせない。

　また,「空カリキュラム」の考え方は,「読むこと」の学びに援用できる。小学校学習指導要領解説国語編の「読むこと」の指導事項は「構造と内容の把握」「精査・解釈」「考えの形成」「共有」で構成されているが,「精査・解釈」の解説では,「「精査・解釈」とは, 文章の内容や形式に着目して読み, 目的に応じて必要な情報を見付けることや, 書かれていること, あるいは書かれていないことについて, 具体的に想像すること」とある (文部科学省, 2018：37)。

「書かれていないこと」とは，「人物像や物語などの全体像を具体的に想像したり，表現の効果を考えたりすること」（文部科学省，2018：149）とあることから，文章の表面上の意味の解釈に焦点を当てたものだと推察される。ただし，文部科学省は「書かれていないこと」の範囲を限定しているわけではないため，「空カリキュラム」の考え方と親和性が高い文言として解釈することも可能である。この文言に着目する塚本が「描かれていない内容を補いつつ柔軟にカリキュラムを練りなおすことが必要」だと述べているように（塚本，2023：29），国語科の授業を実践する教員は，学習指導要領に「精査・解釈」の指導事項があることを理由に「不在」をめぐる「読むこと」の授業を展開できる。学習者は，教科書教材において「不在」にあるもの・ことを想像する力を身に付けることが可能である。

6 インクルーシブな国語学力とは

このように考えると，国語科カリキュラムという制度的な枠組みを通して，子どもたちに身に付けさせたい国語学力とは何かが問われる。「インクルーシブな国語学力の構想」と題した論の中で，永田は「読むこと」の力を，「テキストや他者とかかわることによって，自己の置かれた状況や生活に，どのような社会的背景があるのかを読む力」と定義している（永田，2015：90）。フレイレの思想に依る批判的リテラシーの考え方を踏まえた永田の論では，自己や他者の状況や生活を読むこととあわせて，その状況や生活の基盤にある「社会的背景」や「社会からの抑圧」（永田，2015：90）を読みとる点に特徴がある。

また，原田は「インクルーシブな国語科教育において育まれるべき国語学力」を「多様性を包摂することばの力」と位置づけた上で，そのことばの力を「子どもたちが自身に付与されたマイノリティ性とマジョリティ性（社会的特権）を見つめ，個人（だけ）の責任ではなく社会構造の問題として捉えなおし，解決するための方向性を模索できる知識，技能，価値観，態度のこと」だと整理している（原田，2022b：109）。

永田と原田の学力論に共通するのは，「社会的背景」「社会からの抑圧」「社

会的特権」「社会構造」「社会規範」といった概念が見られるように，個人（だけ）の責任に還元する知識，技能，価値観，態度を育むのではなく，個人の身に起きた問題を社会課題として捉え直し，それを変革するための知識，技能，価値観，態度を「ことばの力」として育てようとしている点にある。学習者にとって，小学3年生から社会科の授業が始まるものの，社会ということばや概念に親しみがあるわけではない。抽象度の高い社会課題を考えることよりも，目の前の出来事に固執することも考えられる。しかしだからこそ，「書かれていないこと」や「隠されているもの」といった「不在」にある社会事象を想像し，その社会事象を自身の知識や技能として捉え直し，価値観や態度として向き合う学びの積み重ねが必要である。このような学力観は，学習者の言語行為を育てる国語科や，社会事象それ自体を扱う社会科，生活に根ざした教育内容を扱う家庭科や生活科等を含む，すべての教科で必要である。

7 教科カリキュラムのさらなるインクルーシブ化に向けて

　本章で取り上げた「空カリキュラム」は，Schubertが述べた「複雑なカリキュラム現象」の一つに過ぎない。「空カリキュラム」を含む「複雑なカリキュラム現象」を国語科カリキュラムに導入することは，国語科カリキュラムをめぐる議論をさらに多様性にひらかれたものへと変えうるだろう。

　ここまで確認した内容は，国語科に限らず，各教科のカリキュラムに通底する問題でもある。今後，教科カリキュラムのさらなるインクルーシブ化に向けて検討すべき内容として，次の3点が考えられる。

　(1)教科カリキュラムは制度的なものである以上，授業時数は有限である。多様性を包摂する学びを実現させる上で，優先させるべき理念が問われている。原田（2022b）は，人権，民主主義，反差別，の3点を軸に国語科を中心に教科カリキュラムのインクルーシブ化を主張したが，その理念をさらに精緻化させること。

　(2)学習者は，複数のマジョリティ性と複数のマイノリティ性を有する社会的な存在である。学習者をインターセクショナルな存在として捉える交

差性（intersectionality）の概念や，社会的特権（privilege）との向き合い方をめぐる議論など，教科カリキュラムに導入すべき概念や理論，知の枠組みを精査・選出すること。
(3) 学習者が生きる発達世界を見通しつつ，個別の学びの環境を踏まえた上で，教科カリキュラムの原理としての目標・内容・方法・評価等をインクルージョンの視座から検討すること。また，各教科の教科書教材を検証したり，新たな教材を開発したりすること。

　インクルーシブ教育では，変革するプロセスが重視される。教科カリキュラムのインクルーシブ化においても，学習者の育ちや学びを尊重する態度を軸に位置づけた上で，各教科を専門とする教員や研究者が理論や実践を検証していくプロセスを大切にしたい。その際，教科のカリキュラムを論じる教員や研究者は，自身がどの位置に立ち，カリキュラムの何に焦点を当て，包摂（インクルージョン）と称して何を得ようとしているのか，また，このことによって何が論点から排除（エクスクルーシブ）されようとしているのか，絶えず自覚的であることが求められる。

引用・参考文献

大野響・山元隆春（2020）「文学の読みのカリキュラムに関する検討」『広島大学大学院人間社会科学研究科紀要「教育学研究」』（1），78-85.

岡村亮佑（2023）「E.W. アイズナーのカリキュラム構成法――「教育的想像力」概念に焦点を合わせて」日本教育学会編『教育学研究』90(3)，435-447.

長田友紀（2020）「国語科とはどのような教科か」日本教科教育学会編『教科とその本質――各教科は何を目指し，どのように構成するのか』教育出版，80-85.

甲斐雄一郎（2015）「国語カリキュラム」髙木まさき・寺井正憲・中村敦雄・山元隆春編『国語科重要用語事典』，59.

河野順子（2016）「「学びの履歴としてのカリキュラム」と「計画としてのカリキュラム」統合の必要性」全国大学国語教育学会編『国語科カリキュラムの再検討』学芸図書，27-32.

草原和博（2020）「21世紀の教育において教科等はどのような役割と意義を果たすの

か:教科の現代的意義(1)日本」日本教科教育学会編『教科とその本質——各教科は何を目指し,どのように構成するのか』教育出版,38-43.

清水美憲(2020)「教科とは何か,どのようなものか:教科の定義」日本教科教育学会編『教科とその本質——各教科は何を目指し,どのように構成するのか』教育出版,32-33.

塚本彩乃(2023)「家族の多様性に向き合う小学校国語科授業の構想——家族像の考察と批判的リテラシーの援用」初等教育カリキュラム学会編『初等教育カリキュラム研究』(11),25-34.

永田麻詠(2015)「インクルーシブな国語学力の構想——「読むこと」の授業づくりをめぐって」インクルーシブ授業研究会編『インクルーシブ授業をつくる——すべての子どもが豊かに学ぶ授業の方法』ミネルヴァ書房,83-93.

難波博孝(2009)「伝統的な言語文化の授業の理論」難波博孝・東広島市立原小学校『表現力・思考力も身に付く伝統的な言語文化の授業づくり』明治図書出版,9-27.

原田大介(2022a)「国語科インクルーシブ教育に関する研究の成果と展望」全国大学国語教育学会編『国語科教育学研究の成果と展望Ⅲ』溪水社,553-560.

原田大介(2022b)『インクルーシブな国語科教育入門』明治図書出版.

南浦涼介(2022)「教科教育学における「往還」を保障する研究の接近法とシステムの複線化——学校状況をふまえた「多様性の教科教育学」の構築に向けて」日本教科教育学会編『日本教科教育学会誌』44(4),75-79.

文部科学省(2018)『小学校学習指導要領(平成29年告示)解説 国語編』東洋館出版社.

山元悦子(2016)「話すこと・聞くことの特性に鑑みたカリキュラム作りの試み——出来事の瞬間を捉え導く編み上げ型カリキュラム」全国大学国語教育学会編『国語科カリキュラムの再検討』学芸図書,41-46.

吉田裕久(2022)「国語教育カリキュラム論に関する研究の成果と展望」全国大学国語教育学会編『国語科教育学研究の成果と展望Ⅲ』溪水社,27-34.

Eisner, Elliot. W. (2002) *The educational imagination: On the design and evaluation of school programs* (3rd ed), New York: Macmillan. (Original work published 1979)

Quinn, Molly (2010) 藤本和久訳 (2021)「空カリキュラム(Null Curriculum)」クライデル・クレイグ編『カリキュラム研究事典』(西岡加名恵ほか監訳)ミネルヴァ書房,273-274.

第 4 部　広場 4　インクルージョンを実現する学び

Schubert, William H.（2010）西岡加名恵訳（2021）「カリキュラムの場（Curriculum Venues）」クライデル・クレイグ編『カリキュラム研究事典』（西岡加名恵ほか監訳）ミネルヴァ書房，187-188.

（原田大介）

第11章

教科横断的学びをつくり出す
インクルーシブなカリキュラム

1 インクルーシブなカリキュラムの必要性

　多様性が求められる現代，教育現場に対するその声はさらに高まっている。インターナショナルスクール，国際バカロレアプログラム校，イエナプラン等の中には，一条校として独自の教育プログラムを展開している学校がある。また，オルタナティブ校，学びの多様化学校等も少しずつ増え，これまでの教育の在り方が問い直されてきた。国連から「インクルーシブ教育」について勧告を受けた日本は，特別支援教育に限定しない多様性のあり方を追求することが課題である。本章では窪島（2019）が述べる「インクルーシブ教育は通常教育学の範疇である」と考え，通常学級におけるインクルーシブなカリキュラムについて論を進めていく。

　学習指導要領では学びの主体は子どもであるとし，「カリキュラム・マネジメント」の必要性が言及された。天笠は「カリキュラム・マネジメント」について「全ての教職員の参加によって，教育課程の編成・実施・診断・評価・改善を通して，学校の特色を作り上げていく営みである」とし，【その1】授業改善と教科横断，【その2】PDCAサイクルの確立，【その3】人的・物的資源の活用」を挙げている。

　しかし，現実はどうであろう。教育課程の編成等による学校の特色づくり，グランドデザインをどのように全職員が共通理解してカリキュラムを作成すればいいのか。教師の働き方改革が提唱されている現在，教師自身の意識改革も必要であり，困難性を抱えている。長年小学校教諭として勤務していた当時か

ら，教育委員会指導で「スタンダードカリキュラム」を作成していたが，教科ごとの担当で教科横断的な視点で組み立てることはできなかった。これが全教員に配布されるが故に，同じような指導展開が見受けられることとなる。学校独自の教科横断的なカリキュラムをどのように作成していくのかを模索していく必要がある。

2　教科横断的な視点で作成するインクルーシブなカリキュラム

（1）年間カリキュラムの作成

　天笠（2017）は「各教科等それぞれの題材や単元の構成について精通することが，その枠を超えて横断的・関連的に相互の関係を捉える発想と手法を持つことが前提となる」と述べる。しかし，個人の力の差は明らかであり，各教科に精通することは難しい。教科横断的なカリキュラムはともすれば個人の研究として進められがちで，個人の力では学校組織全体の変容は望めない。「横断的・関連的に相互の関係を捉える発想と手法」を個人の力とせず，学校として組織的にカリキュラム作成に取り組んでいくことが不可欠である。

　資料11-1は，筆者が2005年に作成した年間カリキュラムである。学校教育目標，学年・学級目標，子どもたちの日常生活，教科，教材・題材を一覧にする。その上で教科横断的に単元を組み立てていった。学校全体の取り組みとして広げられなかったことは反省点である。二つ目は，多様性，地域性に目が向けられていないことである。原田（2022）は，国語科教育のインクルーシブ化に必要な観点として「（観点1）マジョリティを前提につくられた国語科カリキュラムを問い直すこと。（観点2）マジョリティを前提につくられた国語科の授業方法を問い直すこと」の必要性を述べる（原田，2022：114-116）。確かに「マイノリティを授業という社会に効率的・効果的に適応させる議論だけでは不十分」である。ともすれば，支援の必要な子どもをどう変容させるかに目が向く。原田の述べる「マイノリティの存在によってマジョリティの側が変容する（再包摂する）議論が不可欠」は，インクルーシブなカリキュラムの大切な視点である。また，子どもたちが生活している地域性に目を向けることも忘れ

第11章　教科横断的学びをつくり出すインクルーシブなカリキュラム

資料11-1　筆者作成のカリキュラム（部分）

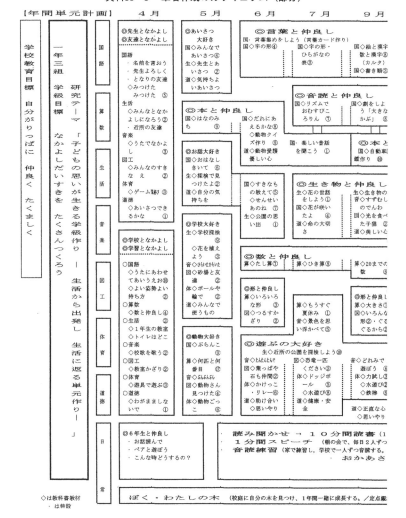

てはならない。子どもたちが地域で受け入れられ、将来そこで生きていくカリキュラムのあり方も必要となってくる。

　そのためには、子どもが参加するカリキュラム作りが必要ではないかと考えた。今井（2019）はその取り組みとして、「多様なニーズをもつ子ども、排除されている子どもも含め、一人ひとりの子どもが学習の参加の方法をめぐって

第4部　広場4　インクルージョンを実現する学び

互いの意見を表明し，それについて共に吟味していくことで，学びと生活に参加していく権利主体として立ち現れてくる」と述べる。筆者のカリキュラムに欠けている視点である。教師側が一人ひとりの子どもの状況を把握し，ニーズに応じたカリキュラムを作成しても，それはあくまでも教師の主観によるものとなり，教師側の都合で作成されかねない。

　反省を生かし，授業観察に入っている田中教諭と子ども主体のインクルーシブなカリキュラムづくりの実践に取り組んだ（2023年9月から現在に至る）。年度当初ではなかったので，学校全体の取り組みには至らなかった。ただ，研究主任という立場なので，この経験は次に生かされることを期待する。田中学級は，教師の指示を素直に聞き学習するが，消極的な面があり周囲の雰囲気に押されがちである。人間関係は良好で支援の必要な子ども，不登校の子ども等にも分け隔てなく接することができる。「認められたい」「ほめられたい」と願うサイレントマジョリティの子どももいる。

〈支援の必要な子ども〉2名
- ADHD傾向　悟さん：思いが通じないと暴力的な行動に出る。学習は根気が続かない。他人の目が気になるものの，関係性は取りにくい。
- 不登校　陽子さん：3年前からほとんど登校しないが行事には進んで参加し，何事もなく友達と接する。支援室と発達障害センターに通う。

〈特別支援学級からの子ども〉3名
- 友さん（情緒）：学力的な遅れはない。こだわりが強い。
- かずさん（情緒）：自分のルールで生活する。
- まちこさん（知的）：友達との交流はできにくい。

〈田中教諭の願い〉
- 指示待ちではなく，主体的な学びをさせたい。
- 子ども同士の関係性を深め，協同的な授業づくりをしたい。
- 成功体験を積み重ね，自己肯定感を高めたい。

　まず，田中教諭と教科と生活を一覧にした表を作成した（資料11-2）。この

第11章 教科横断的学びをつくり出すインクルーシブなカリキュラム

資料11-2 教科・教材，生活の一覧表（部分）

月	4	5	6	7
学校行事	・始業式，着任式 ・入学式	・避難訓練，遠足	・平和学習①（沖縄慰霊の日）	・1学期終業式
学年行事	・校外学習 （スペースLABO，英語村）		・プール掃除	・卒業アルバム（クラブ活動写真）
学級行事	・学級開き	・学級会（学級目標）		・学級会 ・1学期がんばったね集会
国語	・つないで，つないで，一つのお話 ・帰り道 ・視点のちがいに着目して読み，感想をまとめよう ・銀河 ・漢字の広がり，意味 ・春のいぶき	・聞いて，考えを深めよう ・漢字の広場① ・笑顔の主張や事実をとらえ，自分の考えを発表しよう ・笑うから楽しい ・時計の時間と心の時間 【情報】主張と事例 ・地域の施設を活用しよう	・話し言葉と書き言葉 ・たのしみは ・文の組み立て ・天地の文 【情報】情報と情報をつなげて伝えるとき ・私たちにできること	・夏のさかり ・私と本　森へ
書写	・点画のつながり ・文字の配列			
社会	1　ともに生きる暮らしと改善 3　憲法とわたしたちの暮らし	2　わたしたちの暮らしを支える政治 2　日本の歴史	3　国づくりへの歩み 2　大陸に学んだ国づくり	3　武士の政治が始まる 4　室町文化と力をつける人々
算数	1　対称な図形	2　文字と式 3　分数×整数，分数÷分数 4　倍数	3　分数×分数 5　分数÷分数	6　資料の調べ方 ○　どんな計算になるのかな ○　算数の自由研究 ○　倍数
理科	○私たちの生活と環境 1　ものの燃え方	2　植物の成長と日光の関わり 3　体のつくりとはたらき	4　植物の成長と水の関わり	5　生物どうしの関わり
総合的な学習の時間		①1年生　なかよしプロジェクト（1年生となかよくなる学習）		
音楽	鑑賞　心をつなぐ歌声 ・つばさをください 1　歌詞を口ずさんでうたおう ・団結という大空 ・君が代	・おぼろ月夜 ・星空はいつも	2　いろいろな音色を感じとろう ・木星 ・ラバースコンチェルト	・ボイスアンサンブル 3　旋律の特徴をいかして演奏しよう ・われは海の子 ・メヌエット
	徒立実技賞	星は光る	浜千鳥	Withーを信じて	旅立ちの日に
図画工作	1　わたしのお気に入りの場所		8　木と金属でチャレンジ	いろどり，いろいろ
家庭	9　見つめてみよう　生活時間 10　朝食から健康な1日の生活を	10　朝食から健康な1日の生活を	11　夏をすずしく　さわやかに	11　夏をすずしく　さわやかに
体育	・体つくり運動「体ほぐしの運動」 ・体つくり運動 「体の動きを高める運動」 「体の柔らかさを高めるための運動・巧みな動きを高める運動」	・陸上運動「ハードル走」 ○体力テスト （20mシャトルランのみ）	○　新体力テスト ・器械運動「跳箱運動」	・ボール運動「ネット型」 （ソフトバレーボール） ・陸上運動「走り高跳び」
外国語	・自己紹介	・おすすめの場所	・好きな日本の文化	・復習，まとめ
特別の教科道徳	・雨のアサガオ ・ほんとうのことだけで	・それじゃ，ダメじゃん ・言葉のおくり物 ・ぼくたちの学校 ・泣き虫	・東京オリンピック招致にこめられた思い ・おかげさまで ・カスミと携帯電話	・情報の泉 ・わたしのせいじゃない
特別活動	・体育館を使おう ・委員会，クラブ組織作り	・学級目標を決めよう	・係活動を充実させよう	・1学期がんばったね集会をしよう

161

第4部　広場4　インクルージョンを実現する学び

資料11-3　6年1組学びの地図

文化	平和	卒業（自分の未来）
社会　室町文化と力を付ける人々 　　　新しい文化と学問 音楽　君が代 図工　墨から生まれる世界　龍を見る 国語　『鳥獣戯画』を読む 　　　日本文化を発信しよう　古典芸能の世界 　　　伝統文化を楽しもう「狂言　柿山伏」 ・能体験学習（出前学習）	道徳　長崎の鐘（かね） 社会　戦争と人々の暮らし 　　　平和で豊かな暮らしを目ざして 総合　沖縄慰霊の日（6月23日） 　　　平和のまちスタディツアー 修学旅行（大刀洗平和記念館、特攻隊） 国語　平和のとりでを築く	学校行事　卒業証書授与式 特別活動　卒業式に向けて 国語　今、わたしは、ぼくは 外国語　小学校の思い出・将来の夢 総合　キャリア学習
1年生	世界	言葉
特別活動　運動会の取組 　　　（お手本になろう、いっしょに○○しよう） 体育　マット運動（器械運動） 学校行事　お別れ集会	音楽　世界の国の音楽 　　　日本や世界の音楽に親しもう 外国語　行きたい国 　　　世界で活やくするスポーツ選手 社会　世界の中の日本	学活　卒業文集をつくろう 国語　大切にしたい言葉 　　　人をひきつける表現・思い出を言葉に 書写　自分だけの一文字 学校行事　運動会を充実させよう 　　　運動会でみつけよう　友達の良さ

　表を元に子どもたちと，自分たちの学びついて年間を見通した。グループでの対話を重視し，教師はアドバイスに徹した。準備は教師で，そこから考えを広げ，深めていくのは子ども自身である。「文化って何？　君が代って文化？　沖縄慰霊の日ってどんな日？」などさまざまな疑問が生まれ，教科書や辞書を使って調べ学習を始めた。その結果，「世界に一つ6年1組学びの地図」が出来上がった（資料11-3）。これは教室に掲示し，学習の指標にしている。何より特記すべきことは，子どもの気づき・発見から生まれたカリキュラムになったことである。教師が子どもたちの思いを生かせるような手立てを準備する中で子どもたちは対話を重ね，作り上げることができる。

　「学びの地図を作って，いつもは気にしないところが分かった。〈～はどう？〉〈～は外国にもあるよ〉など知らなかったこともあった。テーマでつなげることで視野が広がり，いろいろな考え方ができると思う。」「みんなで学びの地図を作って，いろいろな教科からテーマが出てきた。一つの教科からテーマができるのではなく，たくさんの教科からテーマは出ると思った。」子ども自身が教科横断的な学びを自覚し始めている。教師自身も「初めての経験だったので，教科同士の学びがつながることを感じている子が多くいました。詳細な検証はできませんが，学びのつながりは肌で感じています。つながりを意識する姿が見られるようになったと思います。学びの地図を単元の導入で生かす

ことも有効だと思います」と振り返る。この活動をベースにして、教科横断的な捉え方はそれからの学びに生かされていった。

（2）単元計画の作成

　年間カリキュラムをベースに各単元の計画を子どもたちと立てていくことも大切だと考えた。それは、数年前佐藤教諭と出会い、そのクラスの実態を目の当たりにしたからである。席につかない、教室を飛び出す、後ろでトランプや将棋をするなど、学習に参加できない状況であった。全体に指導しても無理なことを佐藤教諭自身が知っており、個別指導に徹していた。ところが次の体育の時間では、中学校体育教師の指導で全員が何らかの形で活動を始めた。ドリブル指導を受ける子ども、ゴールシュートの練習をするグループ、3対3でミニゲーム等さまざまではあるが、どの子も意欲的に活動をしている。この姿にヒントを得て、佐藤教諭に「活動の目標を持つこと」「自分たちで学習計画を立てること」「短時間で基礎的な概念理解をさせること」の3つの提案をした。「自分たちで学習計画を立てたことはない、言語活動に具体的な相手・目的意識を持たせたことはない」とのことであった（詳細は、稲田（2023））。この取り組みにより紆余曲折はあったものの、はっきりとした手がかりを得た。学びに子ども自身が関わり、責任をもつことの大切さである。最終的には全員が着席し、グループの成果を発表した。「何をしたらいいかがわかってきた」「むずかしかったけど楽しかった」という感想が多く、最初の姿と比べると鳥肌の立つ思いであった。文字を書けないLD傾向と思われるひろきさんは、「先生が一緒に考えてくれた」と嬉しそうに学習プリントを見せてくれた。個別指導に徹していた教師の姿がここに見えた。教諭自身も「自分たちで学習計画を立てたので先が見えた。短時間の概念理解を心掛けたので「できる」と感じられた。」と振り返った。自分の学びに責任をもつことで、意欲的に取り組むのである。

　田中教諭にもこの提案をし、子どもたちと作る単元計画の取り組みに入った。先の原田（2022）の言う「マイノリティを包摂するだけでなく、マイノリティの存在によってマジョリティの側が再包摂する」単元作りをしたいと考えた。

第4部　広場4　インクルージョンを実現する学び

写真11-1　学習のゴール

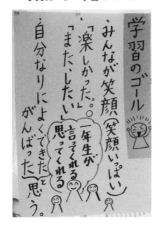

悟，陽子さんは下級生に優しく行事に前向きであるという特性を生かし，「学びの地図」から「1年生」への取り組みに目を付けた。二人を包摂する取り組みが学級全体を再包摂すると考えたからである。「教科横断的な学び」として国語科と特別活動を関連させた。単元に入る前に，「素地づくり」として次のことを取り入れた。

● 学びの地図との関連を図る。（テーマ「1年生」との関連付け）
● 1年生と交流する様子を写真に記録しておき，単元の導入で提示する。）

　単元計画は，子どもとともに「逆向き設計」(5)で立てていく。学習のゴールをはっきりさせ，それに向かう学びを計画するのである。子どもたちは自分のゴールの姿をイメージし，そのために必要な活動を考える。マクグラス（2010：72-75）の「読みの環境調整・課題改善」とも通じる。マクグラスは，「基礎的な概念は教師側から指導する」「予備知識やこれまでに得た知識を活用する」「以前学習した内容と新しい内容を関連付ける」「内容をまとめるためのストラテジーを教える」ことを提唱している。

　1年生とのこれまでの関係性を想起し，どのような姿になりたいかというゴールをイメージした（写真11-1）。「1年生も6年生もみんなが笑顔になる」という願いから，単元の目標を「笑顔を増やそう大作戦」に決定した。その後，ゴールに向かう活動を話し合い学習計画を立てた（資料11-4）。田中教諭はこの活動を振り返って次のように述べる。「1年生との交流を振り返るスライドでは恥ずかしがる子もいましたが，笑顔が見られ，よい雰囲気で学習がスタートしました。陽子さんのために，歓迎遠足で1年生がぎゅっとしがみつく写真を提示しました。恥ずかしそうでしたが，嫌がってはいませんでした。日頃，ほとんど発表しない子の「リレーをしたい」の意見に対しては，「チーム対抗

資料11-4 子どもと立てた学習計画

1　笑顔を増やそう大作戦
　1年生のためにできることを話し合い、考えを出し合う。
2　話し合いの進行計画を立てる。
　① 話し合いの仕方を学ぶ。（タブレット活用）
　② 考えを整理し、主張や理由、根拠を考える。
3　話し合いを整理して、議題を決める。
　① 考えを整理する。
4　計画的にグループで話し合う。
　① グループで話し合う。
　② グループごとに考えを一〜二個にまとめる。
5　グループで話し合ったことを出し合い、自分の遊びを決定する。
6　交流グループごとに、一年生の視点でその遊びについて、問題点や改善点を話し合う。
7　交流のために必要なものを話し合い、準備する。
8　★笑顔を増やそう大作戦に取り組む。（お店＆屋台方式）
9　学習を振り返り、成長したことを話し合う。

条件
① 一年生も六年生も楽しめる。
② 危険のない遊び（Xボール）
③ 全員が参加できる

にする，ルールを工夫する，障害物走はどう？　6年生はスプーンに球を入れて走る」等のアイデアが出されました。日ごろ発表をしない子どもが発言していること，その子どもへの周囲の関わりも見え，マイノリティの考えを包摂し，それを生かすための再包摂の話し合いができ始めた様子がうかがえる。

（3）子ども自身が自分の学びを選択し，自分なりに責任を持つ

　数年前，オランダのイエナプランの学校を視察した。異年齢のクラスで編成され，それぞれが週案に自分の課題を書き込んでいる授業場面であった。ほとんど自分の責任で課題を書き込んでいた。何を学習するかは，その子のニーズに応じて一人ずつ違うのである。その後，年上の子どもが計画にアドバイスをしていた。リヒテルズ（2016）は，「子どもたちの課題はそれぞれの進度によって決まり，自分がその週に達成すべき課題に対して，自分で必要な時間や順序を考えながら計画し，責任をもって達成していきます」「また教室では，年齢の異なる子どもが一緒に小グループをつくって座っているので，生徒同士の学び合いが起き，教師が一人ですべての子どもを指導する必要がありません」と述べる（リヒテルズ，2016：75-78）。

第4部　広場4　インクルージョンを実現する学び

写真11-2　自分の遊びを決定

　この光景に驚かされ，そのよさを日本の教室でも活かせないかと考えた。もちろん，リヒテルズの「形式だけを切り取って日本に取り入れようとすることは得策ではありません」という考えには賛成である。学校教育システム自体が違う中で形式だけを取り入れることは無謀である。一斉指導の中でこの考えを活かす方法として，「自分で選択する」「自分の学びに責任をもつ」「対話による学び合い」の三つに着目することとした。もちろん，この三つは関連しながら育まれていく。

　3時では話し合いの進行方法について教師から概念的な学びを指導した。すべて子どもと決めるのではなく，「知識・理解」の部分は教師の指導が必要である。話し合いの進行計画を立てるために「話し合いの仕方」を理解させ，4時ではグループの対話活動を重視した。その後「1年生と6年生が笑顔になる」というゴールの姿に向け，全体で検討する。出された遊びが淘汰され，自分の遊びの決定へと続く（写真11-2）。自分の遊びを決定する場でもアドバイスし合う姿が見られ，話し合いの仕方の概念的な指導の効果が見られた。安易に選択するのではなく，グループ⇒全体⇒グループ⇒個人の選択という場を通して決定した。主張や理由，根拠を考える力を付けることで，自分の選択に責任をもつことができる。次の交流グループの話し合いでは，1年生の視点で遊びの問題点や改善点を話し合うことができた。

　子ども自身が自分なりに学びへ責任をもつ方法としては「個人の学習計画」

第11章　教科横断的学びをつくり出すインクルーシブなカリキュラム

資料11-5　個人の学習計画

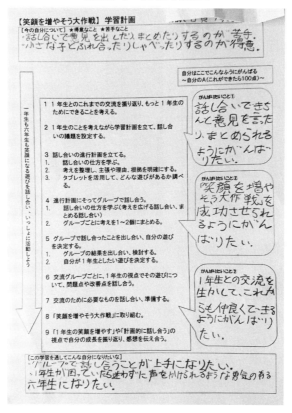

を取り入れた（資料11-5）。上段には「今の自分の姿」を，下段には「この学習を通してなりたい自分」を想定する。「話し合いで意見を出したりまとめたりするのが苦手。小さな子どもとふれ合ったり，しゃべったりするのが得意」とする悟さんは，「グループで話し合うことが上手になりたい。1年生が困っていたら迷わずに声をかけられるような勇気のある6年生になりたい」と願った。左側は全体で決めた学習計画を示し，右側に自分の頑張りたいことを記入した。自分の頑張りたいことは何か，それはどこで可能となるのかを明らかにしようとした個人の計画である。明確にすることで，自分の選んだことに自分なりの責任をもつことができると考えた。

第4部　広場4　インクルージョンを実現する学び

写真11-3　学習計画　　　　　　　写真11-4　発表準備

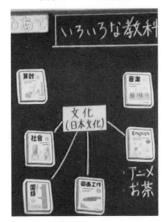 

　この学習経験はそれ以後の学習でも生かされた。「日本文化の魅力を発信しよう」の学習では前単元からの発展として、子ども自身の評価活動を明確に位置付けた。評価を取り入れると、自分の学びに一層の責任をもつことができる。写真11-3は教科横断的な学びを作りだす導入、写真11-4はゴールに向けた発表準備の場面である。このグループは自分たちの得意な体育の文化について調べ、「日本のスポーツは心と体をきたえるもの」と中学年の子どもたちに向けて発表した。自己評価点は高く「相手に合わせた言葉づかいや表現ができた」「相手が興味を持つ小見出しを考え、写真を選ぶことができた」「情報を整理してまとめる力がついた」等、相手を意識した成長を感じている。「リード文の書き方をもう少し工夫できたらよかった」「文章と写真、絵などの効果的な配置を考えたい」と、次の学びへの意欲も見られた。子ども自身が自分の学びを選択し、自分なりに責任をもつカリキュラムを子どもとともに作り上げることの大切さがはっきりしたといえる。

3　教科横断的学びをつくり出すインクルーシブなカリキュラム

　教科横断的な学びがインクルーシブなカリキュラムづくりに果たす役割は大きいと考える。赤木（2017）が「ニュースクール」のインクルーシブ教育につ

第11章　教科横断的学びをつくり出すインクルーシブなカリキュラム

資料11-6　単元計画のラフスケッチ

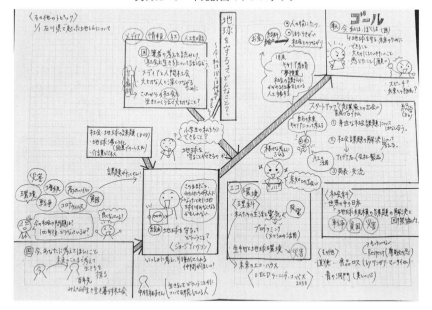

いて「自己肯定感を重視する」「子どもに優劣をつけず，主人公になれる」と述べることに通じるのではないか。正解だけを求めない教育のあり方を考えていくことが大切だと考える。

　「自分の生き方を考える」6年生最後の単元として国語科，社会科，理科，道徳，総合的な学習の時間を横断させたカリキュラムを計画した。絵本『地球をまもるってどんなこと？』(ジョージYハリソン)の読み聞かせから入り，「地球の環境とともに生きていく」自分の課題を見つけた。資料11-6は教師の単元構想のラフスケッチである。この構想が天笠の言う「精通すること」「発想と手法」につながるのではないか。教師の日常でこの営みがなされることで，教科横断的なカリキュラムの作成の力がついていくと考える。まずは，教師自身がその教科や単元を見極める力を仲間と共につけていくこと，それを可能にしていく学校づくり，学校研究が望まれる。個人の力ではなく，学校集団として考えねばならない。子どもと共に立てた単元計画が資料11-7である。忘れてならないのは，そこに子どもの姿があるかということだ。公教育のシステム

169

第4部　広場4　インクルージョンを実現する学び

資料11-7　子どもと考えた単元計画

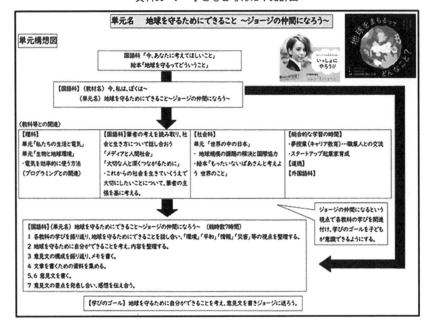

を変えることは，現状では無理がある。通常学級で不適応と判断された子どもが特別支援学級や特別支援学校へ転籍するケースも見受けられ，通常学級のカリキュラムが問い直されている。誰もが受け入れられ，活躍できる学びが保障されなければならない。教師が子どもの姿を見つめ実践を絶えず問い直していくことが求められる。そのためには，子どもと作る教科横断的なカリキュラムの果たす役割が大きいと考える。

注
※事例は個人のプライバシー保護のため，架空の状況として紹介している。
※事例の掲載については，当該校の管理職の了解を得ている。
(1)　学校教育法などの法的根拠を有さない非正規の教育：オルタナティブスクールとしては「モンテッソリー・スクール」「シュタイナー・シューレ」「ドルトンスクール」等がある。

(2) 2022年8月，国連欧州本部で，日本政府は初めて「障害者の権利に関する条約」（2006年国連が採択，日本は2014年に批准）に関する審査を受けた。
(3) 文部科学省「カリキュラム・マネジメントの充実」『小学校学習指導要領（平成29年告示）解説総則編』平成29年7月
(4) 平成30年度教育研究公開シンポジウム：天笠茂「新学習指導要領の理念とカリキュラム・マネジメント」文部科学省/2019. 1. 16
(5) ウイギンズ（Grant Wiggins），マクタイ（Jay McTighe）によるカリキュラム理論で，最近の実践でも見受けられる。単元末や学年末の子どもの姿を想定し，逆向きに単元を設計する。

引用・参考文献

赤木和重（2017）『アメリカの教室に入ってみた──貧困地区の公立学校から超インクルーシブ教育まで』ひとなる書房.
天笠茂（2017）「カリキュラム・マネジメントとは何か」『教育科学国語教育』826.
稲田八穂（2023）「子どもの事実と向き合う授業づくりの可能性──教師サポーターとして」国語教育思想研究会編『国語教育思想研究』（32），195-201.
今井理恵（2019）「カリキュラムづくりへの子ども参加」湯浅恭正他編『よくわかるインクルーシブ教育』ミネルヴァ書房，140-141.
窪島務（2019）『発達障害の教育学──「安心と自尊心」にもとづく学習障害理解と教育指導』文理閣.
ジョージYハリソン作，たかしまてつを絵（2022）『地球をまもるってどんなこと？──小学生のわたしたちにできること』KADOKAWA.
原田大介（2022）『インクルーシブな国語科教育入門』明治図書.
マクグラス，コンスタンス（2010）『インクルーシブ教育の実践──すべての子どものニーズにこたえる学級づくり』（川合紀宗訳）学苑社.
リヒテルズ直子・苫野一徳（2016）『公教育をイチから考えよう』日本評論社.

（稲田八穂）

第12章

インクルーシブな世界を拓く「総合の学び」
──生活科・総合的学習の可能性──

1　学びの保障とインクルーシブ・カリキュラム

　ここのところ，インクルーシブ教育を特集する番組を目にする機会が増えてきている。そうした番組では，往々にして，先駆的にフル・インクルーシブ教育に取り組んできたとされる地域の小学校が取材を受けていて，画面いっぱいに，実際の教室の日常が映し出される。メディアによって切り取られた場面であることは承知の上で，休み時間や給食の時間などの子どもたち相互の障害の有無を超越した自然な関わり合いに，教室という「生活の場」で多様な子どもたちが長い時間を共有して育ち合うことの意義を再確認する。そこには，「共にいるだけで学びになる」とでもいえるような豊かな様相が確かなものとしてある。
　一方で，教科の授業場面が映し出されて，30名弱の学級の中で，医療的ケアを必要とする最重度の障害のある子どもが，看護師や支援員の個別的な介助や支援を受けながら，ICT などの支援機器を使って他の子どもと同内容の口語・書字中心の一斉授業を受けている様子をながめていると，そこはかとなくもやもやする気持ちが湧き起こってくる。中邑（2023：55）が「言語理解に困難さを有する重度知的障害者については ICT を活用してもまだその距離を縮めることは容易ではない」とし，「当事者の認知発達の段階と，それに合ったICT の活用と環境整備を行った結果，どこまで通常学級の中でインクルーシブな授業参加ができるか」を問う必要性について指摘しているのであるが，学びの保障という観点から映像を視聴したときに，自分の内になおざりにできな

い心の揺れがあることは否定できない。

　もちろん，このもやもやは，学校での学びをどのようなものとして捉えるのか，公教育に何を求めるのかによるし，筆者自身，通常学級でのフォーマルな学びの保障の限界を理由に，「○○障害のある子どもは特別な教育の場で学ぶのが適当である」と杓子定規に訴えたいわけではない。

　より精緻に現象学的な観点から観察・分析していけば，通常学級の一斉授業の場面においても内面世界の拡がりや深まりといった存在論的な次元での学びを見出すことができるかもしれないとも思うが，その判断は，誰がその場面を解釈するかに大きく依存する。現場の教師目線で考えれば，学びの定義は，現行の学習指導要領における「評価可能な資質・能力の伸長」という学び観から大きく外れることはできないという制約もある。

　いずれにせよ，ここで言いたいのは，インクルーシブ教育を実質的なレベルで考えていくには，「分離か統合か」「発達保障か共生共学か」という大きな論争を超えて，通常学級という特定の場に身を置く一人ひとりの子どもの学びの保障を中心に据えて通常学級の教育実践の具体的なあり様を議論していく姿勢が欠かせないという点である。そして，こうした子どもの学びの保障の問題と直接関わるのが，あらゆる子どもがアクセスできるインクルーシブ・カリキュラムの開発という課題である。

2　インクルーシブ・カリキュラムの課題

　日本の小・中・高校段階の学校教育は，おおよその区分けになるが，障害の軽重に応じた5段階の階段構造になっている。第1段階がメインストリームをなす通常学級，第2段階が通常学級プラス通級指導教室，第3段階が通常学校の中に設置される特別支援学級，第4段階が通学籍の特別支援学校，そして第5段階が訪問籍の特別支援学校である。

　それぞれの段階の教育の場を職場とする教師たちの間で，負担分散を念頭においた協働・分業体制がとられているのであり，システム全体で，医療的ケアを要する最重度の障害のある子どもまで漏れなく包含しているところに，日本

の学校教育の大きな特徴がある（眞城，2021）。つまり，システムとして見れば，インクルーシブであるといえなくもない。

しかし，その内部に目を向けてみると，国連障害者権利委員会が2022年8月の総括所見において「分離された特別教育が永続している」との懸念を示したとおり，日本の通常学級には明にも暗にも排除的傾向があり，エクスクルーシブな状況があることは否定できない。

カリキュラムに着目すると，通常学級は，同年齢のメンバーで共通の教育目標・内容を同じ時数同じ足並みで学習することが大前提となっていて，教育委員会や管理職は，通常学級の授業を担当する教師がそれに従っているかどうかに目を光らせ，指導的介入を行っている。さらに，同学年の担任間でも授業進度・内容の足並み揃えが当然のこととして行われている。

その一方で，通常学級の外に配置された，第2～5段階の特別な教育の場では，子どもに応じて個別・特別のカリキュラムを組むことができ，教育の場が通常学級から外へ遠く離れれば離れるほど弾力的な内容の教育を受けることが可能になる仕組みとなっている。その構造ゆえに，通常学級の画一的なカリキュラムに適応できない子どもたちが，否応なく外へ，すなわち学校教育システムの周縁に位置する各種の特別な教育の場へと押し出されていっているのである。

2014年1月に批准した国連障害者権利条約を背景に，日本は，「共生社会の形成に向けたインクルーシブ教育システムの構築」を掲げ，障害の有無，軽重にかかわらず通常学級で共に学ぶことを追求するとともに，各段階の教育の場の間の連続性を高め，分離をゆるめることを推進してきた。その一環として，二極化していた通常教育カリキュラムと障害児教育カリキュラムの分離解消のための改革を実行し，2017～2019年の学習指導要領改訂において後者の方のカリキュラムの大幅な見直しを行った。それまでの障害児教育カリキュラムでは未分化なままの内容で指導する「各教科等を合わせた指導」，すなわち生活の自立を目標とする生活教育が中心であったのだが，改訂によって，通常教育カリキュラムとの間の教科等の名称といった形式面の統一が行われ，「教科別の指導」を重視する方向へと転換がなされたのである。

こうした改革によってインクルーシブ教育がまた一歩前進したと文部科学省は説明するのだが，外面的・形式的な共通化にとどまっていることは否めず，通常学級での「共に学ぶ」の追求という肝心の部分は，冒頭で挙げたような特定の地域でのフルインクルーシブ教育の先進事例をのぞけば，多くの学校現場では積極的には試みられていない。

羽山（2019：81）が指摘するとおり，本質的には，「通常教育カリキュラムを基本に据えてそこに微修正を加えていくのではなく，障害児教育カリキュラムが蓄積してきた，障害のある子どもたちに適したカリキュラム構造や教育内容を吟味し，これを含み込んだカリキュラムが実現されることが求められる」といえる。現場の教師は，インクルーシブ・カリキュラムに向けて，いったい何から手をつけていけばよいのだろうか。

3　ありうる着手点としての生活科・総合的な学習（探究）の時間

さしあたり，この章では，インクルーシブ・カリキュラムへの一つの着手点として，通常学級において生活科・総合的な学習（探究，以下学習のみ記載）の時間の授業のインクルーシブ化に取り組んでみることを提案したい。

（1）どうして生活科・総合的な学習（探究）の時間に着目するのか

生活科とは，1989年の学習指導要領改訂で小学校の低学年に新設された「教科」で，自然観察や地域探検などの具体的な活動や体験を通して，身近な生活に関わる見方・考え方を生かし，自立し生活を豊かにしていくための資質・能力を育成することを目標としている。

一方の総合的学習はというと，1998・1999年の学習指導要領改訂で小学校の中学年以上から高校にわたって新設された「領域」で，探究的な見方・考え方を働かせ，横断的・総合的な学習を行うことを通して，より良く問題を解決し，自己の生き方（高校では在り方生き方）を考えていくための資質・能力を育成することを目標としている。

生活科と総合的学習は，前者が「教科」で後者が「領域」であるというカリキュラム上の乖離を抱きつつも，共に生活と学校の分離を憂い，生活経験と学びをどう結び付けるかという観点からそれらの総合を試みる教育活動であるという点で共通性を有している。たとえば，岩川・中村（2017：21）は，ジョン・デューイの教育思想や大正新教育の運動など，「『旧教育』に対する『新教育』，『伝統的な教育』に対する『進歩的な教育』，『支配的な教育』に対する『もうひとつの教育』と呼ばれてきた対抗的な教育文化」が，生活科と総合的学習に共通する源流であることを指摘している。

そもそも，生活科と総合的学習には，それらの教育活動が共通の特質として抱く，教師がカリキュラムを自主的に編成し指導方法を自由に創意工夫できる「余白の大きさ」を理由として，異なるカリキュラム間の接続に関して強い期待がかけられてきた。たとえば，生活科は，幼児教育と小学校教育のカリキュラム間において，幼・小の学びの接続を意識したスタートカリキュラムの核を担い，国語科，音楽科，図画工作科などの内容を合科的に扱い大きな単元を構成することが期待されている（神谷，2018）。こうした特質は，通常教育カリキュラムと障害児教育カリキュラムとの間の接続という課題においても活かされることが可能ではないだろうか。

また，国語科や算数科（数学科）といった時間とは異なり，生活科や総合的学習の時間は抽出指導（通級指導を含む）に出る子どもが少なく，特別支援学級の子どもが交流及び共同学習として通常学級の授業に参加している場合が多いことも現実的な理由として挙げられる。通常学級の教師にとっては，多様な子どもたちが1つの教室に一堂に会す生活科や総合的な学習の時間は，インクルーシブな授業づくりに挑戦しやすい好機であるといえる。

（2）障害児教育の場におけるインクルーシブな「総合の学び」の挑戦

ここで，通常学級におけるインクルーシブな生活科と総合的学習を考えるにあたって手がかりにしたいのが，大正新教育を背景とする私立明星学園小学校の総合的学習の授業に学びながら，そこで行われてきた実践方法や理念を，障害の軽重にかかわらずどの子も学びに参加できるものへと発展させた2つの知

的障害特別支援学校のカリキュラムである。

　1つ目の学校は，東京都立八王子養護学校（現　八王子特別支援学校）である。八王子養護学校は，1970年代を通して，『歩きはじめの算数』で知られる数学者の遠山啓らの考え方から影響を受けつつ，教科教育の根源に遡って「原教科」「前原教科」の授業を開発した学校としてよく知られている。

　そのような学校が1979年から，知識偏重や主体性の軽視に陥りがちな教科教育に疑問を呈す明星学園小学校の教師たちとともに共同研究を進め，「どの子も一緒に取り組める教育とは何か」という問いに向き合いながら，総合的学習の授業を展開していった。その背景には，「原教科」「前原教科」の授業において発達段階別のグループ別指導を採用していることへの反省，すなわち，できる／できないといった能力の観点によって子どもたちの教育内容を質的に分断している事実への反省があり，「内なる能力主義」を実践において克服しようという高い志があった（小島・小福田ほか，1984）。

　八王子養護学校の教師たちは，子ども自身が，民衆がつくり出した生活文化としての「ものづくり」を通して，自分の生活を見つめなおし，生活を切り開き，広げていくことを学びとして定義し，総合的学習の授業を展開していった。具体的には，「養蚕から織物づくり」「原毛から織物・毛布づくり」「大豆づくりから豆腐・味噌・醤油づくり」「小麦づくりからうどん・パンづくり」「原木から椅子・テーブルづくり」などを単元として取り上げつつ，カリキュラムを構成していった（小島・小福田ほか，1985）。

　しかし，このような授業は，東京都教育委員会が実行した強制人事異動によって教師たちの半数近くが一気に当該校を離れざるをえなくなったことによって，1984年頃から下火になっていった。ただし，異動先の学校に総合的学習の方法や理念が持ち込まれた例もあり，たとえば，中心メンバーの1人であった小島靖子が異動した王子養護学校（現　王子特別支援学校）では，総合的学習が，高等部の生活科の授業の中で，「衣の学習」「食の学習」「住（生活の道具・素材）の学習」「進路の学習」として展開されたという（中西，2021）。しかしながら，その後，幾度かの人事異動と学習指導要領改訂を経て，2024年に至っては，もはやそうした実践は行われていない。王子養護学校以外の学校に

も伝播した可能性は否定できないが，管見の限りでは，八王子養護学校を出自とする系譜は途絶えてしまったようである。

　2つ目の学校は，私立旭出学園（特別支援学校）である。創設者は，生活の自立を目標に生活単元学習や作業学習に重きを置く生活教育の父とも言える教育心理学者の三木安正であり，旭出学園は1950年の開校から2024年に至る現在も生活教育を基軸に据えてカリキュラムを構成している。

　しかし，旭出学園は，1984年に三木の死を迎え，その後，さまざまな理由から入学者数が減少してきたことを契機として，1995年前後に教師間で「この子たちに本当に必要な学びとはなにか」という観点から教育内容の根本的問いなおしを行っている。その議論の末に新しく導入されたのが明星学園小学校をルーツとする総合的学習であり，旭出学園は，伝統の生活教育を基軸として残しつつも，それと総合的学習とを並立させる形へとカリキュラムを改訂した。創設者の三木が，生前，ジョン・デューイの教育思想に影響を受けた総合的学習を知的障害者（とりわけ重度の知的障害者）の教育で展開することに対して反対姿勢を示していたことを考えれば，このカリキュラム改訂は，旭出学園にとって勇気ある改革であったといえる（三木，1969）。

　旭出学園が明星学園小学校と縁をもつようになった直接の契機は，1995年当時に旭出学園小学部の授業づくりにおいて強いリーダーシップを発揮していた教師の子女が明星学園小学校に通学していたことにあった。その教師と同僚数名が明星学園小学校の教師たちと共同研究を行い，その成果をもとに，旭出学園で明星学園式の総合的学習が展開されていったのである。その挑戦は，キーパーソンを担ったその教師の校内異動とともに，学園全体へと広がっていった。

　旭出学園における総合的学習の目標は，「身近な事象を題材として生活をより豊かに高めること，社会や自然の事象に目を向け総合的な力の伸長をはかる」ことに置かれ，生活を広げることと生活する力を獲得することが学びとして定義されている。具体的には，身の周りの自然や社会，身体に関わって「虫探し・飼育」「春の草」「草の体」「食べ物の通り道」「男と女」「体の変化」「紙」「草木染め」「麦（うどんづくり）」「豆腐づくり」「団子づくり」など，子どもが興味をもつことのできる身近な事象であること，体感を多く伴わせられ

るもの，子どもの今後の人生において価値があるであろうもの，文化の継承にふさわしいものが単元として選択されている（旭出養護学校，2004）。明星学園小学校からの影響という共通性もあって，目標や学びの定義，単元の内容に関して，八王子養護学校で展開された総合的学習と多くの部分で重なっている。

　一方で，旭出学園は，反差別・反能力主義を掲げる八王子養護学校のように「どの子も一緒に取り組める教育」に強くこだわって実践に取り組んできたわけではなかった。すなわち，筆者が別著（2019）で描き出したように，2000年代に入り，軽度・境界域の知的障害や発達障害といったグレーゾーンの子どもたちが次々に特別支援学校へと転入してくる中で，学びの保障の観点から，自ずと，総合的学習のインクルーシブ化の模索を余儀なくされたという経緯があった。

　旭出学園は私立の特別支援学校であり，八王子養護学校のように人事異動や大幅なカリキュラム改訂が行われていないため，総合的学習は，2024年現在も学園全体で盛んに実践されている。

（3）旭出学園における総合的学習のカリキュラム：中学部「紙」

　旭出学園の総合的学習のカリキュラムの具体に迫るために，中学部で長年行われている「紙」の単元を取り上げたい。筆者自身が旭出学園中学部の元教師であり，2008年から2011年の3年間，総合的学習の主担当して年間の単元計画案や学習指導案を立てていて，とりわけ「紙」の教育内容・教材研究に熱を入れて取り組んでいたという背景もある。

　中学部では，週1回午後の2時間を使って，総合的学習が実践されている。すべての子どもの学びを保障したいとする意図から，指導については，中学部全体で集まっての一斉指導（20名程度），クラス別指導（6～9名），グループ別指導（2～4名）などのさまざまな形態が組み合わされて行われている。

　紙の授業は「『紙』は植物の繊維から作られているということを体験を通して知り，自分たちの身の回りにあるものの作られる工程やそこに関わる人々の存在に気づいてもらいたい」というねらいをもって計画されている（関口，2010）。年度によって変動はあるものの，おおむね全6回，約6週間を使って

じっくり行われる。

　第1回はクラス別指導で，遊びや実験を通して紙の性質（書ける，折れる，吸う）と構造（繊維がからまってできている）を知り，そうした特徴を意識しながら，校内を歩き回って紙探しをして，多種多様な紙に囲まれて生活していることに気づくという活動を行う。身近な生活を客観的に見つめ，問いなおしを迫る活動であり，教師には，子どものしぐさや声に目や耳を傾け，紙にまつわる生活経験の語りを引き出すことが求められる。

　第2～5回は，紙が自分の手元に届くまでの文脈，すなわち「紙の生の歴史」に思いを馳せつつ，中学部全体で，校内のグラウンド脇に植えてある楮の木から和紙をつくる（楮の木の枝をのこぎりで伐採し，皮を剥ぎソーダ灰の入った湯で蒸し煮をし，その後皮を叩いて繊維にし，水に浮かべ漉く）活動を，五感をフルに使いながら，とりわけ手の触覚を使った「触れる」に重点を置きながら行う。のこぎりや木槌，定規などの道具を駆使した手仕事・手労働を通して，試行錯誤を促す専心的な活動である。

　教師は子どもたちの様子に応じて，和紙職人のドキュメンタリー番組の上映や紙に関わる絵本の読み聞かせなどの活動を挟み込むなどして，学習意欲を喚起する。市販のもののような真っ白な和紙を作ることを目指すとなるとなかなか困難な道のりで，その試行錯誤のプロセスの中に偶発的な学びが生まれてくる。各回の導入は全体での一斉指導で，その後の活動はおしゃべりなどを介しながらゆったりした雰囲気で，グループ別指導の形で進められる。

　前年度までに和紙づくりを体験したグレーゾーンの子どもたちについては，学習経験の実態に応じて，楮の木からの和紙づくりの一部もしくは全部の回に関して特別の学習グループを編成し，別教室において，新聞紙等の古紙の繊維を再利用しての再生紙づくりやバナナの茎の繊維を利用したバナナ紙づくりなどの発展的な学習を行う。また，リサイクルの仕組みやゴミ処理の問題，バナナ流通の構造などのテーマについても併せて探究し，社会への認識を深める学習を行う。「紙」という単元そのものは同級生とは別にせず，グレーゾーンの子どもから重度の知的障害の子どもまで同じ単元のもとで学びに参加できることを念頭に置いたインクルーシブなカリキュラムが構成されている。

最終回の第6回はクラス別指導で，和紙，再生紙，バナナ紙を問わず，自らの手を使って生み出したものについて第1回で学んだ紙の性質と構造をもとにルーペなどを使いながら検証しつつ，市販のものと比較したりもする。そして，子ども自身の厳しい目でもって「紙」として認定されたものを使ってしおりやコースター，ハガキを製作したり，手紙を書いてポストに投函するなどの活動を行う。

　6回のいずれの回でも，必ず体験的活動の後の30～45分程度の時間を使って，活動の写真や動画を見返しながら，教師とともにふりかえりの対話と作文を行う。文章を綴ることが難しい子どもについては，マカトンシンボルの選択を通して教師と共に構文する。さらに，絵で表現する，写真を貼るなどの活動も行う。このふりかえりの対話と作文の実践の質が，反省的思考にもとづく総合的学習の成否を左右するといっても過言ではなく，教師には，子どもが何を感じ，表現しようとしているかを敏感に感じ取る感受性と表現された内容を多角的に解釈する力が求められる。

　このように，旭出学園における総合的学習では，ものづくりによる体験的活動とそれを表現する活動とが一対とされ，単なる活動主義や体験主義に陥らないように計画されている。そして，最後に，自分が作文や絵などで表現した内容について，同級生や教師の前で，口語やマカトンサインを使って発表するという活動が行われる。後日，作成された作文や絵は，廊下に掲示される。

　こうした総合的学習を実践するにあたり，旭出学園では，その実践に携わる教師間で事前に入念な学習指導案と教材内容の検討会が行われるのが通例で，筆者が勤務していた当時は21時過ぎまで3時間をゆうに超えて喧々諤々の議論が行われていた。そもそも大正新教育をルーツとする総合的学習は教師個人の技量や経験値に実践の質が左右される部分が大きいのであるが，入念な検討会は，そうした差を教師間の共同性によってカバーするものとして機能していたと考えられる。さらに，実践後の反省会も，教師間で丁寧に行われていた。しかし，教師の働き方改革が叫ばれる昨今，旭出学園でも会議等の時間の効率化が求められ，こうした検討会・反省会も簡略化されてきていると聞く。

第4部　広場4　インクルージョンを実現する学び

4　現実的なハードルとエール

　時折，全国各地の小学校で教師として働くゼミの卒業生たちから，学級づくりや保護者対応などについて相談を受ける中で，しばしば出されるのが「インクルーシブ教育って本当に可能なのでしょうか」という疑問と，「私には無理です」という諦めの声である。実は，この章の冒頭で触れた，先駆的にフルインクルーシブ教育に取り組んできた地域の小学校に縁あって就職した卒業生も例外ではなく，授業における個々の子どもの学びの生成に真摯であろうとする教師であればあるほど，インクルーシブ教育を実現困難なものとして捉えてしまいがちな傾向にあるようにも思えてならない。

　こうした相談を受けるときにしばしば話題にしてきたのが，本章で扱った，生活科・総合的学習の授業のインクルーシブ化に可能な範囲で挑戦してみることで，八王子養護学校や旭出学園，さらにはルーツにあたる明星学園小学校の実践事例を例示してきた。少なくとも八王子養護学校の総合的学習は当初より通常学級での「どの子も一緒に取り組める教育」の展開を念頭に置いた試行実践として取り組まれていたのであり，そうした実践事例を手がかりに通常学級におけるインクルーシブな授業づくりを模索することは，先人たちの積年の念願に応える行為であるとも考えられる（小島・小福田，1984）。

　現状では卒業生の学級に入り込んで参与型の研究を行うまでには至っていないのであるが，最近，「単発ですが，私なりにものづくりの総合（的学習），やってみました！」というような声も聞かれるようになってきた。具体的な実践を頭の中でイメージでき，同僚に理解者や協力者を得ることができると，挑戦の一歩を踏み出しやすいようである。実際，インクルーシブな生活科・総合的学習の授業は，糟谷・伊藤（2007）のような交流及び共同学習の実践として，通常学級と特別支援学級・学校の教師が水平につながって対等に協働し，柔軟にＴ１・Ｔ２・Ｔ３の役割を入れ替わるなどしながら「合同授業」の形で取り組むことができると成立しやすいようである。

　とにもかくにも百聞は一見に如かずで，まずは旭出学園や明星学園小学校に

第12章　インクルーシブな世界を拓く「総合の学び」

足を運び，そこで行われているオルタナティブな授業や子どもたちの学びの姿に直に触れてみることをお勧めしたい。教育とは人と人の営みであり，インクルーシブな世界は，具体的に自らの目，耳，肌，口，鼻を動かしてみることから拓かれるはずである。

引用・参考文献

旭出養護学校編（2004）『教育実践報告集』．

岩川直樹・中村麻由子（2017）「生活・総合学習の再定義——デューイの読み直しをとおして」『埼玉大学紀要　教育学部』66（2），21-39．

糟谷京子・伊藤裕子（2007）「障害児学級と通常学級の合同授業——共同の学習を求めて」大高一夫・糟谷京子・伊藤裕子・森博俊編『先生は，お花に水をあげるような勉強をしてくれた——知的障害学級の子どものねがいと教育実践』群青社．

神谷裕子（2018）「幼児教育から小学校教育への学びの接続——リンクカリキュラムの開発」中野真志・加藤智『生活科・総合的学習の系譜と展望』三恵社．

小島靖子・小福田史男編（1984）『八王子養護学校の思想と実践——どの子も一緒の教育を』明治図書．

小島靖子・小福田史男　編（1985）『ものづくりとヒロシマの授業——八王子養護学校の実践』太郎次郎社．

眞城知己（2021）「教育におけるインクルージョンの概念——学校との関係から」眞城知己・是永かな子・石田祥代編『インクルーシブな学校をつくる——北欧の研究と実践に学びながら』ミネルヴァ書房．

関口光太郎（2010）「総合『紙』」旭出学園教育研究所編『マカトン法を用いての教育実践』教育研究所，91-99．

堤英俊（2019）『知的障害教育の場とグレーゾーンの子どもたち——インクルーシブ社会への教育学』東京大学出版会．

中西郁（2021）「知的障害教育における『総合的な学習の時間』の展望——東京都立八王子養護学校，東京都立王子養護学校の1977年から1998年頃までの実践から生みだされたもの」『十文字学園女子大学児童教育実践研究』14（1），59-67．

中邑賢龍（2023）「日本でインクルーシブ教育を展開するにあたって障壁となるもの」『SNEジャーナル』（29），46-58．

羽山裕子（2019）「インクルーシブ教育とカリキュラム」日本カリキュラム学会編『現代カリキュラム研究の動向と展望』教育出版．

第4部　広場4　インクルージョンを実現する学び

三木安正（1969）『精神薄弱教育の研究』日本文化科学社（『三木安正著作集』第3・4巻，学術出版会（2008）所収）．

(堤　英俊)

第4部 広場における対話4
どのように教科と領域のカリキュラムを問いなおすのですか？

子どもと共に，教科・領域の枠組みを乗り越えていく

　インクルージョンを実現する学びとは何でしょうか。第4部で共通していたのは，従来の教科・領域の枠組みを絶対的な教育内容とするのではなく，教科・領域の枠組みから外れてしまったところから出てきた子どもたちの発見や気づきをも，学びとして組み込んでいこうとするものでした。

　そのため，インクルージョンを実現する学びがうまれるには，教師が子どもへ一方的にカリキュラムを提供するのではなく，教師が子どもたちの思いや気づきを取り入れて，子どもとともにカリキュラムづくりを進めていくことが求められます。ただし，この際，留意することは，話し言葉や書き言葉だけではなく，多様な表現を認めていくことです。教科・領域の枠組みを乗り越えてカリキュラムを作り出すためには，子どものノンバーバルに近い表現も，受けとめていく指導技術が必要になります。

子ども一人ひとりの多様な表現を受けとめる

　このように，カリキュラムを問いなおす際には，子どもたちの表現をカリキュラムづくりに生かしていくことが必要です。さて，多様な表現には，どのようなものがあるのでしょうか。第4部のメンバーで行った対話における発言や本文から考えます。

　第10章を執筆した原田は，「子どものつぶやきが意味しているものを教師がどう受けとめるか」が大切であると語っていました。また，「いろいろな表現を受けとめる形態」をつくることを大事にしたいと述べていました。

　第11章を執筆した稲田は，「文字が書けないけれど，声に出すことはできるから，先生がその子どもの言っていることを，文章化する。そして，全体の場

で発表して、聞いている子どもがアクションを起こす」と子どもと子どもを介在していた教師の存在を紹介していました。

第12章を執筆した堤は、「五感をどう学びの中に組み込んでいくかというのが課題提起だったと思います。特に、触覚、触れるというのをどう学びとつなげていくかを考えた」と述べていました。また、本文には、「文章を綴ることが難しい子どもについてはマカトンシンボルの選択を行いながら教師と共に構文する。それに加えて、絵で表現する、写真を貼るなどの活動も行っていく」と書かれています。

3人の文章を読み、対話を進めていくと、私が5年間教諭として勤めてきたなかで、いかに文字化、文章化することに縛られていたのかと気づかされました。それよりも、一人ひとりの表現を肯定的に受けとめて、共に集団へと共有していくことが必要であったと学びました。子どもの気付きを表現できる雰囲気をつくった上で交流し伝え合い、新たな発見や気づきをつくり出していくことは、カリキュラムを問いなおす基礎となります。

教師の自分を「インクルーシブ化」していく

教師主導で一方的な授業をするのではなく、子ども一人ひとりの多様な表現を受けとめて、子どもと共に教科・領域の枠組みを乗り越えて学びを捉えること、すなわち、インクルージョンを実現する学びがうまれる授業を展開するためには、教科と領域のカリキュラムを問いなおす必要があることがわかってきました。さらに、対話を進めるなかで、「アンテナを高く持っておく」「個別につくり上げていく考え方は通常学級の授業にもあっていいのかも」「思考の枠組みの硬さとか柔らかさとかがインクルーシブな授業づくりと関わってくる」というように、教師の自分を「インクルーシブ化」していく重要性について、各執筆者から示唆されました。

教師の自分を「インクルーシブ化」するとは、「学校スタンダードを必ず守らないと」「指導書通りに授業を進めていかないと」といった特定の指導方法や型に「〜しなければならない」と固執してしまう自分がいるのは認めた上で、「学習指導要領の文章をこのような解釈もできるかな」「翔さんも一緒に授業に

参加するには，どのような授業づくりをすればいいかな」と，これまで以上に視野を広げ，「このような指導方法もあるのではないか」と柔軟性をもった授業づくりを目指していく態度のことをいいます。

しかし，いきなり柔軟性をもった授業づくりといっても，「子どもと共に授業をつくりたいと思っているけれど，難しくてできない」と考えてしまう教師もいると思います。そこで，「マジョリティ中心の教材文を読み進めていくなかで，排除されている人がいないかを少し考えてみる」「一斉学習のなかで，授業のゴールと自分の頑張ることを決めてみる」「０から生み出そうと思わず，具体的な例やイメージをつかんで，ちょっとそこを自分なりにカスタマイズしてやってみる」というように，いきなり指導方法を大きく変えるのではなく，これまでの実践を大切にしながらも，少し視点を変えて挑戦しようと思い，まずは，試してみることから始めてみてほしいです。そのような積み重ねが教師としての自分を「インクルーシブ化」していくことにつながると思います。

広場4で見てきたように，これまでのカリキュラムを問いなおすためには，これまでの授業観を変容していくことが求められており，思考や枠組みを少しずつ柔らかくしていくことが必要です。また，インクルーシブ授業の授業づくりはプロセスが大切であると言われています。そのためにも，まずは，「子どもたちにどうなってほしいのか」「子どもとどうやって学びをつくっていけばいいのか」をはじめとするみんなで目指す姿を，職員会議や学年会，職員室等での雑談のなかで，先生方で議論して，共有していく営みを地道に紡いでいくことが，インクルージョンを実現する学びをつくり上げることになると考えています。

対話のメンバー：稲田八穂・小里直通・堤英俊・原田大介
執筆者：小里直通

コラム4　ギフテッド・チルドレンとギフテッド教育

　ギフテッドという言葉が，ここ10数年で日本でも広く知られるようになった。長い間，社会や教室で持て余されてきた「高すぎる能力ゆえに特別な教育的ニーズを抱える子ども」に焦点が当てられ始めている。

　国際社会に目を向けると，さまざまな国で「卓越した子ども」を対象としたプログラムが実施されている。なかでもアメリカのギフテッド教育の歴史は古く，また盛んである。アメリカでは1800年代から「飛び級」「飛び入学」制度が認められており，ギフテッドの子どもたちが集まる学校・学級，各種コンテストやサマースクール，集中講義等，さまざまな教育プログラムが用意されている。アメリカ全土では，小学3年生に2段階のスクリーニングを行って知的能力の高い児童を選定し，選定された児童が4年生から特別の課程で学ぶという GATE（Gifted and Talented Education）プログラムが行われている。プログラムの対象となるのは，全体の約6％だという。

　ギフテッド教育の目的は，通常の学級の中だけでは十分に才能を発揮することが難しい「卓越した子ども」に，必要な教育機会を保障することにある。そこでは単なる高難易度・早進度学習ではなく，「評価されるかどうか」といった制約を取り払い，興味を抱いたことを自由に掘り下げられるようにすることが期待されるが，アメリカでは，「誰が高い評価を取り，ギフテッド教育の対象となるか」を競うエリート教育と化している状況も顕著であるという。

　日本では今，Society5.0の到来に向けたイノベーション人材の育成に向けて「特異な才能のある児童生徒」への注目が高まっている（照屋，2023：7-8参照）。子安（2022：47）は，文部科学省内では，子どもを①一般の子ども，②特別な支援を必要とする子ども，③特異な才能を持つ子どもの三層に分け，それぞれに ICT による「個別最適」を実現しようとするプロジェクトが組織されていると明かしているが，日本のギフテッド教育が「分離教育」に舵を切るならば，アメリカと同じようにエリート教育化し教育格差の拡大につながりかねないのではないだろうか。

　さて，高い能力をもつギフテッドであるが，理解されづらい困難さを抱えている。その一つが，彼らの特徴として見られる過度激情（Over-Excitability：以下 OE）である。頭の回転が速すぎて落ち着かなかったり（精神 OE），探究心の強さから質問を繰り返し周囲が受け止めきれなかったり（知性 OE），五感が研ぎ澄まされ些細な刺激にも我

慢ができなかったり（知覚性 OE），想像力が豊かで妄想の世界に入り込んでしまい注意散漫と捉えられたり（想像性 OE），自省意識や正義感が強いため，自分にストイックになりすぎたり，人の不正や差別等を許せず衝突したりするのである（感情性 OE）。

社会生活の中で困難を抱える彼らであるが，彼らが集団を希求していない訳ではない。来る Society5.0 は，一部の「イノベーションを起こすことのできる人材」によって多額の富や価値が生み出される「知識集約型社会」といわれる。しかしながら，イノベーターだけでは社会は回らない。学校・学級は社会の縮図である。ギフテッド教育を巡る議論の中では，学校に求められるのはエリート教育なのか，学級に多様な人が居る意味とは何か，考えていく必要がある。

引用文献

子安潤（2022）「「個別最適な学び」の配置転換」民主教育研究所『人間と教育』(114)，46-53．

照屋翔大（2023）「子どもの「多様性」に対応する学校デザインの特徴と課題——CSTI「教育・人材育成 WG」による政策パッケージを題材に」大塚学校経営研究会『学校経営研究』(48)，3-13．

（松尾奈美）

第 5 部

広場 5　学校づくりの原理としてのインクルージョン
　　　——カリキュラムをつくる学校と教師の知——

第13章

特別な学びの場とインクルーシブなカリキュラム

1　特別な学びの場を必要とする子どもたち

　今日の学校では，多様な教育的ニーズのある子どもたちを包摂する授業づくりや学級経営，学校づくりが求められている。そして，「子どもの学習経験の総体」であり「学びの履歴」であるカリキュラムについても，インクルーシブなカリキュラムのあり方が追求されなければならない。その中では，特別な教育的ニーズのある子どもたちが通常のカリキュラムにアクセスすることを保障するために，アコモデーションやモディフィケーション，あるいは合理的配慮という視点からのアプローチが模索されてきた。その一方で，特別な場での学びを経験している子どもたちも存在する。たとえば，特別支援学校や特別支援学級，通級による指導における障害のある児童生徒や，日本語指導が必要な児童生徒，不登校児童生徒に対しては，「特別の配慮を要する児童生徒の実態に配慮した教育を実施するための教育課程の特例」として，特別の教育課程の編成が認められている。彼らが特別な場での学びを必要とするのはなぜだろうか。

　筆者が関わる発達相談では[1]，就学や進級・進学に際して，わが子に特別な支援の場が必要かどうか悩む保護者に多く出会う。特別支援学校と特別支援学級，あるいは特別支援学級と通常学級では，日課も集団も学習内容も異なる。学ぶ場の選択は，どのようなサポートを受けられるかだけではなく，どのような学校生活，学習経験を用意するかというカリキュラムの選択に他ならない。

　「なるべく通常の学級でみんなと一緒に…」と強く望む保護者ももちろんいるが，筆者の経験では「わが子が安心して学校に通えるために」「楽しく学べ

るために」という切実な思いから，特別な学びの場を希望する保護者も少なくないと感じる。自閉症スペクトラム（ASD）の特性をもち，知的発達は境界域のあやかさんは，偏食やこだわりが強く，会話がかみ合わない姿が多く見られた。その一方で，「○○してください」「先生，○○できました」といつも丁寧な言葉遣いで，文字の読み書きや数の理解にも早くから興味を示していた。彼女の保護者は，あやかさんが小学校の特別支援学級で学習を積み重ねていけるのではないかと期待する一方で，大人数の子どもたちが学ぶ小学校の中ではあやかさんの困り感に気づいてもらいにくいのではないかと心配し，就学先を特別支援学校に決めた。また，小柄で人見知りが強く発達が少しゆっくりだったかおりさんの保護者は，通常の学級でも学習についていけるだろうという周囲の声に対して，「この子は特別支援学級で学ばせてもらえないのか…」と戸惑いを隠さなかった。このように，保護者が特別な支援の場における学びを選択するのは，そこで受けられる教育への信頼の証であると同時に，通常学校（学級）教育に対する不安の表れでもあるともいえるだろう。

2　特別な学びの場のカリキュラム

（1）特別支援学校のカリキュラムの特徴

　「幼稚園，小学校，中学校又は高等学校に準ずる教育を施すとともに，障害による学習上又は生活上の困難を克服し自立を図るために必要な知識技能を授けることを目的」（学校教育法第72条）とする特別支援学校のカリキュラムは，「幼稚園に準ずる領域，小学校，中学校及び高等学校に準ずる各教科，特別の教科である道徳，特別活動，総合的な学習の時間，外国語活動のほか，障害による学習上又は生活上の困難の改善・克服を目的とした領域である『自立活動』で編成」されている。ある特別支援学校の日課をみると，登校してから連絡帳を出して，水筒を所定のかごに置いて，かばんをロッカーに入れて，着替えをして…と，身支度にゆったり時間をかけながら「自分のことは自分でできる」実感を積み重ねていく。その後は，朝の会が始まるまで校庭で遊んだり朝のトレーニングをしたりして，心と体をほぐして1日のスタートを迎える。ま

た，子どもたちが無理なく気持ちを切り替えられるように，授業と授業の間の休み時間が15〜20分ほど確保されている。学校全体を通して柔軟な枠組みを用意し，その中で子どもたちの成長を支えていることが特長といえるだろう。

また，子どもたちのゆたかな発達を保障するために，質と量の異なる複数の集団が保障されうる点も特別支援学校のカリキュラムの特徴の一つである。質の異なる集団には，学習の集団，生活の集団，労働の集団などがあり，量の異なる集団には，数名〜10名程度のクラス（生活集団），学部集団，全校集団などが想定される。学習の集団で折り紙を習ってきた子どもがクラスに持ち帰ったことをきっかけに子どもたちの遊びや教え合う関係が広がったり，生活科の学習集団の中で，クラスの大好きな先生や友だちのために丹精込めてスイートポテトをつくったり，普段は自分のペースでおしゃべりが止まらない高等部の生徒が，学部を超えた異年齢集団の中で小学部の小さな子どもと目を合わせて一生懸命聞き役に徹したり…1つの学部・学校の中で，基本的な活動の単位となる生活集団を軸に，生活年齢や発達段階に即したさまざまな集団を保障し，子どもたちがそれぞれの集団を行き交う中で，自らが獲得した力を発揮する手応えをつかみ，それを仲間と分かち合い，成長の糧にしていくことが期待できる。

（2）「手話で学べる」聾学校

特徴的なカリキュラムをもつ特別支援学校の一つに，手話で学ぶことを積極的に位置づける聾学校がある。これまでの聴覚障害児教育において，多くの聾学校では口話法[2]が主流だった。音声言語によって，聴者と同様にコミュニケーションを図り，社会的自立を目指すうえで，手話はその妨げになるとして教育現場では禁止されてきた背景がある。その一方で，2006年12月に国連で採択された障害者権利条約[3]で「手話は言語である」と正式に認められた。また，2009年の学習指導要領の改訂にあたって，「児童の聴覚障害の状態等に応じ，音声，文字，手話等のコミュニケーション手段を適切に活用して，意思の相互伝達が活発に行われるように指導方法を工夫すること」と明記された。

明晴学園では，日本手話を第一言語として教育を行っている[4]。「"耳が聞こえ

第13章　特別な学びの場とインクルーシブなカリキュラム

ない子ども"ではなく，聞こえないことを当たり前の状態として"目の子ども"」として捉え，授業だけでなく，休み時間の子ども同士のおしゃべりも学校行事も，すべて手話で行われる（長嶋，2021：50）。また，「一般の幼稚園や学校の教育内容に加えて，日本手話と書記日本語，ろう文化と聴文化を4つの柱とするバイリンガル・バイカルチュラルろう教育を行うために，文部科学省から教育課程特例校として認可されて」いる。たとえば，明晴学園には「国語」の授業はなく，第一言語である手話を育む「手話科」と，第二言語の日本語を育む「日本語科」という2つの教科に分けて授業が行われる。ある日の手話科の授業（長嶋，2021：43-46）では，4年生の子どもたちが「春のうた」という詩を題材に，詩にある「ほっ」という言葉は何を表すのか，カエルはどんな気持ちかを考えた。ある子どもは，「冬の間ずっと土の中で何もなくて，カエルはとっても退屈だった。やっと春になって，ほっとした」と，「やっと」というところで汗をふくような仕草をし，吐息と同時に上半身を後ろにのけぞらせるように全身を使いながら答えた。最後は，子どもたちそれぞれが詩から思い描いた春の情景を手話で発表し，お互いの表現に刺激を受けながら，言葉としての手話を磨いていった。また，ある日の6年生の日本語科の授業（長嶋，2021：98-105）では，作文に取り組んだ。手話では澱みなく伝えられる思い出や感動を，彼らにとって第二言語である日本語（書き言葉）で表現することは容易ではない。ある子どもは，初めてみた金環日食について，「いつもは月はうすいけど，金環日食の日は，月はいつもと違う月でした。月と太陽が合う時は，すばやくでした。」と書いた。自分が書いた作文を先生に読んでもらい，「『いつもはうすい』というのは，どういうつもりで書いたの？」「『月と太陽がすばやい』は，何がどう素早かったの？」などと尋ねられ，自分が伝えたかったことを手話のやりとりで確かめながら，「いつもは，うすくぼんやりしているのに，この日の月は，満月のように，はっきりと見えていました。（中略）太陽と月重なるまでは長かったのに，重なったと思ったら，あっという間に終わってしまいました。」と作文を書き上げた。手話で子どもの書きたいものや表現したいことを丁寧に掘り起こしながら，日本語としての語彙力や表現力を育てている。このように，特別支援学校は，「何を」「どこで」「誰と」「どう

195

学びたいか」という子どもたちの願いや多様性に解消され得ない固有のニーズに応え，特別なケアへの権利を保障する貴重な実践の場となっている。

（3） 特別支援学級のカリキュラムの特徴

特別支援学級は，通常学校内に設置された特別な学びの場の一つである。小・中学校学習指導要領において「障害による学習上又は生活上の困難を克服し自立を図るため，特別支援学校小学部・中学部学習指導要領第7章に示す自立活動を取り入れること」「児童の障害の程度や学級の実態等を考慮の上，各教科の目標や内容を下学年の教科の目標や内容に替えたり，各教科を，知的障害者である児童に対する教育を行う特別支援学校の各教科に替えたりするなどして，実態に応じた教育課程を編成すること」が求められている（第1章総則）。小・中学校の教育課程の枠組みの中で，障害特性や発達段階に応じたカリキュラムを編成することが大きな特徴といえる。具体的には，小・中学校の日課に即した生活の流れの中で，自立活動を含めたその子にとって必要な学習内容を学べる時間を保障することになる。

（4） 言葉を育て，人との信頼関係を築きながら学ぶ

通常学級に入学したともきさんは，集中力を持続することが苦手で，授業中は離席したり，不規則な発言をしたりすることが多く，周囲の子どもたちから「うるさい！」「だまれ！」などと強い口調で責められることが少なくなかった。次第に学習に対する困難さや意欲の低下が顕著になり，「わからない」「もう，できない」と言って教室の隅っこに寝そべったり，ふらっと立ち歩いて廊下で過ごしたりすることが多くなる。それを見た友だちに「またさぼってる！」と指摘され，些細な口論からトラブルになることが増えていった。3年生から特別支援学級を新しい居場所に，「担任との信頼関係を築く」ことを軸として，「好きなことや得意なことを通して情緒の安定を図ること」「言葉を育て，安心して人とつながれること」を目標に学習活動を組んでいくことになった。緑の野菜は「きゅうり」しか知らなかったともきさんは，絵本に出てくる「アスパラガス」をベーコンで巻いて食べたらとても美味しいという担任の先生の話を

聞いて興味を覚え、別の絵本に登場するアスパラを見つけると興奮して「みて！ みて！ これ、いっしょ！」と歓声をあげた。また、美味しそうないちごを見つけると、先生と一緒に「あむあむ、あぁ、おいしい！」「先生、もっとちょうだい！」とつもりを共有して言葉のやりとりを楽しんだ。このように言葉をやりとりする中で担任がともきさんの思いを受けとめ、やりとりを通じて人との信頼関係を形成することを大切にしながら、言葉を蓄えていった。また、校庭で落ち葉を観察しながら、「みて！この葉っぱ、ぼうしみたい」「ぬれてて、ちょっと気持ち悪い」など、見つけたことや感じたことを言葉で確かめ合うような学習も行った。拾ってきた落ち葉をラミネート加工して栞をつくる活動では、「失敗したくない」という思いが強くなってイライラしがちなともきさんに「ドキドキするね」と共感しながら、「いろいろな形があって面白いよ」と繰り返し伝え、「できる - できない」「成功 - 失敗」という二分的な価値観にとらわれず、「ま、いっか」「まぁまぁかな」と思える経験につなげていった。

　毎日のように友だちとトラブルになるたびに、「なんで、ぼくは、みんなみたいにできないの？」と泣きながら訴えていたともきさんは、特別支援学級での学習経験を通して少しずつ自信や意欲を回復させ、安心して学校生活を送れるようになっていった。このように特別支援学級も、子どもが感じている困難や葛藤、その背景にある子ども自身の発達要求や願いを丁寧に汲み取り、適切な学習経験を積み重ねられるカリキュラムを用意することができる実践の場の一つといえるだろう。

3　通常学校・学級における学びとのつながり

（1）子ども自身がカリキュラムの主体になる──学びの当事者として

　就学前の発達相談では、就学先の選択について、「どこで」「何を」「どのように学ぶか」について保護者の願いに寄り添うことが中心となる。一方で、就学後の在籍変更（通常学級から特別支援学級への入級、特別支援学級からの退級など）では、子ども自身の「どこで」「何を」「どう学びたい」という意思や願いに寄り添うことも重要になる。発達相談で出会ったなみえさんは、3年生

頃から学校を休みがちになったが，ある日，校内の別室に登校した際，先生が算数の勉強をゆっくりわかりやすく教えてくれたことをきっかけに少しずつ笑顔を取り戻し，再び，学校に気持ちが向かうようになった。養育環境の不安定さもあった彼女にとって，別室での学習は，1対1でゆっくり自分の気持ちに寄り添ってもらい，大人への信頼を築くために必要な時間と場所であり，それらが保障されたことで学習に対する前向きな気持ちも取り戻していったのだろう。その後，彼女は自らの意思で「特別支援学級で学びたい」と在籍の変更（入級）を決めた。このように，子どもが自らの学校生活を「どこで」「どのように送りたいか」を考えたり，意思表示できたりすることは，子ども自身がカリキュラムの主体となるという意味で重要なことといえるだろう。

　障害の有無にかかわらず，誰もが相互に人格と個性を尊重し合える共生社会の実現を目指して行われる交流及び共同学習は，特別支援学校や特別支援学級に通う子どもたちにとっては，通常学校・学級における学びとの重要な接点となる。特別支援学級に通う子どもたちは，多くの場合，通常学級と特別支援学級という2つの居場所があり，一日の中でその双方を行き来しながら学習経験を積み重ねていくことになるが，「いつ」「どこで」「何を」「どう学ぶか」が個々のニーズに応じてではなく，「国語と算数のみ特別支援学級で学習する」「それ以外はすべて通常学級で学ぶ」など，学校の都合で決められてしまうことも少なからず起きている。たとえば，自閉症スペクトラム（ASD）と中度域の知的障害を併せ持つ6年生のそうたさんが交流及び共同学習の一環として社会科の授業を通常学級で受けていた際，隣に付き添う特別支援学級担任が黒板をノートに写し，そうたさんがそれをなぞり，することがなくなると教室内をうろうろと立ち歩き，特別支援学級担任の声かけで自分の席に戻り，また特別支援学級担任が写した板書をなぞる…を繰り返す姿が見られた。周囲の子どもたちはそんなそうたさんの姿をありのままに受けとめており，"受容的な雰囲気"で授業が進められていたという見方もできるかもしれない。けれども，そうたさんにとってこの社会科の授業で何を学ぶことが目的だったのか，そのために授業者である担任や隣に付き添う特別支援学級担任がどうはたらきかけるかといった意図が見えづらかったともいえる。このように，特別支援学級に在

籍する子どもたちにとって「どこで」「どのような」学習経験を用意していくかを十分に吟味したり，子ども自身が「何を」「いつ」「どこで」「どう学びたいか」を選んだりする余地もないまま，学校の都合で学びの形が一律に押し付けられていることは大きな問題といえるのではないだろうか。

2022年4月に文部科学省が出した通知では，「特別支援学級に在籍している児童生徒については，原則として週の授業時数の半分以上を目安として特別支援学級において児童生徒の一人一人の障害の状態や特性及び心身の発達の段階等に応じた授業を行うこと」（文部科学省初等中等教育局長，2022）と明示された。この通知は，そうたさんの例のように，特別支援学級に在籍しているにもかかわらず，"交流"という名の下に，障害特性や発達段階，教育的ニーズに応じた学びを必ずしも保障できていない一部の実態に対して警鐘を鳴らすものと受けとめることができるだろう。しかしながら，特別支援学級に在籍していることを以って一律に通常学級での学習活動に参加する時間を半分以下に制限することは，子ども自身の願いや個々のニーズに応じた教育的判断を無視している点で，やはり学びの形を一方的に押し付けていることに他ならない。今後は，特別支援学級に在籍する子どもたちが特別支援学級と通常学級という2つの居場所を往復しながら，「どこで」「何を」「どう」学んでいくのか，「どこで」の学びに「どう」参加していくのか，そこに当事者として子ども自身がどう主体的に関わっていけるのかという視点からも考えていく必要があるだろう。

（2）特別な学びの場の"閉鎖性"を超えていく

特別な学びの場を選択することが，特別な場に特別な教育的ニーズのある子どもたちを囲い込んでしまうような"閉鎖性"につながってしまうことがある。とくに特別支援学校は校区が広く，子どもたちが生活する居住地から遠く離れていることが多い。そのため，居住地のコミュニティとの関係が疎遠になりがちであることへの改善策として，特別支援学校に通う子どもたちが，障害がなければ通学するはずの居住地の学校にも学籍を持つことができ，直接および間接的な交流を通じて，居住地とのつながりの維持や継続を図る二重在籍（登録）や副次的な学籍といった制度がある。近年では，障害の状況や教育的ニー

ズに応じた多様で柔軟な学びの場の仕組みづくりの一環としても注目され，各自治体での取り組みも進んでいる。特別支援学校に通う子どもたちにとって，通常学校に通う子どもたちと共に学び合う機会は，特別な場で培った力を新しい集団の中で発揮して人とつながる経験や，主体性や自信を引き出す好機になりうる。また，通常学校の子どもたちにとっては，同じ地域で学ぶさまざまな仲間と出会い，対等かつ平等な関係性を築くきっかけにもなるだろう。

　その一方で，特別支援学校に在籍する子どもの学びと通常学校に在籍する子どもたちの学び，すなわち，副籍による交流及び共同学習を双方の教育課程にどう位置付け，いかに整合性を図るかについてはまだまだ課題も多い。また，副籍による交流をゆたかに進めていくための人的資源を含めた体制が十分に整っているとはいえないのが現状である。特別支援学校に通う子どもたちにとって，特別支援学校に通うことが地域や居住地域の学校教育から切り離される経験にならないよう，その子の発達課題などに応じて通常学校教育へのアクセスが日常的に保障されることには大きな意味がある。これまでの障害児教育の実践の中で積み重ねられてきた特別支援学校と通常学校同士の交流及び共同学習も含めて，特別支援学校に通う子どもたちの学びと通常学校での学びの接続や連続性をいかに保障していくかは今後の大きな課題である。

　先に紹介した明晴学園には中学部までしかないため，卒業生は主に高等部がある聾学校や高校等に進学する。ある生徒は，志望校を選ぶ際，聾であることを理由に複数の高校から受験を渋られながらも，「これからは聴の世界も見てみたい。知らなかった世界を知りたい。そして聴者と同等の力をつけていきたい」と公立高校に進学した。授業では，教師の声はマイクを通して机上のパソコンに表示される。誤変換も多く，学習に必要な情報保障は決して十分とはいえないが，休み時間にはホワイトボードやスマホを使って友だちと談笑し，「すごく楽しい。(中略) 新しい世界が開けた感じです」と言葉を弾ませる（長嶋, 2021：118-120, 183-185)。大学に進学したある卒業生は，「大学の授業は全然わからない。プリントがあれば，少しは情報が得られるけど，それでもたぶん二〇〜三〇パーセントくらいかな。そのプリントを覚えればテストはできるけど，深い理解や気づきとか，本来，授業を聞いていれば得られるもの（中

略）そういう情報は，全然自分には入ってこない」と言う。それでも，自分の卒業後も見据えて，自分から何度も大学側に働きかけていく（長嶋，2021：148-189）。彼らの姿は，特別な場で学んだことが社会との隔絶を生むのではなく，むしろ，社会とのつながりを希求する力を育てているように映る。その一方で，社会の側に未だ課題が多い事実は，社会こそが"閉鎖性"を超えていく必要性があることを突き付けているといえるだろう。

（3）どの子も安心して学べるカリキュラム保障に向けて

　本章で紹介した子どもたちはいずれも，特別な場を選ぶことで安心して学ぶことができ，学習に対する意欲や自信を培っていった。それが，通常学校・学級や社会とのつながりを希求する原動力にもなっていた。しかしながら，なかには，通常学級のカリキュラムがもう少し柔軟だったら特別な学びの場を必要としなかった子どもたちもいたかもしれない。特別支援学校や特別支援学級，あるいは不登校特例校，校外／校内教育支援センターなどに通う子どもたちは，特別な学びの場を必要としている存在であると同時に，特別な学びの場を選択せざるを得なかった子どもたちという視点からも考えていく必要があるのではないだろうか。

　2022年9月に国連・障害者権利委員会によって採択された日本の条約実施に関する政府報告への総括所見（以下，「勧告」）は，特別支援学校や特別支援学級が永続的な分離をもたらしていると指摘し，その廃止を強く求めた。特別支援学校や特別支援学級が今日に至るまで多くの障害のある子どもたちの発達・学習する権利を保障するゆたかな実践を積み重ねてきていることは紛れもない事実である。その一方で，特別なケアを受けるために特別な学びの場を選択することが，安易な分離や隔離（分断と排除）につながることを是認するものであってはならない。すべての学校において特別支援教育の充実が叫ばれながらも，特別支援学校や特別支援学級に在籍する子どもたちの数が年々増加している事実が何を示すのか，そこから目を背けるべきではないだろう。この度の「勧告」は，特別な教育的ニーズに応える専門性の充実を盾に，通常学校教育の抜本的な改善を試みようとしない姿勢に対する警鐘であり，真摯に受けとめ

る必要がある。特別な場での教育を文字通り包み込んだ通常学校教育のあり方を改革することが急務の課題であり，インクルーシブ教育の本質的な命題である。それは，たとえば，すべての子どもたちが，毎日，「同じ場で」「同じ内容を」「同じスピードで」学ぶことを前提とした通常学級のカリキュラムの限界をどう乗り越えられるか，別のことを学ぶなら別の場で…と"特別な場"で"特別の教育課程"を組むだけではなく，通常学校・学級という場で多様かつ柔軟なカリキュラム保障をいかに実現させることができるかという問いに挑戦することでもある。

注
(1) 児童や保護者のプライバシー保護のため，本稿で取り上げる事例はすべて，筆者がこれまでに関わった相談や見聞きした複数をもとに，架空の事例として紹介する。
(2) 補聴器や人工内耳などの医療技術を用いてできる限り音を聞き取る訓練や読唇，発声練習などにより，耳が聞こえない子どももできるだけ音を聞き分け，発声によってしゃべれるようにする方法。
(3) 「手話か口話か」をめぐって長く論争が続いてきた。今日では，多様なコミュニケーション手段を尊重する観点や，残存聴力の発達や本人・保護者の願いなどに応じて，「手話も口話も」柔軟に取り入れられつつあるが，聴覚障害児の言語教育をどう進めていくかは議論が継続している。
(4) 手話には，書き言葉としての文法に合わせて表現する日本語対応手話と，表情や顔の向き，体と目の動きなどを使った聾者独自の日本手話がある。
(5) 明晴学園HP（https://www.meiseigakuen.ed.jp/summary/summary）
(6) 草野心平「春のうた」『国語四上 かがやき』光村図書出版

引用・参考文献
長嶋愛（2021）『手話の学校と難聴のディレクター──ETV特集「静かで，にぎやかな世界」制作日誌』筑摩書房．
斉藤道雄（2016）『手話を生きる──少数言語が多数派日本語と出会うところで』みすず書房．
文部科学省初等中等教育局長（2022）「特別支援学級及び通級による指導の適切な運用について（通知）」．

（窪田知子）

第14章

インクルーシブなカリキュラムづくりの挑戦と教師の知
――熟練教師の語りから学ぶ――

1 学級担任とインクルーシブなカリキュラム

　学級担任は1年を単位として学級を受け持つ。1年間を通して、多様なニーズのある子どもが育ち合う関係性、環境をどのように作り上げていけば良いのだろうか。第14章では、多様なニーズのある子どもも含め、学級の子どもたちが関わり合う中で互いを知り、認め合いながら個人としても集団としても、成長していく道筋をインクルーシブなカリキュラムと捉え、熟練教師の語りからインクルーシブなカリキュラムの一例を提示することを試みた。

　第2節は、第二筆者（第2節ではA教諭とする）の語りをもとに、インクルーシブなカリキュラムのプロセスを抽出し、第一筆者が再構成した。第3節では、インクルーシブ・カリキュラムの教育実践上のポイントについて、第1筆者、第2筆者が共同で執筆した。

2 インクルーシブなカリキュラムの実際――A教諭の実践から

（1） A教諭について

　短期大学を卒業後、5年間の臨時採用期間を経て、正規採用となる。通常学級担任を経て、40代で特別支援学級を担任し、現職派遣により大学院を修了。修了後に特別支援教育コーディネーターを経験。熟練教師であるA教諭の学級では、特別な教育的ニーズのある子どもも含めた、子ども中心の学級づくりが実践されており、その力量は校内外で高く評価され、多くの研修会の講師とし

て招聘されている。

　インタビューは対面で実施した。テーマは「インクルーシブな学級経営について」であった。語りの時間は3時間22分，逐語記録は4万9996文字であった。

　A教諭は臨時採用の期間が比較的長かったため，多くの小学校，特別支援学校での勤務経験がある。多くの学級を見て，子どもたちと共に試行錯誤したことが，教員生活において自分が追い求める学級経営の姿をより明確にし，「引き出し」を増やすことにつながったという。

　自身の指導のあり方を転換せねばならないと感じたのは，臨時採用の時代にあった出来事であるという。具体的には体育の跳び箱の授業の際，跳ぶ力があると思われるにもかかわらず，どうしても跳び超えることができない子どもがいた。A教諭はその原因を跳び箱に対する恐怖心であると考え，子どもが勇気を出せるよう，クラスのみんなで「がんばれ！　がんばれ！」と応援したという。ところが，その子どもは跳ぶどころか，激しく泣き出してしまった。一方，教職1年目の若手教諭が担任する隣のクラスを見ると，子どもたちは笑顔いっぱいで毎日を過ごしている。この光景を対比し，子ども自身の「がんばりたい」といった意思がなければ，周囲の人的物的環境をいくら整えても，良い結果に向かわず，むしろ子どもには「圧」となってのしかかることを痛感し，子ども中心の支援が重要であること，そのためには安心して過ごせる学級づくりが土台であることを肝に銘じたという。

　A教諭によれば，多様な子どもたちが仲間となって成長しあうために，個々の子どもに歩んでほしいプロセスは，「感じる」→「考える」→「動く」である。こうしたプロセスを歩む中で，子ども同士が確かにつながり，自分らしく呼吸することができる空間が生まれ，それぞれの子どもの力が発揮されることにつながるという。さらに，学級でこうしたプロセスを経験し，プロセスを経て身につけたことが，将来に生きる力につながるという願いが込められている。

　ここでは，「感じる」→「考える」→「動く」のプロセスを中心に，どのような意図と手立てをもって教育活動を推進しているのか，見ていくこととする。図14-1にインクルーシブなカリキュラムのプロセス図を模式的に示した。

第14章　インクルーシブなカリキュラムづくりの挑戦と教師の知

図14-1　インクルーシブなカリキュラムのプロセス図

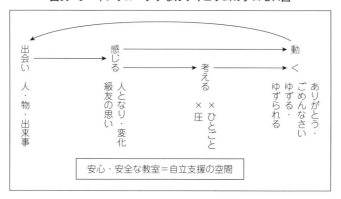

（2）「感じる」→「考える」→「動く」のプロセス

① プロセスを動かす力：出会い

「感じる」→「考える」→「動く」のプロセスを後押しするためには，誰かとの，何かとの「出会い」が大切だという。「出会い」とは，"人だったら誰でもやっぱり強みと弱みがあるから，その人その人の当たり前があるし。自分自身で，自分自身のことに，気づいてなくて，自分に出会うっていうことも，あると思うんですよね。そこの出会いがスタート"（斜字はA教諭の語り。以下同じ。）と述べているように，新たな人・もの・コトに出会うことに加え，これまでの自分自身と出会い直すことも含まれる。

出会っていても，見過ごしたり通り過ぎたりすることが多い中，子どもたちに出会いを出会いとして響かせるために，お互いの人となりや考えを知る機会がふんだんに設定されていた。その題材の一つが，学級通信であった。学級通信はどの学年でも発行されており，教諭の手描きのイラストとあわせて，子どもが綴った作文やメッセージなどが掲載されている。配布したのちに読み合わせることが恒例となっており，なかでもこれらの朗読が子どもを知る手がかりであったという。具体的には，次のように語られた。"表現読みしたり，同じ文章を読んでも，たどたどしい読みでもその子なりのすごい一生懸命な読み方があって，『丁寧だね』って，『すごい真面目な子なんやな』っていう，その人の人となりがその読み方から何かすごい伝わってきたりとか。それを価値付け

205

第5部　広場5　学校づくりの原理としてのインクルージョン

して，みんなに返していく」。

　教師が子どもの人となりを学級に返していくならば，教師が子どもをどのように見つめているかが鍵となる。ここで注目したいのは，上手な読み方，下手な読み方と評価するのではなく，子どもの状態像にラベルを付けてあっさりと手放すのでもないという点である。この他にも，ニーズがある子どもについて語る部分で，「*葛藤してるのはその子自身*」「*やんちゃだった子*」と述べるなど，子どものできないことに注目するのではなく，子どもの人間性や抱える辛さが表現されていた。子ども一人ひとりとの丁寧な対話の積み重ねの上に，「できないこと」ばかりではなく子ども自身の思いや人となりを理解することにより，語られることにつながるのであろう。子どもの言動から窺い知れる「その子らしさ」を教師自身が受け止め，「その子らしさ」として価値付け，学級に語り返していくことで，子どもたちが「良い」出会い方をする地ならしがなされていると考えられる。

　また，子ども同士がお互いのことを知るために，考えや経験を表出する機会が学校生活のさまざまな場面で設けられている。それは，「*その人がどんなふうに，同じものを見てても，見えてるかとか，どんなふうな経験をしたかっていうことは，やっぱりなかなかアウトプットしてもらわないとわからない*」からであり，「*朝のスピーチで言ってもらったり，綴り方で綴ってもらったり，学級会でみんなで相談したり*」するという。教室の中で，お互いの良さや人となり，考え方や経験した出来事を共有し，子ども同士が互いに出会う機会となっている。

② 感じる

　「感じる」とは極めて感覚的なものであるが，これをプロセスの最初にあると考える意図はどこにあるのだろうか。

　「感じる」について，次のように述べている。「*今まで無意識だったことが，意識化するところからスタートする*」「*特に問題性も何も感じていなかったことが，ものを知る，相手を知る，社会を知るとか，何かそこで違和感を覚えたこと，知らなかったこと，当たり前だと思ってたけど，そうじゃなかったこと*

を，まず考えるの先に感じることがスタート」。そして，「やっぱりその人の持ってる感性の部分にアンテナに引っかかるか引っかからないかっていうのは，すごく（大きい）。」と述べていた。子どもの意識に物事・出来事を載せることがスタートとして欠かすことができないことであり，そのためには子どもの感性に捉えられることが大切であるという。

　そして，「感じる」力を強くしていくために，まずは教師が「*1人の人として自分の感性で，子どもから気づいたこともだけれども，自分が気づいた変化を子どもに返す。『先生のも聞いて』って一緒の学習者の立場に立って。自分が一つの大きなモデルになって，指し示していく*」という。たとえば，小さな黄色いトマトの花が咲けば，「見て！」とその感動を子どもたちと共有する。日常のありふれた光景に「出会い」があり，それを摑んで向き合うことを，子どもに向けて教師が手本となって伝える。教師が「感じる」姿を見るにつけ，子どもたちが教室の内外で「感じたこと」「発見したこと」を伝え合うようになるのだろう。

　また，さまざまな出来事を自分ごととして「感じる」ために，A教諭は床のゴミや落ちている手提げの例を出しながら，語りかけるのだという。「*物に対しても気づいたら，ゴミもそうだし，教室の中に誰かの手提げが床に落ちてる。跨いで通るのか，何も考えずに踏んづけちゃうのか。拾って，するのか。そこからじゃないかなって。人とか物を大事にするって，そういうところ違うかなっていうのを最初に*」伝えるという。生活の中に何気なくあるモノを大切に扱うことが，ひいては人を大切にすることにつながることを，明確にメッセージとして送り届ける。

　教師の気づきを媒介としたクラス全体への共有は，隣り合う級友の動きや考え方にも及ぶ。「*実際に子どもが綴ったものとかを見ながら，その子の価値，価値ある動きに気づいたときに，それを共有していく*」。そして，「*共有の部分，一人のものにしないでそれを共有することで，その人らしさっていうのがやっぱり何か，すごい見えない線を強めていく*」という。子どもの「価値ある動き」に教師がいち早く気づき，それを言葉にして学級に共有することを通して「その子らしさ」「人となり」を互いに知ることが，仲間意識を強めていく。

子どもたちが「感じる」ことの意味は，気になる言動をとる子どもと級友として，仲間としてつながることとも関係付けられている。「(友人関係の)線を太くしていくっていう自分の中の思いがすごく強くて，そのためには，まず，まず，なんであの子こんなこと言うんやろうって感じるところから，問題意識が芽生えないとスタートしない」。子どもたちが仲間となっていくために，まずは互いの違いや思いに関心を寄せることが基盤になると捉えられていた。それは，特別な教育的ニーズをもつ子どもについても同様であり，たとえば「嫌なことをされたから無視する，あの子とは関わらないでおく」と境界線を引いてしまうのではなく，「なぜ？」と思いをもつことからスタートするという。

③ 考える

「感じる」に次ぐステップは，「考える」であった。「思考するっていうことが，人と自分，社会集団と自分，自分と自分っていうものを，見つめたときに，その人の物の見方とか考え方が，少し出会いの前の自分よりも，ここで何かが自分の中で動き出すんじゃないかなって思っていて。その中で，価値のある物の見方，感じ方，ここにこんな素敵な価値があったんやなっていうのに気づけたときに，喜べるし，それが人やったら相手にそれが伝わったら，一緒に喜び合える。仲間になる。」「立ち止まって俯瞰して，もう一度聞いた言葉とか起こった出来事を再認識することで，もう一回自分の中で組み立て直すっていうか，再認識することがインクルーシブ・カリキュラムの何か土台にある」。自分のものの見方に変化を起こし，変化への気づきが，自分の中での喜び，他者との喜び合いにつながると言う。

その手立てについては，「考えるのは本人が考えるから，私はもう，投げるだけなんですよ。そこは投げるだけで，どこでヒットするかは子どもによって違うので，そこはあんまり多くは求めず。」と述べ，A教諭は「考える」ことにはほとんど関与していないように語られた。むしろ「考える」ことを阻害する要因を避けるという手立てが講じられていた。それは，「圧」「ひとごと」という二点である。

「圧」とは「トップダウンの圧」のことである。「圧」によって，「みんな余

計に自分が思い描いてるのと違う方に進んじゃうっていう。みんな従順になるじゃないですか。うまくいってるって勘違いが起こる」と言う。「圧」によって，子どもは教師の求める形にきちんと振る舞うことが求められ，子ども自身が感じ取り，子ども自身の考えにもとづいて動くことができなくなる。「ひとごと」の対局にある自分ごとについて，「どこか何か自分にもつながってくる，自分ごととして，考えるっていうのは，ひとごとじゃなくて，自分ごととして考えてみる」ことであると語られた。「ひとごと」とは，相手と自分との間に線を引き，相手の感情や態度，立場を慮ることがない様であろう。

　「考える」ことは子どもに委ねつつも，子どもがお互いの存在や言動にアンテナを張り，共感し，仲間としてつながっていくことを阻害する「圧」や「ひとごと」としての態度をできる限り取り除くように意図されていた。

④　動　く

　次は，「動く」である。ただ，「考える」を経ることなく「動く」へとつながる場合もあるという。「人から押し付けられるものじゃなくて，自分の中で自分に変化を起こすには，それも何か大切にしたい変化を起こすには，何か，そういう気持ちの揺さぶりであったり，そういうことが初めは感覚で感情が働いたりとかいろいろな感性から始まって次は思考っていうここで論理的なものの見方ができたりとか，することが，実際この動くところの自己実現の方に，移っていく」。

　A教諭が学級開きの際にどの学年でも伝えることは，プロセスの「動く」にあたる「ありがとう，ごめんなさい」「ゆずる，ゆずられる」についてだと言う。「ありがとう，ごめんなさい」は人間関係の基本となる相手意識であり，これを学級開きの際に伝えることは，それほど特別なものではないように思われる。しかし，通り一遍の「ありがとう，ごめんなさい」はかえって弊害を生むことが述べられていた。「ごめんなさい」を例に取ると，「何か問題が起こったときは，逆に相手のことを知るチャンスやなって。そこを表面的にごめんなさいみたいな話し合いしてると，なんかストレスしか溜まらなくて，やっぱりどんどん離れていってしまって。」と，子どもがまずさや問題を感じ，考えた

上での「ごめんなさい」が大切であることが述べられていた。

　意外に感じられたのが，「ゆずる，ゆずられる」であった。この「ゆずる，ゆずられる」は，特別な教育的ニーズのある子どもにとっても，そうではない子どもにとっても，自分の抑えきれない衝動や要求，いつもゆずる立場になってしまいがちな子どもたちの要求を，それぞれ正当なものとして肯定しながらも，学級のなかで互いに調整することが求められているようであった。具体的には，「ゆずってもらったら，次は自分がゆずれるゆずる部分を，ここは絶対にゆずってほしいって。自分はそうでもないけどそんなにってゆずるがあって。でも，ここではこの前ゆずってもらったし，この子がすごくしんどそうやからゆずるよって，なんかそういう相手意識っていうか，いうことを大事にしようっていうのを，一番最初の学級開きのときには，これは必ずどの学年を持っても話をしてる。」と述べている。自分の「欲しい」を追求し手を伸ばし続けるのではなく，自分の「欲しい」と他者の「欲しい」の要求の強さや逃れ難さを子どもたち自身が見比べながら，時として自分の要求を抑えていくことが求められていた。

　こうした要求のぶつかり合いやゆずりあいが，次の「感じる」から始まるプロセスへとつながっていく。

（3）教室環境と自立支援の空間

　子どもが安心感の中でエンパワーメントしていく土台としてA教諭が語ったことは，教室環境であった。具体的には，「その力を子どもに発揮してもらうためには，まずは教室が学習集団になるには，ありのままの自分を出せるかっていう。呼吸がね，なんか，息苦しくないかっていう安心できる場所かどうか」が元にあると言い，「やっぱりいろんなクラスの子が教室を出入りするのは用事があるときはいいけど，土足で上がってくるのはやっぱり何かすごくしんどいなとか。見えないドアの廊下と教室との線っていうか。そのプライバシーが守られているというか，自分の机の中のものは，例えすごい仲のいい友達であっても，勝手にやっぱりいくら整理整頓苦手でも，勝手に開けて，やっぱりさわって欲しくない」と，教室環境やプライバシー空間とともに，個々の

子どもの心理的な安全とも関連づけて語られた。他の学級と交流を積極的に行うことよりも，まずは学級集団を安心できる空間として創り上げることが意図されていた。

　A教諭によれば，教室環境の意味——たとえば，「しんどい時にはクールダウンはここ」——について意味や意図も含めて一つずつ子どもたちと共有することが，子どもの安心感と当事者意識を育んでいく。いわゆる教室環境のユニバーサルデザインが，形ばかりになるのではなく，子どもにとって意味あるものとして共有されることが大切であるということであろう。育まれた安心感や当事者意識は，教師が子どもと共に挑戦的な課題に取り組む際に，子どもたちがお互いの困難や特性を踏まえて知恵を出し合い，場の設定を考えていくことにつながるという。

　子どもの安心，安全が確保された教室環境は，多様なニーズのある子どもがありのまま呼吸し，成長する時間を保障する自立支援の空間としても機能していく。「自立支援の空間っていうのが，やっぱりこの仲間作りだったり，隣にいる自分の友達やったりっていう空間で，それが目の前の教室かなって。たとえそれが支援級の子であっても，交流級に戻ってきたときに，その空間が保障されてるっていう。自分が丸ごと受け止められてるっていう，そういう保障がそこにはあって。人ってやっぱり急には変われないので，やっぱり待ち姿勢というか，みんなでその子に何が起こっているかを，みんなで一緒に認識して，葛藤してるのはその子自身だから，みんなでしょうっていうのを自分もしんどいときにみんなに待ってほしいでしょ，っていうのを代弁してきたかな」。こうした中で，ニーズのある子ども自身が周囲の子どもたちと仲間になりたいと願い，仲間になるために相応しい言動や振る舞いを学ぶためには，時間が必要であり，級友のしんどさを受け止めながら，成長を待つことができるよう，教師が子どもの思いや状況を代弁する。

3　インクルーシブなカリキュラムからの学び

　インクルーシブなカリキュラムを実践する上で重要な点を挙げる。

本章では，熟練教師の語りをもとに，インクルーシブなカリキュラムの挑戦について整理した。以下に，本事例から学びとれる，インクルーシブなカリキュラムを実践する上で重要な点を挙げる。

第1は，子どもの成長のプロセスが「出会い」から「感じる」→「考える」→「動く」として提案され，このプロセスを経ながら育てていく具体案が示されている点である。堤（2024）は，「日本におけるインクルーシブな学級づくりは，『形式的平等主義』や『強い同調主義』といった学校文化をどう変革し，いかに異質な存在を通常学級の外に排除する力（押し出す力）を弱めていくかという話に集約される」と述べている。単年でのスムーズな学級運営のみを考えるのであれば，教師の問や指示に素直に応じる子ども像を求め，トラブルを避けるために子ども同士の関わりを少なくする方法もある。しかし，インクルーシブなカリキュラムでは，こうした教師主導の形式的な平等を重んじるような環境の中で生き抜く術を，子どもたちに学んでほしいわけではない。子どもが互いにぶつかり合いながら理解し，関わり合いの中で違いを認めながら成長し，それが将来に生きる力になることを願っている。子どもの成長における葛藤や揺れに粘り強く寄り添いながら，学級全体として受け止めようとする姿は，インクルーシブに向けた実践として大切な視点であろう。ただ，そのための方法や道筋は教員間でも共有されておらず，熟練教師が長年のコツと勘で実践し，言語化されていないのが現状であろう。本稿で示したプロセスは，インクルーシブなカリキュラムを教師自身が見通しを持ちながら進めていく一つの道標として，意義あるものと考える。

さらに言うならば，このプロセスは，教師自身が多様な子どもたちと出会い，そこから自分の指導や見方を問い直し，これまでとは違ったアプローチに取り組むといった，教師自身の成長のプロセスのヒントでもある。昨今では，貧困，外国にルーツをもつ子どもなど多様なニーズが取り上げられており，今後も多様性は増していくだろう。学級経営においても多様性への対応が求められる時代においては，教師自身がアンテナをはり，一つひとつの事象から感じ取り，自らの在り方を変更するなどの柔軟性をもち対応していくことが求められる。

第2は，教師自身の子どもたちへの眼差しである。実践では，どの子どもも

持つそれぞれの「その子らしさ」を大切にし，価値づけるという眼差しが根底にあり，貫かれていた。学級には，さまざまな背景や特性をもった子どもたちが在籍している。障害についていえば，学習障害やADHDなどの用語が教育現場に溢れている。こうした中，湯浅（2018）は，「障害についての専門家が担当するのが特別支援教育であるという意識は残り続けている」と指摘する。教師が指導のしにくさを感じると，「ADHDではないか」「愛着の問題」等とラベルを付し，あたかも自分の指導の範疇ではないといったような言動が見受けられることがある。障害についての専門性を有する教師の知見を借りたり，連携・協働したりすることは重要ではあるが，あっさりと「他の誰か」に全面的に指導を委ねる姿勢では，インクルーシブなカリキュラムの実現は難しいであろう。そして，この土台となるのが一人ひとりの子どもを丁寧に見つめ，「個」との対話の場を持ち続け，願いを知ることである。

　第3は，子どもとの「対話」の重要性である。教師の考えや判断の根拠などを子どもたちと共有する際には，決して「教師から子どもたちへ」という一方通行にならないように，双方向のやりとりが生まれることが意識されている。対話の場は「個」との，「集団」との両方が担保され，継続して持ち続けることが大切である。こうした対話が肝であるのは，あくまで主体は子どもであるからであり，子ども同士の対話により，教師自身の思い違いや方向性の修正にもつながる。

　第4は，多様な子どもが学級で学び，生活し，時にはぶつかり合いながら成長していく「振れ幅」を受け止める理論的な構えがあらかじめ用意され，子どもに明確に伝えられていることである。具体的には，多様な子どもたちが生活する学級では，ともすれば，声の大きい子どもの主張が通り，声の小さい子どもは譲ることばかりが増えてしまう実態もあるだろう。インクルーシブ教育の日常化において，「差異・異質性の尊重」は欠かすことができない視点である（堤，2018）。「差異・異質性の尊重」は，教師の意図的な仕組みづくりによって，より学級に根ざしたものになる。周囲との関係性についての課題に直面する子どもが課題に向き合い解決するためには，葛藤が許される空間，時間，関係性が必要である。湯浅（2018）は学級の誰もが安心して学校生活を送ることが，

課題に直面する子どもが葛藤する時間を保障されることにもつながることを指摘している。そのためにも，学級の誰もが納得し，互いの成長を願うという目的意識が成長の足元を固めることになると考える。

参考文献

堤英俊（2018）「日本におけるインクルーシブ教育の日常化の課題──〈理想〉と〈現実〉の相剋をめぐって」湯浅恭正・新井英靖編著『インクルーシブ授業の国際比較研究』福村出版，58-74.

堤英俊（2024）「インクルーシブな授業づくり」原田琢也・伊藤駿編著『インクルーシブな教育と社会──はじめて学ぶ人のための15章』ミネルヴァ書房，215-230.

湯浅恭正（2018）「日本におけるインクルーシブ教育をめぐる研究動向と論点」湯浅恭正・新井英靖編著『インクルーシブ授業の国際比較研究』福村出版，28-41.

（石橋由紀子／曽谷敦子）

第15章

教師集団の共同とカリキュラムづくり

1　日本のインクルーシブ教育に見られる課題

（1）多様な教育的ニーズへの応答

　日本では，2007年に特別支援教育が開始され，2012年には「共生社会の形成に向けたインクルーシブ教育システム構築のための特別支援教育の推進（報告）」が出された。その結果，日本のインクルーシブ教育システムは，特殊教育の対象であった障害のある子どもだけではなく，発達障害のある子どもも対象にした特別支援教育を発展させ，障害のある子どもと障害のない子どもが，できるだけ同じ場で共に学ぶことを目指すようになった。

　こうした日本のインクルーシブ教育システムに対して，海外のインクルーシブ教育には異なる点が見られる。たとえば，1994年の「サラマンカ声明」では，障害だけではなく学習上の困難から教育を保障しようとする「特別ニーズ教育」の概念とともにそうした子どもたちを「特別な教育ニーズ」のある子どもと提起した。

　このように，日本のインクルーシブ教育システムは，発達障害をはじめ，障害のある子どもを対象とした教育であるのに対して，海外のインクルーシブ教育は対象を特別な教育的ニーズのある子どもとして捉える点で異なる。

　ただし，現行の小学校学習指導要領では，「特別な配慮を必要とする児童への指導」という項目において，「（1）障害のある児童などへの指導」「（2）海外から帰国した児童などの学校生活への適応や，日本語の習得に困難のある児童に対する日本語指導」「（3）不登校児童への配慮」が明記された。最近では，

2022年12月に改訂された『生徒指導提要（改訂版）』の第12章「性に関する課題」において「『性的マイノリティ』に関する課題と対応」や，第13章「多様な背景を持つ児童生徒への生徒指導」において「発達障害に関する理解と対応」「精神疾患に関する理解と対応」「健康課題に関する理解と対応」「支援を要する家庭状況」といった内容が明記された。その内容についてはまだ不十分な点も存在するが，こんにちでは，このような多様な教育的ニーズへ応答することが注目されるようになった。

　このように日本ではインクルーシブ教育システムの文脈ではないが，多様な教育的ニーズについての教育は整備されるようになり，教育現場においては，多様な差異のある子どもが生かされ，共同して学びを深めるインクルーシブ教育の世界を実現する授業づくりのあり方が検討されるようになった（インクルーシブ授業研究会，2015；湯浅・新井，2018など）。インクルーシブ教育において差異と共同の関係を保障する場合，通常学級における多様な教育的ニーズのある子どもを含んで編成される学級の授業については，学習する集団へと高める集団指導はもちろん，一斉授業だけではなく，ペアや班・グループといった小集団形態をはじめ個別指導も取り入れ，学習集団の仲間とつながっているという意識を大切にした取り出し指導など，多様な学びを構想する必要がある。この点で，通常学級における多様な教育的ニーズに応答するカリキュラムづくりは重要な課題である。

（2）インクルーシブ教育におけるカリキュラムづくりの範囲

　日本において特別支援教育が開始される前に，すでに通常学級におけるカリキュラムについては議論や実践が試みられてきた。通常学級においてADHDの子どもの視座からカリキュラムに選択肢を設定した実践として，大和久勝の小学校の実践が挙げられる。大和久はADHDの子どもに対して，「Aカリキュラム（時間割通り）とBカリキュラム（家庭で使っている持ち込み教材）を選択できるようにする。それも駄目な時は，Cカリキュラムとしてブロック，折り紙，粘土，トランプなどをさせる」（大和久，2003：62）というように，ADHDの子どもにとってカリキュラムの選択肢があることで，その子どもが

その時間の状況に応じて柔軟に取り組めるカリキュラムを構想していた。ただし，こうしたカリキュラムの場合，学びは個別化していくため，学習集団とその子ども自身につながりがあることやその子どもが排除されていないという意識の形成が求められる。

　このように，特別支援教育が開始される前から，教師たちは通常学級のなかで，子どもたちの学びを保障しようとカリキュラムづくりを行ってきた。ただ，インクルーシブ教育の議論において，荒川智は，国際的な動向をふまえて，授業やカリキュラムの問題に対して，「多様なニーズのある子どもたちが共同で学習する形態，すなわち，同一の単元・教材を共有しつつ個々の課題や活動を個人差に即して個別化・多様化できるような授業形態がどこまで可能であるのかということであろう」（荒川，2006：5-6）と述べ，通常学級において慎重に検討していく必要性を述べている。

　その上で荒川は，インクルーシブ教育の議論について，以下のように述べている（荒川，2006：6）。

　　インクルーシブ教育を単なる「場」の問題に矮小化してはならない。インテグレーション政策の経験がない日本では，インクルージョンとインテグレーションをほとんど同一視し，通常学校・学級に障害児を受け入れることという理解が依然強いようである。しかし，では「場」の問題は重要でない，ということでは決してない。当事者の意識としては，やはり避けてすまされないであろう。通常学級に在籍できることでもって排除されないと受け止める人も多い。逆に障害児学級・学校でこそ居場所が見いだせるという人も多い。結局，学籍・在籍の問題は避けて通れないであろう。

　このように，すでに日本においてインクルーシブ教育システムが整理される前に，通常学級のカリキュラムに関する問題提起はなされていたのである。また，こんにちでは，窪島務が通常学級における教育の指導の限界として，次のように指摘している（窪島，2021：89-90）。

個々の教師の努力では超えられない壁は，一つに，通常学級の子どもの発達保障に必要かつ不可欠の「複数の教育課程」の不在とその議論の不在，二つに子どもが安心と自尊心を育む時間的空間的人的ゆとりである。

この点で，通常学級のみを対象としたカリキュラムではなく，特別支援学級なども含めてカリキュラムを構想することは，インクルーシブ教育を進めていく上で，課題として問われているのである。

この章では，インクルーシブ教育において求められる通常学級における多様な教育的ニーズに応答する教師集団の共同を検討した上で，インクルーシブなカリキュラムづくりのあり方について明らかにする。

2　インクルーシブなカリキュラムを目指した教師集団の共同

(1) カリキュラムづくりの課題としての教師集団の共同

　日本のインクルーシブ教育システムも決して通常学級のみを教育の対象としているわけではない。2012年の文部科学省による「共生社会の形成に向けたインクルーシブ教育システム構築のための特別支援教育の推進（報告）」では，「同じ場で共に学ぶこと」と「多様な学びの場」が明記された。また同報告の「4．多様な学びの場の整備と学校間連携等の推進」の「(3) 交流及び共同学習の推進」において，「特別支援学級と通常の学級との間で行われる交流及び共同学習についても，各学校において，ねらいを明確にし，教育課程に位置付けたり，年間指導計画を作成したりするなど計画的・組織的な推進が必要である」と明記されている[1]。

　このように，インクルーシブ教育システムにおいては障害のある子どもと障害のない子どもが，「同じ場で共に学ぶこと」や「交流及び共同学習」，さらには「多様な学びの場」が重視されているのである。つまり，通常学級の担任だけではなく，特別支援学級をはじめとした「多様な学びの場」での学びの保障を考えなければならないのである。

　2012年に文部科学省が出した「報告」から10年が経ち，通常学級の状況もま

た変わりつつある。2012年に文部科学省によって実施された「通常の学級に在籍する発達障害の可能性のある特別な教育的支援を必要とする児童生徒に関する調査」の結果により，通常学級に在籍する小中学生の6.5％に，発達障害の可能性があることが示された。10年後の2022年12月13日に発表された文部科学省の「通常の学級に在籍する特別な教育的支援を必要とする児童生徒に関する調査」の結果では，通常学級に在籍する小中学生の8.8％に，発達障害の可能性があることが示された。前回2012年の調査より2.3ポイント増の8.8％となったことが大きく注目された。けれども，調査結果の留意事項にも記載されていたが，これまでの調査の対象地域や一部質問項目等が異なるため，安易に単純比較することはできない。ただし，発達障害等に関する理解が進んでいることは考えられる。

　この調査からもわかるように，インクルーシブ教育におけるカリキュラムづくりのあり方として，これまでのように通常学級の担任一人で学級全員の子どもを指導する考え方とともに，特別支援学級をはじめとした「多様な学びの場」での学びを保障するような，教師集団の共同とカリキュラムづくりは喫緊の課題である。

（2）学びの場をつくり出す教師集団の共同

　日本においてインクルーシブ教育システムが推進されていくなかで，学校全体で「多様な学びの場」での学びを保障することが求められるようになった。その一方で，さまざまな居場所を創造することが，同時に求められる。というのも，特別な教育的ニーズのある子どもを通常学級に適応させるのではなく，その特別な教育的ニーズのある子どもの居場所をめぐって，学校全体で多様な教育的ニーズに応答することが求められるからである。その際，教師集団の共同はなくてはならない。

　たとえば，特別支援学級を担当している教師や保健室の養護教諭の役割が注目され，通常学級の担任と共同していく実践が挙げられる（湯浅・越野ほか，2011）。この実践では，教師集団の共同について以下のような二つの特質が見られた（湯浅，2011：142-146参照）。

第一に，場づくりの大切さである。子どもを学級に適応することを性急に求めるのではなく，教師が集団となってじっくりと話し合う場づくりを目指し，その過程を大切にしていた（「プロセスゴール」）。そうすることで，教師集団において「子どもの話ができる仲間の存在を実感する生活」が学校につくり出されていた。また特別な教育的ニーズのある子どもが特別支援学級から保健室を居場所にしていく過程で特別支援学級の教師がフォローしていたことも重要である（「フォロアーシップ」）。第二に，「子ども理解」の共同の輪をつくり出していたことである。ここでの「子ども理解」（「自分たちの子ども観・指導観を省察し，理解しあい，合意をつくる過程を大切にすること」）を通常学級，特別支援学級，保健室の教師だけに閉じるのではなく，全教職員に開いたことも特質である。

この実践の特質の第二のような「子ども理解」の共同の輪に見られる子ども観・指導観の理解や省察を学校レベルで問い直していく考え方として，「ホール・スクール・アプローチ」が挙げられる。この考え方は，「通常の学校においては支援学級の子どもの発達の事実をどう学校内で読み開いていくのか，またその読み開きが通常学級に在籍する支援の必要な子の行為・行動を理解する鍵になる」とされている（湯浅，2016：154参照）。

以上から，教師集団の共同とは，複数の教師たちが単に力を合わせて実践を試みるのではなく，お互いの子ども観や指導観といった教師自身が培ってきた教育のあり方自体を問い直し，お互いの担当する学級等を越えて子どもの事実を読み解き合うことを学校全体に広げていく試みである。こうしたことがカリキュラムをつくる基盤には必要なのである。

3 教師集団の共同に開かれたインクルーシブなカリキュラムづくり——カリキュラム・マネジメントの問い直し

第2節第2項「学びの場をつくり出す教師集団の共同」で提起した教師集団の共同は，インクルーシブなカリキュラムをつくり出すために極めて重要な視点である。こんにちの学校づくりに関するテーマとして，現行学習指導要領で

は，カリキュラム・マネジメントが強調されている。

　たとえば，『小学校学習指導要領解説（総則編）』において，カリキュラム・マネジメントは以下の3つの側面から整理され示されるようになった（文部科学省，2017：39-40）。

- 児童や学校，地域の実態を適切に把握し，教育の目的や目標の実現に必要な教育の内容等を教科等横断的な視点で組み立てていくこと，
- 教育課程の実施状況を評価してその改善を図っていくこと，
- 教育課程の実施に必要な人的又は物的な体制を確保するとともにその改善を図っていくこと

　こうした3つの側面が示しているように，教師集団での共同によるカリキュラム・マネジメントは必要であろう。というのも，このカリキュラム・マネジメントにおいて，「管理職など一部の人々だけでなく学校教育を担う教職員一人ひとりが参画することで，組織的かつ計画的に教育活動の質を向上させていくことが求められている」（奥村，2022：62）からである。すなわち，これまでの「管理職などの一部の人々」によってカリキュラムが編成されるといった固定的な考えに陥っている問題が浮かび上がったからである。

　次にカリキュラム・マネジメントは3つの側面のうち，3つ目の「教育課程の実施に必要な人的又は物的な体制を確保するとともにその改善を図っていくこと」については留意すべき点がある。高橋英児は以下のように指摘している（高橋，2018：88-89）。

　　「人的資源」として「活用」するという見方には，注意が必要である。なぜなら，そうした見方は，ともすれば地域の人々を教育目的達成のための「手段」としてとらえがちになるからである。だが，ゲストティーチャーとして学校が招く地域の人々との出会いは，学校・教師にとっては，一回きりの授業で終わらず，それをきっかけにして，子どもの現在と未来をともに考える「仲間」として関係を新たに築いていく可能性を含んでい

る。また，子どもだけでなく地域の人々にとっても，授業での出会いが，その後の自分たちの生活に関わる重要な「他者」との出会いとなり，新しい関係を築く可能性がある。

　このことは，「人的資源」の捉え方によるものである。高橋の指摘にもあるように，学級担任はゲストティーチャーをはじめ，学級で共同する同僚などを「教育目的達成のための『手段』」として捉えるのではなく，「子どもの現在と未来をともに考える『仲間』」として関係をつくるカリキュラム・マネジメントへとつくり変えていかなければならない。その際，学校の教師（主に通常学級の担任教師）だけがカリキュラムを編成し運用するのではなく，インクルーシブ教育について検討した論考からも，担任と支援員との関係や，学校全体と特別支援学級の関係を問うなかで，インクルーシブなカリキュラムの構想が指摘されていた（荒川，2008参照）。
　カリキュラム・マネジメントは，一部の管理職などの教師だけでなく，教職員一人ひとりが参画する必要性については先述したが，それを学校の子どもたち全員の視点から問うことで，インクルーシブなカリキュラムへと質的に高まっていくのではないか。長崎県の小学校の実践では，特別支援教育の観点から全員参加を問い直していた。そこでは，完全不登校の子どもも含めて，子どもたちに関わるすべての教職員がパイプ役になって，以下のように意識し続けることが指摘されている（諫早市立北諫早小学校，2022：5）[2]。

　　通級指導教室，特別支援学級，家庭，フリースクールなどで学ぶ場を分けていたとしても，<u>担任及び専科，関わる教職員がパイプ役</u>になっていくことで児童の存在を子どもたちの意識上に示し続けていくということが集団づくりの根幹となる。／つまり，全員参加を建前上でなく本気で考えていくのであれば，子どもたちの意識の中にどれだけ，その児童が存在できるのかは<u>教職員全体の意識の在り方</u>ということになる。

　この学校の実践では，通常学級，通級指導教室，特別支援学級といった学校

の枠を超えて，子どもが家庭やフリースクールで過ごしていたとしても，学級の一員であるというように子どもの存在を意識することから全員参加を問い直している。つまり，同じ場で学ぶことを絶対的な条件にする全員参加ではなく，それぞれの子どものニーズや居心地の良さなどを含めて参加できるところで全員がそれぞれ参加することを全員参加としていた。インクルーシブ教育を実現するためには，学校内外にカリキュラムを開く仕組みとしてカリキュラム・マネジメントのより一層の検討が求められる。

　こうした通常学級の授業に参加することを前提とした教育から，インクルーシブなカリキュラムづくりでは，学校内外に学びの場をつくり出すことができるカリキュラム・マネジメントとともに，教師と子どもの授業への参加の意識改革がカリキュラムづくりの「づくり」に込められているのである。つまり，学校内外に学びの場をつくり出すことへ向けて，子どもたちの集団と教師集団とが要求を出したり，合意したりしていく「プロセスゴール」のような，カリキュラムをつくり上げていく「過程」を「づくり」としているのである。

4　残された課題

　日本のインクルーシブ教育システムは，特別支援教育の推進のもと障害のある子どもたちを対象とした教育である。けれども，第1節第1項で述べたように，多様な教育的ニーズにどう応答するかが問われている。このことに関して窪田知子は，「多様なニーズの一つひとつに定式化された対応をあてはめて解決を図ることだけでなく，包括的な視点で子どもをとらえようとすること」（窪田，2017：65）を主張している。カリキュラムづくりにおいても，「多様な学びの場」を設定して，障害特性に応じた指導をしていくことは必要である。けれども，障害特性やニーズに応じた指導にも以下のようなことに注意が必要である（窪田，2017：65-66）。

　　不登校の子どもには適応指導教室での指導や学校心理士によるカウンセリング，外国籍の子どもには日本語指導教室への通級，虐待や貧困家庭の

子どもにはソーシャルスクールワーカーの関与，発達の課題は医療相談受診の推奨と巡回相談というように，ニーズに合わせて振り分けられた対応だけで各々に対処し続けることは，学校生活のなかで子どもたちが経験している困難や生きづらさをいくつもの側面に分断し，ニーズの本質を見誤らせる危険を孕んでいるのではないだろうか。だからこそ，子どもたちの多様な教育的ニーズに応えるためには包括的な視点に立った子ども理解が重要なのである。

このように多様な教育的ニーズに応えることで子どもを個々バラバラに孤立させるのではなく，教師集団の共同によるカリキュラムづくりによって，子どもたち一人ひとりを学校全体でつないでいく包括的な視点も求められる。そのためにも，教師集団の共同のあり方を同時に見直さなければならない。

たとえば，不登校の子どもを実践の柱に据えて学校改革を行った中学校の実践では，学年教師をはじめ，不登校の子どもたちの居場所として配属されている相談室の講師，教育相談に携わる教師を含めて相談室での集団づくりの方針を共有し，合意をつくり出していた（中川，2013：22-29参照）。なお，この実践では，不登校の子どもだけでなく，その学年の子どもたちも不登校の子どもたちのクラスにおける行事などへの参加について考えられるようになるなど，カリキュラムのあり方を共に創造していく仲間になっていった。

以上から，インクルーシブなカリキュラムづくりとは，子どもの事実を教師集団で読み解きつつ，多様な教育的ニーズに応答する視点だけではなく，学校全体で一人ひとりをつないでいくような包括的な視点を備えたものである。その際，教師集団はもちろん，子どもたちにもカリキュラムをつくる当事者の視点を立ち上げる指導方法の開発も求められるであろう。

［付記］なお，本章第3節は，本章の主旨にあわせて吉田茂孝「インクルーシブ教育時代におけるカリキュラム・マネジメントの課題」『インクルーシブ教育時代の多様なニーズのある学習集団における教育評価モデルの開発』（2019～2022年度科学研究費補助金　基盤研究（C）研究成果報告書　研究代表者：吉田茂孝），2023年を加筆修正して掲載している。

注

(1) ただし，こうした日本のインクルーシブ教育の現実に対して，窪島の論考から次の2点の問題が浮かび上がる。第1に，「肝心の『通常学級』の内部に，多様な子どもに柔軟に対応する教育内容と指導の方策は，ほとんど何も用意されていない」（窪島，2023：7）ことである。第2に，「特に，通常学級から多くの子どもたちが排斥され，その受け皿とされた障害児学級（特別支援学級）が意図的に変質させられ，通常学級の補完的・補充的役割をになう性格を強めている」（同上論文：8）ことである。こうした問題には十分に注意を払う必要がある。

(2) なお，下線・太字部は，原文のままである。また「／」は原文改行である。

引用・参考文献

荒川智（2006）「特別支援教育とインクルージョン」『SNEジャーナル』第12巻第1号．

荒川智編著（2008）『インクルーシブ教育入門――すべての子どもの学習参加を保障する学校・地域づくり』クリエイツかもがわ．

諫早市立北諫早小学校編（2022）『令和4年度　自主研究発表会　研究紀要』．

インクルーシブ授業研究会編（2015）『インクルーシブ授業をつくる――すべての子どもが豊かに学ぶ授業の方法』ミネルヴァ書房．

大和久勝（2003）『「ADHD」の子どもと生きる教室』新日本出版社．

奥村好美（2022）「カリキュラム・マネジメント」木村裕・古田薫編著『教育課程論・教育評価論』ミネルヴァ書房．

窪田知子（2017）「一人ひとりのニーズを周辺化させない――インクルーシブな教育をめざして」『教育』（852）．

窪島務（2021）「インクルーシブ教育時代の教育学の課題――混沌の中で『特別支援学級』が生みだす教育的価値」『教育』（910）．

窪島務（2023）「日本におけるインクルージョンの現実と障害児教育の再構築」『教育』No. 929.

高橋英児（2018）「教育課程とカリキュラム・マネジメント」藤田由美子・谷田川ルミ編著『ダイバーシティ時代の教育の原理――多様性と新たなるつながりの地平へ』学文社．

中川拓也（2013）「『K』を柱にすえた実践を進めるために」『生活指導』（710）．

文部科学省（2017）『小学校学習指導要領解説（総則編）』．

湯浅恭正（2011）「排除しない学校と共同の世界――実践を読み解く」湯浅恭正・越

野和之・大阪教育文化センター編『子どものすがたとねがいをみんなで——排除しない学校づくり』クリエイツかもがわ.

湯浅恭正 (2016)「特別支援学級・学校の役割と集団づくり」湯浅恭正・小室友紀子・大和久勝編著『自立と希望をともにつくる——特別支援学級・学校の集団づくり』クリエイツかもがわ.

湯浅恭正・新井英靖編著 (2018)『インクルーシブ授業の国際比較研究』福村出版.

湯浅恭正・越野和之・大阪教育文化センター編 (2011)『子どものすがたとねがいをみんなで——排除しない学校づくり』クリエイツかもがわ.

(吉田茂孝)

第5部　広場における対話5
学校でインクルーシブなカリキュラムづくりはどうしたらできるのか

学校とは

第5部の3つの章を大きなキーワードでくくれば,「学校」ということになると考えられます。

議論の中で出てきた代表的な意見は,以下のようなことでした。

- 文章を読んで「こんな学校になったらいいな」というのをすごく感じました。
- 学校は「同一だが同一ではない」ところではないでしょうか。地域性や学校を取り巻く状況から差異は生まれるわけで,その意味では学校はそれぞれ違うといえます。一方で「学校」といったときにそれがあたかもみな同じように語られているのではないでしょうか。
- 通常学級で,インクルーシブ教育を考えた時に,「一緒がいいのか,その子にあった場で学習した方がいいのか」悩んでいます。ただ学級にいるだけでは学習を保障したことにはならないと思いますが,共生社会に向けて,他の子たちが「みんな違う」ということを認識するためには,一緒がいいのかと思います。
- 通常の学級だけではなく,いろいろな教育の場があっていいのかと思います。

インクルーシブなカリキュラムをつくるために

学校でインクルーシブなカリキュラムをつくるためにはどうしたらよいか,という点について意見を交わしました。

第5部 広場5 学校づくりの原理としてのインクルージョン

（1）他人事ではなく自分事として捉えよう

　一人ひとりの先生方が他人事ではなく自分事として捉えることが大事ではないか，という意見は一致しました。「特別な学びの場」に子どもをつなげて，指導を丸投げしている先生にはもっと「あなたが担任です」という当事者意識をもってもらいたい，という意見が出ました。一方で，「こうあらねばならない，こうすべきだ」という思いが強い先生が自分事として考えてしまうと，子どもにとってマイナスな部分も出てくる，という指摘がありました。また，学校全体のことも自分事としてとらえているか，子ども一人ひとりにカリキュラムをつくるということも自分事としてとらえられるのか，という指摘もありました。

　「自分事にする」ためには，教職員の意識を変えていく必要があると思いますが，一人ががんばっても，それが学校全体になっていかないと，インクルーシブなカリキュラムづくりにはつながらないだろうという指摘もありました。子どもや保護者，地域の人も自分事としてカリキュラムづくりに参画することも指摘されました。

（2）教師集団の共同をつくろう

　次に，教師集団の中でどう共同をつくるかという点に話が進みました。学校現場では，教員の階層化が進み，昔のような「仲間として一緒に仕事をする」という感覚が薄れているのではないか，との指摘がありました。確かに，1970年代に盛んに見られた「教師集団の共同」による実践という時代と比べると，すでに学校そのものが持っている基盤が変わってきています。東京で言えば，昔は「教員－管理職」といった構造が，現在では「校長－副校長－主幹教諭－主任教諭－教諭」と階層別に仕事の内容が決められており，主任教諭は教諭を指導する，主幹教諭は主任教諭を指導する，というスタイルが確立しつつあります。その構造自体が，「仲間として共同する」という側面を喪失させてきた，といえるのではないかと考えます。

　では「教師集団の共同」をつくるにはどうしたらよいのでしょうか。一つはキーパーソンの存在が挙げられます。議論の中では，特別支援教育コーディネーターの先生がキーパーソンとなって，職員室で子どもの話をたくさんした

り，自分が動くことで他の先生方に見せたりしている，との話がありました。そんな取り組みの中で若い先生方が「自分事」としてかかわるようになったり，「個に関心をもつって大事だよね」ということが共通理解されたり，ということも語られました。もう一つ「対話」の重要性も挙げられました。

「教師集団の共同」を考える際に，先生方同士が，お互いにリスペクトしあう関係になっているか，「対話」できる関係になっているか，こうしたことが土台にあってこそ共同は進むような気がしています。また，ここでも子どもや保護者，地域の人との共同も視野に入れることが重要という指摘がありました。

（3）子ども理解を共有できる専門性を身に付けよう

インクルーシブなカリキュラムをつくる際に，やはり専門性は大切にしたい，という意見がありました。特別支援学校の先生には特別支援学校の先生としての専門性，特別支援学級の先生には特別支援学級の専門性，通常学級の先生方には，発達障害の理解などの専門性があって，そのことは大切にすべきと考えています。

一方で「専門性が大切」というと，「私には専門性がないので…」とひかれる先生方もいる，という意見もありました。特別支援教育の「専門家」と言われる人たちも，現場に寄与できているのか，という点では疑問符がつく「専門家」もいるように思います。「専門性とはなにか」と問われたときに，一番大切なのは，その子にどういう対応をしていこう，という道筋が示せることではないだろうか，と考えました。それは子どもをみとる力，いわゆる「子ども理解」がまず大事で，教師集団の中で共有し，道筋を立てることがインクルーシブ・カリキュラムにつながると考えます。

制度やシステムの問題とは別に，学校においてインクルーシブなカリキュラムをつくるために，今現場でできることを考え，実践していくことが大事なのだと改めて深く思いました。

広場における対話のメンバー：
窪田知子・石橋由紀子・曽谷敦子・吉田茂孝・田中博司・高橋浩平
執筆者：高橋浩平

コラム5　児童虐待

　虐待という言葉はその受け取る個人や組織や機関によってその認識や理解に統一されていない。虐待の虐という文字は象形文字で，虍（とらかしら・とらかんむり）とアルファベットのEのような部分からできあがっており，Eを90度回転すると「爪（つめ）」の字になる。これを絵に描くと，虎が爪や牙をむいてとびかかってくる姿となる。この字にはしいたげる，むごい目にあうという意味がある。ちなみに「いじめ」を漢字で示すと「虐め」になる。したがって，面前に虎が飛びかかってくる様子であるといえば，誰もが共通した感覚を持ち得ることができる。そして被虐待経験が生涯の成長や発達にわたって影響を与えるものであるという共通認識の原点になる。

　児童虐待の防止等に関する法律（2000年制定，2022年改正）による児童虐待の定義には，次の4つがある。「身体的虐待」（身体への外傷や生じるおそれのある暴行を加えること），「性的虐待」（わいせつな行為やわいせつな行為をさせること），「ネグレクト」（心身の発達を妨げるような著しい減食や長時間の放置など），「心理的虐待」（著しい暴言や拒絶的な対応，面前DVなどによる心理的外傷を与える言動）。そして，学校の教職員は「児童虐待を発見しやすい立場にあることを自覚し，児童虐待の早期発見に努めなければならない」とされる医師，歯科医師，保健師，助産師，看護師，弁護士，警察官などと肩を並べる。また，虐待の早期発見に努めること（5条1項），虐待の予防・防止や虐待を受けた子どもの保護や自立支援に関し，関係機関に協力すること（第5条2項），虐待防止のための子どもや保護者への教育に努めること（第5条5項），虐待を受けたと思われる子どもについて市町村虐待対応担当課や児童相談所等へ通告すること（義務）（第6条）が求められる。

　教職員は，児童虐待の早期発見や保護をめぐる努力義務や通告義務といった対応手続きにとどまらず，2022年に大きく改正された児童福祉法（1947年制定）にあるように，「児童の権利に関する条約の精神にのっとり，児童は慈しまれ保護される対象であるだけでなく，自立を支援され，生活の主体として育てられ，たとえどこにいても自身の意思や意見表明と最善の利益が保障されるもの」の担い手の一人である。これはいわば学校内の教育目標においても尊重されるべきものだといえる。

　学校では早期発見として，子どもの声とともに，子どもから説明のできない傷やあざがある，家に帰りたがらない，近づくとひどく嫌がる，乱暴な言葉遣い，家庭訪問や連

絡が取りにくいなどが挙げられる。また，学校は通告者になったり，児童相談所への一時保護までの待機場所になったり，あるいは接見禁止の人物から一時子どもを守るシェルター的な場になることもある。その一方で，学校は子どもと保護者との関係への配慮から通告に躊躇したり，通告しても一時保護などが認められず，見守りといった対応にとどまるケースも経験してきている。これらについて，個々の教職員に児童虐待の早期発見や予防の判断や対応行為を求めることは困難である。しかし，学校は児童相談所（自治体の要保護児童対策地域協議会など）への協力者であり，学校で一緒に仕事をする教育職，心理職，福祉職がともに子どものしあわせ（福祉）に責任を負うという学校福祉の視点が大切になる（鈴木庸裕編『学校福祉実践論』ミネルヴァ書房，2024年）。

　ここで大切なことは，子どもの安全の確保を子どもの視点から見極めるという考え方である。誰もが子どもの視点に寄り添う存在であるためには，家族や本人の成育（生活）歴に関心をもち，親子の価値観や思いの背景を理解し，そして地域にある専門機関の存在を確認することが欠かせない。これらについてスクールソーシャルワーカーに問いかけることはその一助になる。

　以上の視点から考えると，インクルーシブ教育とは「インクルーシブな社会を創出する教育である」と言語化できる。子どもの学びを他の専門職とともに保障していこうとする姿勢はその入り口になる。子どもの最善の利益とは，子ども個々のいのちやくらし，生き方などをめぐる意思や願いが大切にされることであるが，子どもを取り巻く多様な大人のチームワークが確かにあることでもある。

（鈴木庸裕）

人名索引

ア行
赤木和重　168
天笠茂　157
荒川智　217
アリストテレス　44
大和久勝　216

カ行
窪島務　83, 157, 217, 225
窪田知子　223
子安潤　61

タ行
高橋英児　221, 222

デューイ, J.　29, 176, 178
遠山啓　177

ハ行
バトラー, J.　72
原田大介　158
フーコー, M.　72

マ・ラ行
マクグラス, C.　164
三木安正　178
無着成恭　18
リヒテルズ直子　165

事項索引

英数
9・10歳の発達の節　84
PDCA　18
SODA（聴覚障害者のきょうだい：
　　　Siblings Deaf Adults/Children）　124
SOGIE　116

ア行
アイデンティティ　131
アクティブ・ラーニング　34, 71
アコモデーション　4
旭出学園　178, 181, 182
アシスト教員　87
編み上げ型カリキュラム　147
イエナプラン　165
生きづらさ　41
意見表明権　101, 103
異性愛主義　113
居場所　219, 220
医療的ケア　172
インクルーシブ・カリキュラム　173, 175

インクルーシブ化　153, 186-187
インクルーシブ教育　172, 182
インクルーシブ教育システム　174
インクルーシブな国語学力　147
インクルージョン　14, 185-187
インターセクショナリティ　73
インフォーマル・カリキュラム　30
エビデンス　7
エンパワメント　120
オルタナティブ　46, 78

カ行
かかわり合いの評価　23
学習指導要領　84
学習集団　9, 216, 217
学力　52, 145
隠れたカリキュラム　31, 102, 113
家族支援　128
学級集団づくり　9, 84
学級定数　91
学校不適応　27

事項索引

活動主義　181
可能な最大限度まで発達　82
カリキュラム　14, 132, 185-187
　　——の編成主体　16
　　意図した——　15
　　計画としての——　147
　　実施した——　15
　　達成した——　15
　　履歴としての——　147
カリキュラム・マネジメント　221, 222
カリキュラムとの連続性　87
気候変動問題　95
逆向き設計　164
教育課程　16, 29
教育環境の整備・改善　92
教育実践記録　11
教育費　54
教育を受ける権利　140
教員の大幅増員　91
教科　118
教科横断型のカリキュラム　85
教科学習　119
教科カリキュラム　146
教科教育　146
教材研究　21
教師集団　218, 220, 223, 224
教師集団の共同　228
共生共学　173
共生の教養　62
きょうだい（児）　125
きょうだい支援　128
空カリキュラム　149
具体的で実際的な体験　90
原教科　177
言語化　81
現象学　173
権利教育　108
権利行使主体　108
権利要求型の障害者運動　61
公共の担い手　95
交差性（intersectionality）　154
合同授業　182

合理的配慮　82, 114
交流及び共同学習　176, 182, 198
国際セクシュアリティ教育ガイダンス　119
国連障害者権利委員会　174
ここに居ない　66
心が揺れる"間"の保障　88
心を立て直す力　89
個人内評価　23
ごっこ遊び　85
子ども集団づくり　9
子どもの権利条約　1, 100
子ども理解　220
コンピテンシー　18
コンフリクト　63, 68

サ行

作業学習　178
サラマンカ声明　1, 62, 215
ジェンダー　145
実践知　11
指導技術　185
児童虐待の防止等に関する法律　230
児童福祉法　230
指導方法　186-187
社会構造　148
社会的特権（privilege）　116, 152, 154
就学案内　140
習熟度別学級　5
柔軟性　187
授業観　187
授業のインクルーシブ化　175
塾義民主主義　78
主体的　94
主体的・対話的で深い学び　71
障害児教育カリキュラム　174, 176
障害者権利条約　62, 174
障害者権利条約　第24条　教育　82
障害理解教育　134
消極的な自由　62
少数派　145
自立支援論　6
人権教育　114

233

真正性　74
身体的虐待　230
心理的虐待　230
心理的諸機能の脆弱性　83
スクールソーシャルワーカー　231
スタートカリキュラム　176
スタンダード化　102
生活科　175, 176, 182
生活教育　174, 178
生活経験　175, 180
生活指導　2
生活単元学習　178
生活綴方教育　18
性的虐待　230
性的マイノリティ　112
性的マジョリティ　114
『生徒指導提要』　42, 216
性の多様性　112
性別二元主義　113
積極的な自由　62
全員参加　223
前原教科　177
潜在的カリキュラム　16, 31
専門性　229
総合的学習　175, 176, 178, 181, 182
促進学校　5

タ行

体験主義　181
大正新教育　176, 181
多数派　145
多様性　52, 144
多様性の尊重　82
多様な学びの場　218
地域生活指導論　3
知的障害　91
調整的正義　95
著者性　74
通級指導教室　222
通常学校の改革　91
通常教育カリキュラム　174, 176
適応指導教室　223

出来事性　148
統合　173
登校渋り　81
当事者　52, 134, 136, 138
当事者性　43, 53, 105, 106, 117
特別教育課程　192
特別支援学級　2, 196, 218, 220, 222, 225
特別支援学校　2, 193
特別支援教育コーディネーター　203
特別支援教員　87
特別な教育ニーズ　215
特別ニーズ教育　215
特別の教育課程　141
共に生きる　64

ナ行

ナショナル・カリキュラム　151
ニーズ　134
二元論　39
二重在籍（登録）　199
日本語指導　141
日本語指導教室　224
ネグレクト　230
能力主義　177
ノンバーバル　185

ハ行

排除（エクスクルーシブ）　150
働き方改革　181
八王子養護学校　176, 182
発達障害　33, 83, 145
発達の土台となる力　91
発達保障　87, 173
パフォーマンス評価　22
被虐待児　33
否定の中に否定を見る　23
ヒドゥン・カリキュラム　31
ひとり親　54
批判的な学び方学習　75
批判的リテラシー　3, 137, 152
表現　185-186
貧困　32, 145

フォーマル・カリキュラム　30
複雑なカリキュラム現象　149
副次的な在籍　199
不就学　140
普通教育を受けさせる義務　140
不登校　81
フル・インクルーシブ教育　172, 175
分離　173, 174
放課後等デイサービス　83, 93
包摂　144
「ボーダーライン知的機能」児　83
ポートフォリオ　7
ポートフォリオ評価　22
ホール・スクール・アプローチ　220
保健室　219, 220

マ行

マイ＝カリキュラム　7, 8
マイノリティ性　152
マカトン　181, 186
マジョリティ性　152
学びの共同体　75
学びの場の連続性　87
学びの保障　172, 179

学びの連続性　5
ミュニシバリズム　95
明星学園　176, 178, 182
目標に準拠した評価　23
目標にとらわれない評価　23
モディフィケーション　4
ものづくり　177, 182
ものづくり・生き方学習　65

ヤ行

夜間中学校　10
ヤングケアラー　58, 96, 126
豊かな学習空間　93
ユニバーサルデザイン　4
養護教諭　219, 220
要保護児童対策地域協議会　231

ラ行

らせん型カリキュラム　120
リ・インクルージョン　8
臨機応変の対応　90
臨床性　148
ルーブリック　22

執筆者紹介（執筆順，執筆担当）

湯浅　恭正（ゆあさ・たかまさ，広島都市学園大学子ども教育学部）まえがき，序章
樋口　裕介（ひぐち・ゆうすけ，福岡教育大学教育学部）第1章，広場における対話1
新井　英靖（あらい・ひでやす，茨城大学教育学部）第2章，広場における対話1
福若　眞人（ふくわか・まさと，阪南大学総合情報学部）第3章，広場における対話1
谷口　知美（たにぐち・ともみ，和歌山大学教育学部）コラム1
福田　敦志（ふくだ・あつし，広島大学大学院人間社会科学研究科）第4章，広場における対話2
上森さくら（うえもり・さくら，金沢大学大学院人間社会環境研究科）第5章，広場における対話2
宮本　郷子（みやもと・きょうこ，龍谷大学社会学部）第6章，広場における対話2
植田　一夫（うえだ・かずお，大阪青山大学子ども教育学部）広場における対話2
松本　圭朗（まつもと・よしろう，近畿大学生物理工学部）コラム2，広場における対話2
今井　理恵（いまい・りえ，日本福祉大学教育・心理学部）第7章，広場における対話3
永田　麻詠（ながた・まよ，四天王寺大学教育学部）第8章，広場における対話3
丸田健太郎（まるた・けんたろう，広島大学附属小学校）第9章，広場における対話3
松尾　奈美（まつお・なみ，島根大学教職大学院）広場における対話3，コラム4
安原　陽平（やすはら・ようへい，獨協大学法学部）コラム3
原田　大介（はらだ・だいすけ，関西学院大学教育学部）第10章，広場における対話4
稲田　八穂（いなだ・やほ，筑紫女学園大学〔非常勤〕）第11章，広場における対話4
堤　　英俊（つつみ・ひでとし，都留文科大学教養学部）第12章，広場における対話4
小里　直通（こさと・なおみち，東京家政大学子ども支援学部）広場における対話4
窪田　知子（くぼた・ともこ，滋賀大学教育学部）第13章，広場における対話5
石橋由紀子（いしばし・ゆきこ，兵庫教育大学大学院学校教育学研究科）第14章，広場における対話5
曽谷　敦子（そたに・あつこ，猪名川町立猪名川小学校）第14章，広場における対話5
吉田　茂孝（よしだ・しげたか，大阪教育大学教育学部）第15章，広場における対話5
髙橋　浩平（たかはし・こうへい，杉並区立桃井第一小学校）広場における対話5
田中　博司（たなか・ひろし，杉並区立桃井第一小学校）広場における対話5
鈴木　庸裕（すずき・のぶひろ，日本福祉大学教育・心理学部）コラム5

インクルージョンを展望するカリキュラムづくり

2025年3月10日　初版第1刷発行　〈検印省略〉

定価はカバーに
表示しています

編　者	インクルーシブ授業研究会
発行者	杉　田　啓　三
印刷者	中　村　勝　弘

発行所　株式会社　ミネルヴァ書房
607-8494　京都市山科区日ノ岡堤谷町1
電話(075)581-5191／振替01020-0-8076

© 湯浅恭正ほか, 2025　　　中村印刷・新生製本

ISBN978-4-623-09820-0

Printed in Japan

インクルーシブ授業をつくる
―― すべての子どもが豊かに学ぶ授業の方法
インクルーシブ授業研究会 編　B5判　156頁　本体2400円

●「通常の学級にいる発達障害児」など，特別なニーズのある子どもたちにも理解できる授業をつくるにはどのような考え方で臨むことが重要でしょうか。本書では，具体的な授業や子どもたちの様子を交えて，インクルーシブ授業づくりの「考え方」をわかりやすく解説しています。これから教師をめざす学生はもちろん，現場の教師のみなさんにも有用な一冊です。

保育・幼児教育・子ども家庭福祉辞典
中坪史典・山下文一・松井剛太・伊藤嘉余子・立花直樹 編集委員
四六判　640頁　本体2500円

●子ども，保育，教育，家庭福祉に関連する多様な分野の基本的事項や最新動向を網羅し，学習から実務まで役立つ約2000語を収載した。実践者，研究者，行政関係者，将来は保育や教育の仕事に携わろうとする学生，子育てを行う保護者，これから子育てを担う人たちなど，子どもに関わる様々な人々を傍らから支える用語辞典。テーマごとの体系的な配列により，「読む」ことで理解を深められる。

小学校教育用語辞典
細尾萌子・柏木智子 編集代表　四六判　408頁　本体2400円

●小学校教育に関わる人名・事項1179項目を19の分野に分けて収録。初学者にもわかりやすい解説の「読む」辞典。小学校教員として知っておくべき幼稚園教育や校種間の連携・接続に関する事項もカバーした。教師を目指す学生，現役の教師の座右の書となる一冊。

――― ミネルヴァ書房 ―――
https://www.minervashobo.co.jp/